MATEMÁTICA BÁSICA

O GEN | Grupo Editorial Nacional – maior plataforma editorial brasileira no segmento científico, técnico e profissional – publica conteúdos nas áreas de ciências sociais aplicadas, exatas, humanas, jurídicas e da saúde, além de prover serviços direcionados à educação continuada e à preparação para concursos.

As editoras que integram o GEN, das mais respeitadas no mercado editorial, construíram catálogos inigualáveis, com obras decisivas para a formação acadêmica e o aperfeiçoamento de várias gerações de profissionais e estudantes, tendo se tornado sinônimo de qualidade e seriedade.

A missão do GEN e dos núcleos de conteúdo que o compõem é prover a melhor informação científica e distribuí-la de maneira flexível e conveniente, a preços justos, gerando benefícios e servindo a autores, docentes, livreiros, funcionários, colaboradores e acionistas.

Nosso comportamento ético incondicional e nossa responsabilidade social e ambiental são reforçados pela natureza educacional de nossa atividade e dão sustentabilidade ao crescimento contínuo e à rentabilidade do grupo.

SAMUEL HAZZAN

MATEMÁTICA BÁSICA

para administração,
economia, contabilidade
e negócios

- O autor deste livro e a editora empenharam seus melhores esforços para assegurar que as informações e os procedimentos apresentados no texto estejam em acordo com os padrões aceitos à época da publicação, *e todos os dados foram atualizados pelo autor até a data de fechamento do livro.* Entretanto, tendo em conta a evolução das ciências, as atualizações legislativas, as mudanças regulamentares governamentais e o constante fluxo de novas informações sobre os temas que constam do livro, recomendamos enfaticamente que os leitores consultem sempre outras fontes fidedignas, de modo a se certificarem de que as informações contidas no texto estão corretas e de que não houve alterações nas recomendações ou na legislação regulamentadora.

- Data do fechamento do livro: 03/12/2020

- O autor e a editora se empenharam para citar adequadamente e dar o devido crédito a todos os detentores de direitos autorais de qualquer material utilizado neste livro, dispondo-se a possíveis acertos posteriores caso, inadvertida e involuntariamente, a identificação de algum deles tenha sido omitida.

- **Atendimento ao cliente:** (11) 5080-0751 | faleconosco@grupogen.com.br

- Direitos exclusivos para a língua portuguesa
  Copyright © 2021 by
  Editora Atlas Ltda.
  Uma editora integrante do GEN | Grupo Editorial Nacional
  Travessa do Ouvidor, 11
  Rio de Janeiro – RJ – 20040-040
  www.grupogen.com.br

- Reservados todos os direitos. É proibida a duplicação ou reprodução deste volume, no todo ou em parte, em quaisquer formas ou por quaisquer meios (eletrônico, mecânico, gravação, fotocópia, distribuição pela Internet ou outros), sem permissão, por escrito, da Editora Atlas Ltda.

- Capa: OFÁ Design | Manu

- Editoração eletrônica: Set-up Time Artes Gráficas

- Ficha catalográfica

CIP-BRASIL. CATALOGAÇÃO NA PUBLICAÇÃO
SINDICATO NACIONAL DOS EDITORES DE LIVROS, RJ

H339m

Hazzan, Samuel, 1946-
Matemática básica: para administração, economia, contabilidade e negócios / Samuel Hazzan. - 1. ed. - São Paulo: Atlas, 2021.

Inclui índice
ISBN 978-85-97-02446-3

1. Matemática - Estudo e ensino. 2. Matemática financeira. 3. Cálculo diferencial. 4. Cálculo integral. I. Título.

20-67550
CDD: 510
CDU: 51

Camila Donis Hartmann - Bibliotecária - CRB-7/6472

Sobre o Autor

Samuel Hazzan é Doutor em Administração de Empresas pela Escola de Administração de Empresas de São Paulo da Fundação Getulio Vargas, Mestre em Estatística pelo Instituto de Matemática e Estatística da Universidade de São Paulo, Engenheiro Químico pela Escola Politécnica da Universidade de São Paulo e Licenciado em Matemática pelas Faculdades Oswaldo Cruz.

Professor Titular da Faculdade de Economia, Administração, Contábeis e Atuariais da Pontifícia Universidade Católica de São Paulo e Professor Adjunto aposentado da Escola de Administração de Empresas de São Paulo da Fundação Getulio Vargas.

Apresentação

De modo geral, pode-se dizer que o instrumental matemático que é utilizado nas disciplinas dos cursos de Administração e Negócios, Economia, Contabilidade e Ciências Atuariais costuma ser reunido nos assuntos Matemática Básica, Matemática Financeira, Cálculo Diferencial e Integral e Álgebra Linear.

De alguma forma as Universidades e Faculdades costumam contemplar os conteúdos citados, no todo ou em parte, por meio das diversas disciplinas de Matemática.

O livro *Matemática Básica: Para Administração, Economia, Contabilidade e Negócios* foi elaborado para atender às disciplinas que apresentem a Matemática Básica em seu programa, bem como para servir como texto introdutório para a Matemática Financeira e Cálculo Diferencial e Integral.

Nos Capítulos 1 e 2 são apresentados os números naturais, inteiros, racionais e irracionais, assim como as operações entre eles, ilustradas com aplicações diversas.

Nos Capítulos 3 e 4 são apresentados o cálculo algébrico e as equações.

O Capítulo 5 apresenta o estudo das porcentagens com as suas inúmeras aplicações em Economia, Finanças, *Marketing* e Estatística.

Os Capítulos 6 e 7 abordam os juros simples e compostos servindo como introdução à Matemática Financeira.

O Capítulo 8 faz um estudo detalhado das funções, com suas inúmeras aplicações, servindo como introdução ao Cálculo Diferencial e Integral.

Os textos dos capítulos são apresentados em ordem lógica sempre ao lado de exemplos, a maioria deles com aplicações na área à qual se destinam. Ao final de cada bloco de assuntos, é apresentada uma lista de exercícios propostos, com respostas, e em ordem crescente de dificuldade, para que o aluno possa paulatinamente reforçar seu aprendizado.

No fim de cada capítulo são apresentados testes de múltipla escolha, com respostas, que procuram dar um apanhado geral do capítulo.

Sugestões e comentários críticos são sempre bem recebidos e servem para aprimorarmos cada vez mais nosso trabalho.

O Autor

Sumário

Capítulo 1 — Operações com Números Naturais e Fracionários, 1
- 1.1   Números naturais, 1
- 1.2   Adição, subtração, multiplicação e divisão de números naturais, 1
  - 1.2.1   Adição, 2
  - 1.2.2   Subtração, 2
  - 1.2.3   Multiplicação, 2
  - 1.2.4   Divisão, 3
- 1.3   Números fracionários, 6
  - 1.3.1   Leitura de uma fração, 7
  - 1.3.2   Aplicações, 11
  - 1.3.3   Frações próprias e impróprias, 15
  - 1.3.4   Frações equivalentes, 19
  - 1.3.5   Simplificação de frações, 24
  - 1.3.6   Redução de frações ao mesmo denominador, 26
  - 1.3.7   Comparação de frações, 27
- 1.4   Operações com frações, 30
  - 1.4.1   Adição, 30
  - 1.4.2   Subtração, 31
  - 1.4.3   Multiplicação, 35
  - 1.4.4   Divisão, 38
- 1.5   Números decimais, 41
- *Testes de revisão do capítulo*, 45

Capítulo 2 — Números Inteiros, Racionais e Reais, 49
- 2.1   Números inteiros positivos e negativos , 49
  - 2.1.1   Módulo ou valor absoluto, 50
- 2.2   Operações com números inteiros, 51
  - 2.2.1   Adição, 51
  - 2.2.2   Subtração, 52
  - 2.2.3   Forma simplificada de adições e subtrações, 52
  - 2.2.4   Multiplicação e divisão, 54
- 2.3   Números fracionários positivos e negativos – números racionais, 56
  - 2.3.1   Adição e subtração de números racionais, 57
  - 2.3.2   Multiplicação e divisão de números racionais, 57

x Matemática Básica

	2.3.3	Potenciação de números racionais com expoente inteiro, 57
	2.3.4	Propriedades da potenciação, 58
	2.3.5	Potência de um número racional com expoente inteiro negativo, 59
	2.3.6	Raízes de números racionais com índice inteiro positivo, 61
	2.3.7	Propriedades das raízes, 62

2.4 Números irracionais e reais, 64

2.5 Intervalos, 65

Testes de revisão do capítulo, 68

Capítulo 3 — Expressões Algébricas, 71

3.1 Expressões literais ou algébricas, 71

3.2 Valor numérico de uma expressão algébrica, 72

3.3 Termos semelhantes, 75

3.4 Operações com expressões algébricas, 76

    3.4.1 Adição e subtração, 76

    3.4.2 Multiplicação, 79

    3.4.3 Divisão, 82

3.5 Fatoração, 84

    3.5.1 Fatoração pelo fator comum, 84

    3.5.2 Fatoração por agrupamento, 85

    3.5.3 Fatoração de diferença de quadrados, 87

    3.5.4 Fatoração de um trinômio quadrado perfeito, 87

Testes de revisão do capítulo, 89

Capítulo 4 — Equações e Inequações, 93

4.1 Introdução, 93

4.2 Simplificação de uma equação, 94

4.3 Equações do primeiro grau, 96

4.4 Inequações com uma variável, 101

4.5 Inequações do primeiro grau com uma variável, 102

4.6 Sistemas lineares de duas equações e duas incógnitas, 105

    4.6.1 Método da substituição, 107

    4.6.2 Método da adição, 107

    4.6.3 Método da comparação, 108

4.7 Equações do segundo grau, 110

    4.7.1 Justificativa da fórmula de Bhaskara, 113

4.8 Relação entre os coeficientes e raízes de equação do segundo grau, 116

4.9 Fatoração do trinômio do segundo grau, 117

Testes de revisão do capítulo, 119

Sumário **xi**

Capítulo 5 — Porcentagens, 123
5.1 Razões e proporções, 123
5.2 Grandezas diretamente proporcionais, 127
5.3 Grandezas inversamente proporcionais, 128
5.4 Porcentagens, 130
5.5 Custos e preços de venda, 139
5.6 Capacidade instalada e capacidade utilizada, 143
5.7 Variação porcentual, 145
5.8 Variações porcentuais acumuladas, 146
5.9 Tamanho e participação de mercado, 150
5.10 Taxas e índices de inflação, 151
    5.10.1 Principais índices de inflação, 154
5.11 Correção monetária, poder aquisitivo e taxa real, 155
5.12 Deflacionamento de uma série histórica de valores, 157
5.13 Operações cambiais, 161
5.14 A paridade do poder de compra (PPC), 165
Testes de revisão do capítulo, 168

Capítulo 6 — Juros Simples e Descontos, 171
6.1 Juros simples, 171
6.2 Juro exato e juro comercial, 176
6.3 Descontos simples, 180
Testes de revisão do capítulo, 187

Capítulo 7 — Juros Compostos, 189
7.1 Fórmula do montante, 189
7.2 Taxas equivalentes, 196
7.3 Valor atual de rendas futuras, 198
Testes de revisão do capítulo, 205

Capítulo 8 — Funções e Suas Aplicações, 209
8.1 Introdução, 209
8.2 Gráfico de função de uma variável, 211
8.3 Funções crescentes e decrescentes, 213
8.4 Principais funções elementares e suas aplicações, 217
    8.4.1 Função constante, 217
    8.4.2 Função do primeiro grau, 218
    8.4.3 Retas que não são funções, 223
    8.4.4 Funções receita, custo e lucro do primeiro grau, 231
    8.4.5 Funções demanda e oferta do primeiro grau, 236
    8.4.6 Função quadrática, 242

xii Matemática Básica

      8.4.7   Crescimento exponencial e função exponencial, 254
      8.4.8   Logaritmos, 259
      8.4.9   Função logarítmica, 263
      8.4.10   Outros exemplos de funções elementares, 267
  Testes de revisão do capítulo, 272

Gabarito dos Testes de Revisão, 275

Referências, 277

Índice Alfabético, 279

Capítulo 1

Operações com Números Naturais e Fracionários

1.1 Números naturais

Os *números naturais* foram os primeiros números com que os seres humanos tiveram contato. Surgiram motivados pela necessidade de contagem de elementos de um conjunto. São eles: 0, 1, 2, 3, ...

O número 0 surgiu da ideia de um conjunto sem elementos (chamado conjunto vazio).

Os números naturais podem ser representados geometricamente por um eixo orientado para a direita e uma unidade de medida, por exemplo, o centímetro. A partir de um ponto qualquer, se associa o número 0 e, à sua direita, associa-se o número 1 distante uma unidade do 0; à direita do 1 e distante uma unidade dele, associa-se o 2, e assim por diante. Temos, então, a seguinte representação:

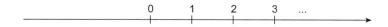

Quanto mais à direita, maior é o número. Observemos que, no processo de contagem, sempre é possível contar um elemento a mais, de forma que não existe o maior número natural. Dizemos que existem infinitos números naturais.

O conjunto dos números naturais é indicado pela letra N, isto é:

$$N = \{0, 1, 2, 3, ...\}.$$

As reticências indicam que há infinitos números naturais. Habitualmente, os elementos de um conjunto são indicados entre chaves.

1.2 Adição, subtração, multiplicação e divisão de números naturais

São comuns, no cotidiano, operações do tipo total de uma conta de restaurante sem contar os centavos, a diferença de idade de duas pessoas, a receita de vendas de determinado livro quando seu preço é um número natural etc.

2 Matemática Básica

Essas são operações básicas com números naturais que passaremos a explicar.

1.2.1 Adição

Dados dois números naturais, cada um representando a quantidade de elementos de um conjunto, a sua soma é a quantidade de elementos da união dos dois conjuntos; os conjuntos são supostos sem elementos em comum. A operação é denominada *adição*. Os dois números dados são chamados de *parcelas* e o símbolo da operação é +. Assim, por exemplo:

$$3 + 5 = 8; \text{ as parcelas são 3 e 5 e a soma é 8.}$$

Observemos que, se mudarmos a ordem dos números, chegamos ao mesmo resultado.

A adição de três ou mais números é realizada efetuando-se a adição dos dois primeiros e o resultado com o terceiro, e o resultado com o quarto e assim por diante.

Geralmente, quando temos números grandes, a adição é realizada por meio de uma calculadora.

1.2.2 Subtração

Dados dois números naturais, a sua *diferença* é o quanto falta para adicionarmos ao segundo para dar como resultado o primeiro.

O primeiro número é chamado de *minuendo* e o segundo, *subtraendo*. A operação que leva ao resultado *diferença* chama-se subtração e seu símbolo é –. Por exemplo:

$$9 - 3 = 6; \text{ o minuendo é 9, o subtraendo é 3 e a diferença é 6.}$$

Observemos que, diferentemente da adição, se invertermos a ordem dos números não chegamos ao mesmo resultado.

1.2.3 Multiplicação

Dados dois números, chamados *fatores*, o produto deles é o resultado da adição do primeiro considerado tantas vezes quanto o segundo. A operação, indicada pelo símbolo $\times$ ou $\cdot$, é denominada *multiplicação* e o resultado é denominado *produto*. Assim, por exemplo:

$$5 \times 3 = 5 + 5 + 5 = 15; \text{ 5 e 3 são os fatores e 15 é o produto.}$$

Observemos que, se invertermos a ordem dos fatores, chegamos ao mesmo resultado, ou seja:

$$3 \times 5 = 3 + 3 + 3 + 3 + 3 = 15.$$

De modo análogo ao que vimos na adição, podemos realizar a multiplicação de três ou mais números.

1.2.4 Divisão

Dados dois números, o primeiro chamado *dividendo* e o segundo chamado *divisor*, a operação de divisão é a que permite achar o *quociente*, que é o número que multiplicado pelo segundo dá o primeiro; em outras palavras, o quociente é quantas vezes o segundo número "cabe" no primeiro. O símbolo de divisão é ÷ ou /, ou ainda : .

Por exemplo:

$15 \div 3 = 15 / 3 = 15 : 3 = 5$; o dividendo é 15, o divisor é 3 e o quociente é 5.

Observemos que, se invertermos a ordem dos números dados, o resultado não é o mesmo.

OBSERVAÇÕES

- Caso haja operações envolvendo duas ou mais operações distintas, a convenção é que, em primeiro lugar, sejam feitas as multiplicações ou divisões e, por último, as adições e subtrações.

Por exemplo:

$$4 \times 5 + 12 \times 4 = 20 + 48 = 68.$$

- Caso haja expressões colocadas entre parênteses, elas devem ser realizadas em primeiro lugar.

Por exemplo:

$$5 \cdot (8 + 9 - 4) = 5 \cdot 13 = 65.$$

- Uma importante propriedade da multiplicação é a distributiva em relação à adição e à subtração.

No exemplo anterior, o fator 5 pode ser distribuído entre 8, 9 e 4 da seguinte forma:

$$5 \cdot (8 + 9 - 4) = 5 \cdot 8 + 5 \cdot 9 - 5 \cdot 4 = 40 + 45 - 20 = 65.$$

EXERCÍCIOS

1) Complete utilizando um dos símbolos > (maior que) ou < (menor que):
   a) 6 ... 14
   b) 0 ... 7
   c) 21 ... 32
   d) 434 ... 324
   e) 521 ... 67

4 Matemática Básica

2) Quantos números naturais existem entre 11 e 18?

3) Qual o valor do produto 254×0?

4) Qual o valor do produto $534 \times 678 \times 0 \times 2\ 305$?

5) Quatro amigos se encontraram em um bar. O primeiro gastou R\$ 24,00; o segundo, R\$ 38,00; o terceiro, R\$ 46,00.
   a) Quanto gastaram os três amigos no total?
   b) Sabendo que a conta dos quatro amigos foi de R\$ 136,00, quanto gastou o quarto?

6) Se a conta de R\$ 136,00 do exercício anterior fosse dividida igualmente entre os quatro amigos, qual seria o valor devido de cada um?

7) Calcule o valor de cada expressão:
   a) $5 + 8 \times 4$ b) $10 - 16 \div 8$ c) $12 \cdot 4 + 5 \cdot 9 - 13 \cdot 2$

8) Uma pequena fábrica de bolsas tem um gasto fixo mensal de R\$ 3 000,00 e um gasto de R\$ 32,00 por bolsa.
   a) Qual seu gasto mensal total se no mês considerado forem fabricadas 500 bolsas?
   b) Qual seu gasto mensal total se no mês considerado forem fabricadas 700 bolsas?

9) Uma empresa fabrica certa peça mecânica a um custo fixo mensal de R\$ 11 000,00. Cada peça tem um custo de R\$ 80,00 e é vendida por R\$ 150,00. Qual o lucro obtido com essa peça se forem fabricadas e vendidas em certo mês 200 peças?

10) Um bar vende café e pão de queijo a R\$ 3,00 e R\$ 4,00, cada unidade, respectivamente. Qual sua receita com esses produtos, caso sejam vendidos 250 cafés e 400 pães de queijo?

11) Calcule o valor de cada expressão:
   a) $8 \cdot (7 + 9 - 11)$
   b) $14 + 34 - 2 \cdot (6 + 14 - 11)$
   c) $3 \cdot (13 - 8 + 2) + 5 \cdot (17 - 9 + 12)$

12) O *Balanço Patrimonial* de uma empresa é constituído de duas colunas: a do lado esquerdo é denominada *Ativo* e representa o total de bens e direitos em

determinado momento. A coluna da direita é denominada *Passivo + Patrimônio Líquido*; o *Passivo* representa todas as dívidas e obrigações com terceiros e o *Patrimônio Líquido* representa as obrigações da empresa com os sócios e acionistas. O total da coluna da esquerda é igual ao total da coluna da direita. Considere o seguinte Balanço Patrimonial de uma empresa:

ATIVO	PASSIVO + PATRIMÔNIO LÍQUIDO
Bens	Obrigações com bancos, com fornecedores etc.
Direitos	Patrimônio Líquido
Total	Total

Os elementos e valores do Ativo e do Passivo são dados a seguir (em milhares de reais).

- Caixa: 60
- Salários a pagar: 32
- Dívidas com fornecedores: 85
- Estoques: 120
- Duplicatas a receber: 36
- Imóveis: 250
- Equipamentos: 100
- Impostos a pagar: 30
- Dívidas de longo prazo: 230

Calcule o Patrimônio Líquido da empresa.

13) Em relação ao Balanço Patrimonial dado em milhares de reais:

ATIVO		PASSIVO + PATRIMÔNIO LÍQUIDO	
Caixa	80	Salários a pagar	45
Duplicatas a receber	120	Dívidas com fornecedores	340
Estoques	250	Impostos a pagar	170
Equipamentos		Dívidas de longo prazo	220
Imóveis	800	Patrimônio Líquido	
Total		Total	1 600

Obtenha:

a) O Patrimônio Líquido.

6 Matemática Básica

> **b)** O total do Ativo.
> **c)** O valor dos equipamentos.
>
> 14) Em milhares de reais, o Ativo de uma empresa no ano passado era de 870 e o Passivo era de 450.
> **a)** Qual seu Patrimônio Líquido no ano passado?
> **b)** Se neste ano houve um prejuízo de 120, qual será seu Patrimônio Líquido?

RESPOSTAS DOS EXERCÍCIOS

1) **a)** <   **b)** <   **c)** <   **d)** >   **e)** >

2) 6

3) 0

4) 0

5) **a)** R$ 108,00   **b)** R$ 28,00

6) R$ 34,00

7) **a)** 37   **b)** 8   **c)** 67

8) **a)** R$ 19 000,00   **b)** R$ 25 400,00

9) R$ 3 000,00

10) R$ 2 350,00

11) **a)** 40   **b)** 30   **c)** 121

12) 189

13) **a)** 825   **b)** 1 600   **c)** 350

14) **a)** 420   **b)** 300

1.3 Números fracionários

Na seção anterior, trabalhamos com os números naturais que aparecem em um grande número de aplicações. Todavia, ao lado dos números naturais, existem outros tipos de números. Entre eles, os números fracionários ou frações.

Frações são utilizadas para representar partes de um todo que foi dividido em partes iguais.

Vejamos um exemplo: Carlos ganhou um chocolate, constituído de 5 partes iguais, e comeu 3 dessas partes, como mostra a Figura 1.1:

Figura 1.1 3 partes de um chocolate em um total de 5 partes.

Podemos representar a quantidade acima pelo símbolo $\frac{3}{5}$, que recebe o nome de número fracionário ou fração. O 5, chamado *denominador*, representa o número de partes iguais em que o todo foi dividido; o 3, chamado *numerador*, indica o número considerado dessas partes. A fração $\frac{3}{5}$ pode ser lida assim: 3 sobre 5 ou, ainda, três quintos.

$$\frac{3 \longrightarrow \text{numerador}}{5 \longrightarrow \text{denominador}}$$

Vejamos outro exemplo: a família de Silvia comprou uma pizza dividida em 8 pedaços iguais. Silvia comeu 2 desses pedaços. Dizemos que Silvia comeu $\frac{2}{8}$ da pizza ou, ainda, que ela comeu dois oitavos da pizza. O numerador dessa fração é 2 e o denominador é 8.

De modo geral, fração é um número em que o denominador é o número de partes iguais em que o todo foi dividido e o numerador é o número de partes consideradas. O todo que foi dividido em partes iguais é também chamado de unidade.

Mais um exemplo: uma classe tem 25 alunos, sendo 14 meninos e 11 meninas.

- Os meninos representam $\frac{14}{25}$ da classe.
- As meninas representam $\frac{11}{25}$ da classe.

1.3.1 Leitura de uma fração

- Se uma fração tem denominador 2, 3, 4, 5, 6, 7, 8 ou 9, lemos o numerador e, em seguida:
    ◊ meio(s) se o denominador for 2;
    ◊ terço(s) se o denominador for 3;

8 Matemática Básica

◊ quarto(s) se o denominador for 4;
◊ quinto(s) se o denominador for 5;
◊ sexto(s) se o denominador for 6;
◊ sétimo(s) se o denominador for 7;
◊ oitavo(s) se o denominador for 8;
◊ nono(s) se o denominador for 9.

Exemplos:

a) $\dfrac{4}{5}$ quatro quintos   b) $\dfrac{1}{6}$ um sexto   c) $\dfrac{1}{2}$ um meio   d) $\dfrac{3}{3}$ três terços

▪ Se a fração tem como denominador uma potência de 10, lemos o numerador e, em seguida:
◊ décimo(s) se o denominador for 10;
◊ centésimo(s) se o denominador for 100;
◊ milésimos(s) se o denominador for 1 000;
◊ décimo(s) milésimo(s) se o denominador for 10 000;
◊ etc.

Exemplos:

a) $\dfrac{7}{10}$ sete décimos   b) $\dfrac{1}{100}$ um centésimo

c) $\dfrac{45}{1\,000}$ quarenta e cinco milésimos   d) $\dfrac{800}{10\,000}$ oitocentos décimos milésimos

▪ Nos demais casos, lemos o numerador e, em seguida, o denominador seguido da palavra "avo(s)".

Exemplos:

a) $\dfrac{5}{18}$ cinco dezoito avos   b) $\dfrac{3}{45}$ três quarenta e cinco avos

EXERCÍCIOS

1) Um chocolate é fabricado em 8 pedaços iguais. Cesar comeu 5 desses pedaços.
   a) Qual fração corresponde ao pedaço que Cesar comeu?
   b) Qual fração corresponde ao que não foi comido?

Capítulo 1 | Operações com Números Naturais e Fracionários

2) Em cada figura abaixo, indique a fração determinada pela parte destacada do todo:

a)

b)

3) Em cada figura abaixo indique a fração determinada pela parte destacada do todo:

a)

b)

4) Indique a fração correspondente a esta situação: Pedro percorreu 2 quilômetros de uma estrada de 10 quilômetros.

5) Indique a fração correspondente a esta situação: Emília pagou R$ 20,00 do valor de uma dívida de R$ 120,00.

6) O mês de outubro tem 31 dias. Em outubro de certo ano choveu em 7 dias. Qual a fração de dias de chuva naquele mês do ano?

7) Uma hora tem 60 minutos. Qual a fração correspondente a 15 minutos?

8) Ana comeu 3 figos de uma caixa com 10 figos. Qual fração da caixa corresponde ao que Ana comeu?

9) O dia tem 24 horas. Qual fração do dia corresponde a 17 horas?

10) Escreva a leitura de cada fração abaixo:

a) $\dfrac{5}{8}$ b) $\dfrac{1}{5}$

c) $\dfrac{2}{7}$ d) $\dfrac{5}{6}$

11) Escreva a leitura de cada fração abaixo:

a) $\dfrac{7}{10}$ b) $\dfrac{43}{100}$

c) $\dfrac{85}{1\,000}$ d) $\dfrac{2\,000}{10\,000}$

12) Escreva a leitura de cada fração abaixo:

a) $\dfrac{2}{11}$ b) $\dfrac{7}{25}$

c) $\dfrac{7}{15}$ d) $\dfrac{19}{54}$

RESPOSTAS DOS EXERCÍCIOS

1)   a) $\dfrac{5}{8}$ b) $\dfrac{3}{8}$

2)   a) $\dfrac{4}{6}$ b) $\dfrac{5}{6}$

3)   a) $\dfrac{4}{7}$ b) $\dfrac{3}{6}$

4) $\dfrac{2}{10}$

5) $\dfrac{20}{120}$

6) $\dfrac{7}{31}$

7) $\dfrac{15}{60}$

8) $\dfrac{3}{10}$

9) $\dfrac{17}{24}$

10) a) Cinco oitavos.   b) Um quinto.
    c) Dois sétimos.   d) Cinco sextos.

11) a) Sete décimos.   b) Quarenta e três centésimos.
    c) Oitenta e cinco milésimos.   d) Dois mil décimos milésimos.

12) a) Dois onze avos.   b) Sete vinte e cinco avos.
    c) Sete quinze avos.   d) Dezenove cinquenta e quatro avos.

1.3.2 Aplicações

Exemplo:

Um cacho tem 12 bananas. Paulo comeu $\dfrac{1}{4}$ desse cacho. Quantas bananas ele comeu?

Resolução:

O cacho foi dividido em 4 partes iguais.
Cada parte contém 12 : 4 = 3 bananas.
Paulo comeu uma dessas partes.
Logo, Paulo comeu 3 bananas.

Exemplo:

Uma estrada tem 150 quilômetros. Quantos quilômetros correspondem a $\dfrac{3}{5}$ da estrada?

Resolução:

- A estrada toda corresponde a $\dfrac{5}{5}$

- $\dfrac{1}{5}$ da estrada corresponde a 150 : 5 = 30 quilômetros:

12 Matemática Básica

- Logo, $\dfrac{3}{5}$ da estrada correspondem a $3 \times 30 = 90$ quilômetros:

Exemplo:

Sabendo-se que $\dfrac{4}{5}$ de uma estrada correspondem a 180 quilômetros, quantos quilômetros tem a estrada toda?

Resolução:

A estrada toda foi dividida em 5 partes iguais, e 4 partes correspondem a 180 quilômetros:

Cada parte tem $180 : 4 = 45$ quilômetros:

Logo, a estrada toda tem $5 \times 45 = 225$ quilômetros:

EXERCÍCIOS

1) Uma caixa tem 8 caquis. Roberto comeu $\dfrac{1}{4}$ dos caquis. Quantos caquis ele comeu?

2) Uma torta leva na sua fabricação $\dfrac{1}{5}$ de um pacote de farinha. Um pacote tem 1 000 gramas. Quantos gramas de farinha são utilizados para preparar a torta?

3) Em um lote de peças há 3 defeituosas e 47 sem defeito.
    a) Qual a fração de peças defeituosas do lote?
    b) Qual a fração das sem defeito do lote?

4) Em uma liquidação, 123 camisas foram oferecidas com desconto, mas foram vendidas apenas 45. Qual a fração de camisas vendidas na liquidação?

Capítulo 1 | Operações com Números Naturais e Fracionários **13**

5) Uma estrada tem 240 quilômetros. Augusto percorreu $\frac{5}{6}$ dessa estrada.

 a) Quantos quilômetros ele percorreu?

 b) Quantos quilômetros faltam para ele percorrer a estrada toda?

6) Foram convidadas 140 pessoas para uma festa. Apenas $\frac{4}{7}$ dos convidados compareceram.

 a) Quantas pessoas compareceram à festa?

 b) Quantas faltaram?

7) Um atleta correu $\frac{4}{9}$ de um percurso de 27 quilômetros. Quantos quilômetros ainda faltam para que ele termine o percurso?

8) Sandra pagou $\frac{3}{8}$ de uma dívida de R$ 2 400,00.

 a) Quanto ela pagou?

 b) Quanto ainda falta pagar?

9) Um terreno tem formato retangular, com o lado maior medindo 30 metros. O outro lado mede $\frac{2}{5}$ da medida do lado maior. Qual a área do terreno?

10) Sabendo-se que $\frac{3}{8}$ de uma estrada correspondem a 90 quilômetros, quantos quilômetros tem a estrada toda?

11) Sabendo-se que $\frac{2}{11}$ de uma estrada correspondem a 40 quilômetros, quantos quilômetros tem a estrada toda?

12) Pedro gastou em uma semana R$ 80,00, que eram $\frac{2}{5}$ do que possuía. Quanto ele possuía?

13) Sabendo-se que $\frac{3}{7}$ de uma garrafa de vinho custam R$ 18,00, quanto custa a garrafa inteira?

14) Meia garrafa de vinho custa R$ 65,00. Quanto custam $\frac{5}{13}$ da garrafa?

15) $\frac{3}{7}$ da área de um terreno medem 60 metros quadrados. Qual a área do terreno todo?

14 Matemática Básica

16) Um galpão foi construído em um terreno retangular. A largura do terreno mede 20 metros e corresponde a $\dfrac{5}{6}$ de seu comprimento. Qual o preço do galpão se cada metro quadrado vale R$ 8 000,00?

17) Em relação ao balanço patrimonial dado abaixo, em milhares de reais:

ATIVO		PASSIVO + PATRIMÔNIO LÍQUIDO	
Caixa		Salários a pagar	50
Duplicatas a receber		Dívidas com fornecedores	250
Estoques		Impostos a pagar	170
Equipamentos	400	Dívidas de longo prazo	130
Imóveis	200	Patrimônio Líquido	
Total	2 000	Total	

a) Qual o valor do Patrimônio Líquido?

b) Qual o valor do caixa, sabendo-se que é $\dfrac{2}{7}$ do Patrimônio Líquido?

c) Qual o valor dos estoques, sabendo-se que é $\dfrac{4}{7}$ do Patrimônio Líquido?

d) Qual o valor das duplicatas a receber?

RESPOSTAS DOS EXERCÍCIOS

1) 2

2) 200 gramas

3) a) $\dfrac{3}{50}$ 　　 b) $\dfrac{47}{50}$

4) $\dfrac{45}{123}$

5) a) 200 　　 b) 40

6) a) 80 　　 b) 60

7) 15

8) a) R$ 900,00 　　 b) R$ 1 500,00

9) 360 m²

10) 240

11) 220

12) R$ 200,00

13) R$ 42,00

14) R$ 50,00

15) 140 m²

16) R$ 3 840 000,00

17) a) 1 400   b) 400   c) 800   d) 200

1.3.3 Frações próprias e impróprias

Frações *próprias* são aquelas cujo numerador é menor que o denominador. Representam, portanto, parte da unidade.

Exemplos:

a) $\dfrac{2}{5}$ b) $\dfrac{3}{7}$ c) $\dfrac{1}{9}$ d) $\dfrac{2}{11}$ e) $\dfrac{41}{42}$

Qual o significado da fração $\dfrac{6}{4}$?

Significa dividirmos a unidade em 4 partes iguais e considerarmos 6 dessas partes. Isso só pode ser feito se a unidade aparecer duas vezes conforme a Figura 1.2 a seguir:

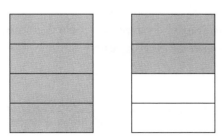

Figura 1.2   6 partes de uma unidade dividida em 4 partes.

Chamamos as frações desse tipo de *impróprias*. De modo geral *frações impróprias* são aquelas cujo numerador é maior ou igual ao denominador.

A representação de uma fração imprópria pode também ser feita escrevendo-se quantas unidades ela representa, seguida da fração que indica a parte da unidade; tal representação recebe o nome de *forma mista*. No caso do exemplo, a representação da fração $\frac{6}{4}$ na forma mista é $1\frac{2}{4}$ que se lê um inteiro e dois quartos.

Consideremos outro exemplo: a fração imprópria $\frac{16}{3}$.

Significa dividirmos a unidade em 3 partes iguais e considerarmos 16 dessas partes. Veja a Figura 1.3:

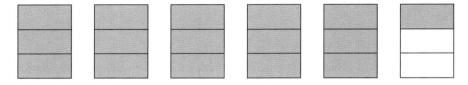

Figura 1.3 16 partes de uma unidade dividida em 3 partes.

A fração $\frac{16}{3}$ representa então 5 unidades e $\frac{1}{3}$, cuja forma mista é $5\frac{1}{3}$.

A forma mista também poderia ser obtida dividindo-se 16 por 3:

$$\begin{array}{r|l} 16 & \underline{3} \\ 1 & 5 \end{array}$$

Como o quociente é 5 e o resto é 1, significa que 16 é formado por 5 grupos de 3 (5 unidades) mais uma parte de 3, isto é, $\frac{1}{3}$.

De modo geral, dividindo-se o numerador pelo denominador de uma fração imprópria, o quociente é a parte inteira e o resto é o numerador da parte fracionária da forma mista.

> Em particular, as frações impróprias em que o numerador é múltiplo do denominador representam números naturais dados pela divisão do numerador pelo denominador.

Exemplos:

a) A fração $\frac{6}{3}$ representa duas unidades, isto é, o número natural 2, resultado da divisão de 6 por 3, conforme mostra a Figura 1.4:

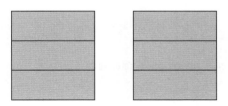

Figura 1.4 2 unidades em que cada unidade foi dividida em 3 partes.

b) A fração $\frac{12}{4}$ representa três unidades, isto é, o número natural 3, resultado da divisão de 12 por 4, conforme mostra a Figura 1.5:

Figura 1.5 3 unidades em que cada unidade foi dividida em 4 partes.

c) A fração $\frac{4}{1}$ representa quatro unidades, isto é, o número natural 4, resultado da divisão de 4 por 1, conforme mostra a Figura 1.6:

Figura 1.6 4 unidades.

18 Matemática Básica

d) Em geral, toda fração com numerador natural e denominador 1 representa o próprio número natural:

Assim: $\dfrac{5}{1} = 5$ $\qquad \dfrac{6}{1} = 6$ $\qquad \dfrac{7}{1} = 7$ etc.

EXERCÍCIOS

1) Qual a forma mista das frações a seguir?

a) $\dfrac{8}{3}$ $\qquad$ c) $\dfrac{21}{4}$

b) $\dfrac{19}{3}$ $\qquad$ d) $\dfrac{27}{4}$

2) Qual o número natural representado pela fração $\dfrac{9}{3}$?

3) Qual o número natural representado pela fração $\dfrac{8}{2}$?

4) Qual o número natural representado pela fração $\dfrac{3}{1}$?

5) Qual o número natural representado pela fração $\dfrac{5}{1}$?

6) Qual o número natural representado pela fração $\dfrac{0}{3}$?

7) Represente o número natural 3 sob a forma de fração de denominador 2.

8) Represente o número natural 5 sob a forma de fração de denominador 3.

9) Se o numerador e o denominador de uma fração são iguais e diferentes de zero, qual número inteiro ela representa?

10) Três sócios devem repartir igualmente R$ 24 000,00.
a) Qual a fração que cabe a cada um?
b) Quanto cada um deve receber?

RESPOSTAS DOS EXERCÍCIOS

1) a) $2\frac{2}{3}$ b) $6\frac{1}{3}$ c) $5\frac{1}{4}$ d) $6\frac{3}{4}$

2) 3

3) 4

4) 3

5) 5

6) 0

7) $\frac{6}{2}$

8) $\frac{15}{3}$

9) 1

10) a) $\frac{1}{3}$ b) R$ 8 000,00

1.3.4 Frações equivalentes

Observe as Figuras 1.7 (a, b e c) a seguir.

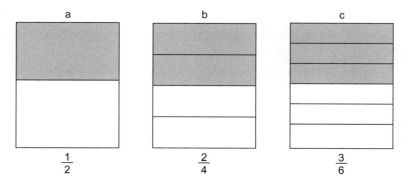

Figura 1.7 Unidade dividida em 2 partes (a), 4 partes (b) e 6 partes (c).

Mesmo tendo numeradores e denominadores diferentes, notamos que as três frações representam a mesma parte da unidade.

Dizemos que as frações $\dfrac{1}{2}$, $\dfrac{2}{4}$ e $\dfrac{3}{6}$ são *frações equivalentes* e escrevemos:

$$\frac{1}{2} = \frac{2}{4} = \frac{3}{6}$$

> Duas ou mais frações são chamadas equivalentes quando representam a mesma parte da unidade.

Observando as frações acima, da esquerda para a direita, notamos que:

- A segunda foi obtida da primeira, multiplicando-se o numerador e o denominador por 2.
- A terceira foi obtida da primeira, multiplicando-se o numerador e o denominador por 3.

De modo geral, verificamos que, quando multiplicamos o numerador e o denominador de uma fração por um mesmo número natural diferente de zero, o número de partes do todo e as partes consideradas aumentam de tal modo que a representação da parte em relação ao todo permanece inalterada. Assim:

> Multiplicando-se o numerador e o denominador de uma fração por um mesmo número natural diferente de zero, obtém-se uma fração equivalente à fração inicial.

Observando agora as frações acima, da direita para a esquerda, notamos que:

- A primeira foi obtida da segunda, dividindo-se o numerador e o denominador por 2.
- A primeira foi obtida da terceira, dividindo-se o numerador e o denominador por 3.

De modo geral, verificamos que, quando dividimos o numerador e o denominador de uma fração por um mesmo número natural diferente de zero, o número de partes do todo e as partes consideradas diminuem de tal modo que a representação da parte em relação ao todo permanece inalterada. Assim:

> Dividindo-se o numerador e o denominador de uma fração por um mesmo número natural diferente de zero, obtém-se uma fração equivalente à fração inicial.

Capítulo 1 | Operações com Números Naturais e Fracionários **21**

Exemplos:

a) As frações $\dfrac{2}{5}$ e $\dfrac{6}{15}$ são equivalentes, pois a segunda foi obtida multiplicando-se o numerador e o denominador da primeira por 3. Assim, $\dfrac{2}{5} = \dfrac{6}{15}$.

b) As frações $\dfrac{24}{16}$ e $\dfrac{6}{4}$ são equivalentes, pois a segunda foi obtida dividindo-se o numerador e o denominador da primeira por 4. Assim, $\dfrac{24}{16} = \dfrac{6}{4}$.

Exemplo:

Qual a fração de denominador igual a 15 equivalente à fração $\dfrac{4}{5}$?

Resolução:

$$\frac{4}{5} = \frac{?}{15}$$

- O denominador 5 foi transformado no denominador 15; logo, foi multiplicado por 3.
- Devemos, então, multiplicar por 3 também o numerador 4.
- Portanto, no lugar de ?, devemos colocar 4×3, isto é, devemos colocar 12.
- Assim, a fração procurada é $\dfrac{12}{15}$.

Exemplo:

Qual a fração de denominador 7 equivalente à fração $\dfrac{8}{28}$?

Resolução:

$$\frac{8}{28} = \frac{?}{7}$$

- O denominador 28 foi transformado no denominador 7; logo, foi dividido por 4.
- Devemos, então, dividir por 4 também o numerador 8.
- Portanto, no lugar de ?, devemos colocar $8 : 4$, isto é, devemos colocar 2.
- Assim, a fração procurada é $\dfrac{2}{7}$.

Exemplo:

A fração $\dfrac{5}{6}$ é equivalente a $\dfrac{18}{24}$?

22 Matemática Básica

Resolução:

- A fração equivalente a $\dfrac{5}{6}$ com denominador 24 é $\dfrac{20}{24}$, pois multiplicamos o numerador e o denominador por 4.

- Como $\dfrac{20}{24}$ é diferente de $\dfrac{18}{24}$, concluímos que $\dfrac{5}{6}$ não é equivalente a $\dfrac{18}{24}$.

EXERCÍCIOS

1) Verifique, por meio de uma figura, se as frações $\dfrac{1}{3}$ e $\dfrac{2}{6}$ são equivalentes.

2) Dada a fração $\dfrac{3}{4}$:
   a) Escreva a fração equivalente multiplicando o numerador e o denominador por 2.
   b) Escreva a fração equivalente multiplicando o numerador e o denominador por 5.
   c) Escreva a fração equivalente multiplicando o numerador e o denominador por 7

3) Dada a fração $\dfrac{48}{72}$:
   a) Escreva a fração equivalente dividindo o numerador e o denominador por 2.
   b) Escreva a fração equivalente dividindo o numerador e o denominador por 3.
   c) Escreva a fração equivalente dividindo o numerador e o denominador por 6.
   d) Escreva a fração equivalente dividindo o numerador e o denominador por 12.

4) Qual fração com denominador 21 é equivalente a $\dfrac{5}{7}$?

5) Qual fração com denominador 50 é equivalente a $\dfrac{3}{10}$?

6) Qual fração com numerador 6 é equivalente a $\dfrac{18}{27}$?

Capítulo I | Operações com Números Naturais e Fracionários **23**

7) Qual fração com numerador 9 é equivalente a $\dfrac{18}{10}$?

8) Qual fração com numerador 5 é equivalente a $\dfrac{10}{60}$?

9) Verifique se a fração $\dfrac{7}{15}$ é equivalente à fração $\dfrac{32}{60}$.

10) Verifique se a fração $\dfrac{12}{25}$ é equivalente a $\dfrac{60}{125}$.

11) Em cada fração abaixo, obtenha o numerador que está faltando, de modo que as frações sejam equivalentes.

a) $\dfrac{2}{5} = \dfrac{?}{25}$ b) $\dfrac{8}{15} = \dfrac{?}{90}$ c) $\dfrac{7}{12} = \dfrac{?}{48}$ d) $\dfrac{18}{11} = \dfrac{?}{44}$

RESPOSTAS DOS EXERCÍCIOS

1) Demonstração.

2) a) $\dfrac{6}{8}$ b) $\dfrac{15}{20}$ c) $\dfrac{21}{28}$

3) a) $\dfrac{24}{36}$ b) $\dfrac{16}{24}$ c) $\dfrac{8}{12}$ d) $\dfrac{4}{6}$

4) $\dfrac{15}{21}$

5) $\dfrac{15}{50}$

6) $\dfrac{6}{9}$

7) $\dfrac{9}{5}$

8) $\dfrac{5}{30}$

9) Não é equivalente.

10) Sim.

11) a) 10   b) 48   c) 28   d) 72

1.3.5 Simplificação de frações

Simplificar uma fração consiste em obtermos uma fração equivalente à fração dada, porém, com numeradores e denominadores menores.

O processo de simplificação é feito dividindo-se o numerador e o denominador da fração dada por um divisor comum. Esse procedimento, conforme já vimos, mantém a fração obtida equivalente à original.

O procedimento de simplificação pode ser repetido várias vezes.

Exemplo:

Vamos simplificar a fração $\dfrac{12}{42}$.

Temos:

Dividimos o numerador e o denominador por 2, obtendo $\dfrac{6}{21}$.

Em seguida, com a fração $\dfrac{6}{21}$, dividimos o numerador e denominador por 3, obtendo $\dfrac{2}{7}$.

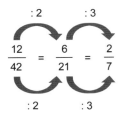

Poderíamos também ter dividido o 12 e o 42 pelo seu máximo divisor comum 6, obtendo, em uma única etapa, a fração $\dfrac{2}{7}$.

Quando uma fração não puder mais ser simplificada, ela é denominada *fração irredutível*. No exemplo dado, a fração $\dfrac{2}{7}$ é irredutível.

Capítulo 1 | Operações com Números Naturais e Fracionários **25**

EXERCÍCIOS

1) Simplifique cada fração abaixo até que fique irredutível:

a) $\dfrac{12}{40}$ b) $\dfrac{36}{24}$ c) $\dfrac{150}{250}$ d) $\dfrac{84}{28}$

e) $\dfrac{128}{256}$ f) $\dfrac{125}{175}$ g) $\dfrac{243}{729}$ h) $\dfrac{144}{42}$

2) Simplifique as frações $\dfrac{80}{120}$ e $\dfrac{60}{90}$. Verifique também se são equivalentes.

3) Simplifique as frações $\dfrac{140}{175}$ e $\dfrac{160}{225}$. Verifique também se são equivalentes.

4) O tanque de combustível de um automóvel tem 60 litros. Em uma viagem foram consumidos 24 litros de combustível. Pode-se dizer que na viagem foram consumidos $\dfrac{2}{5}$ do volume do tanque?

5) Em uma prova de 20 testes, Mário acertou 16. Qual a fração de acertos, na forma irredutível?

RESPOSTAS DOS EXERCÍCIOS

1) a) $\dfrac{3}{10}$ b) $\dfrac{3}{2}$ c) $\dfrac{3}{5}$ d) 3

e) $\dfrac{1}{2}$ f) $\dfrac{5}{7}$ g) $\dfrac{1}{3}$ h) $\dfrac{24}{7}$

2) $\dfrac{2}{3}$ e $\dfrac{2}{3}$; são equivalentes.

3) $\dfrac{4}{5}$ e $\dfrac{32}{45}$; não são equivalentes.

4) Sim.

5) $\dfrac{4}{5}$.

26 Matemática Básica

1.3.6 *Redução de frações ao mesmo denominador*

Em algumas situações, como para saber qual fração é maior, é importante que elas sejam expressas com o mesmo denominador. Por exemplo, se ambas tiverem denominador igual a 10, a maior será aquela que tiver maior numerador, já que ela terá maior número de partes de um todo dividido em 10 partes iguais.

Assim, é importante saber como devemos proceder para transformar duas ou mais frações em outras equivalentes com o mesmo denominador. Vejamos o procedimento com alguns exemplos.

Exemplo:

Reduzir ao mesmo denominador as frações $\dfrac{2}{3}$ e $\dfrac{3}{4}$.

Resolução:

Em primeiro lugar, o denominador comum deve ser um múltiplo comum de 3 e 4. Em geral, pegamos o menor múltiplo comum (mmc) dos denominadores.

O mmc de 3 e 4 vale 12. Esse será o denominador comum.

Em seguida, dividimos o 12 por cada um dos denominadores e multiplicamos o resultado pelo numerador correspondente. Assim, obtemos os numeradores das frações com mesmo denominador.

As frações procuradas serão:

$$\frac{(12:3)\times 2}{12} \text{ e } \frac{(12:4)\times 3}{12}$$

ou seja,

$$\frac{8}{12} \text{ e } \frac{9}{12}$$

Observe que esse procedimento se justifica, pois multiplicamos os termos da primeira fração por 4 e os da segunda por 3. Esse procedimento não altera o valor da fração como já vimos.

Exemplo:

Reduzir ao mesmo denominador as frações $\dfrac{5}{6}$, $\dfrac{3}{4}$ e $\dfrac{7}{15}$.

Resolução:

O mmc de 6, 4 e 15 vale 60.

As frações equivalentes às dadas com o mesmo denominador 60 são:

Capítulo 1 | Operações com Números Naturais e Fracionários **27**

$$\frac{(60:6)\times 5}{60}, \frac{(60:4)\times 3}{60} \text{ e } \frac{(60:15)\times 7}{60}$$

ou seja,

$$\frac{50}{60}, \frac{45}{60} \text{ e } \frac{28}{60}.$$

EXERCÍCIOS

1) Reduza cada par de frações ao mesmo denominador comum:

a) $\dfrac{2}{5}$ e $\dfrac{3}{2}$ b) $\dfrac{5}{12}$ e $\dfrac{7}{8}$ c) $\dfrac{12}{14}$ e $\dfrac{10}{21}$

2) Reduza ao mesmo denominador cada grupo de frações:

a) $\dfrac{4}{9}, \dfrac{5}{6}$ e $\dfrac{4}{3}$ b) $\dfrac{7}{18}, \dfrac{5}{9}$ e $\dfrac{4}{3}$ c) $\dfrac{2}{7}, \dfrac{5}{14}, \dfrac{8}{21}$ e $\dfrac{1}{18}$.

RESPOSTAS DOS EXERCÍCIOS

1) a) $\dfrac{4}{10}$ e $\dfrac{15}{10}$ b) $\dfrac{10}{24}$ e $\dfrac{21}{24}$ c) $\dfrac{36}{42}$ e $\dfrac{20}{42}$

2) a) $\dfrac{8}{18}; \dfrac{15}{18}$ e $\dfrac{24}{18}$ b) $\dfrac{7}{18}; \dfrac{10}{18}$ e $\dfrac{24}{18}$

c) $\dfrac{24}{84}; \dfrac{30}{84}; \dfrac{32}{84}$ e $\dfrac{3}{84}$

1.3.7 *Comparação de frações*

Se duas frações tiverem o mesmo denominador, então:

- Elas serão iguais se tiverem o mesmo numerador, pois representam o mesmo número de partes do todo.
- A primeira será maior do que a segunda caso o numerador da primeira seja maior do que o da segunda, pois a primeira tem maior número de partes do todo.
- A primeira será menor do que a segunda caso o numerador da primeira seja menor do que o da segunda, pois a primeira tem menor número de partes do todo.

Exemplo:

a) $\dfrac{3}{5}$ é maior do que $\dfrac{2}{5}$, pois o numerador da primeira é maior do que o da segunda. Escrevemos: $\dfrac{3}{5} > \dfrac{2}{5}$. Veja a Figura 1.8.

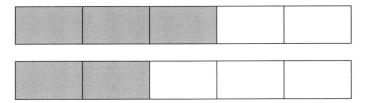

Figura 1.8 Representação das frações 3/5 e 2/5.

b) $\dfrac{1}{4}$ é menor do que $\dfrac{3}{4}$, pois o numerador da primeira é menor do que o da segunda. Escrevemos: $\dfrac{1}{4} < \dfrac{3}{4}$. Veja a Figura 1.9.

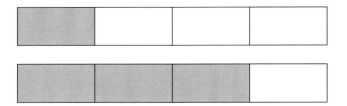

Figura 1.9 Representação das frações 1/4 e 3/4.

Caso as frações tenham denominadores diferentes, basta reduzi-las ao mesmo denominador e aplicar o conceito anterior.

Exemplo:

Compare as frações: $\dfrac{5}{6}$ e $\dfrac{4}{5}$.

Resolução:

O mmc de 6 e 5 é 30. Logo, o denominador comum é 30.
Reduzindo as frações ao denominador 30, teremos:

$$\frac{(30:6)\times5}{30} \text{ e } \frac{(30:5)\times4}{30}$$

ou seja,

$$\frac{25}{30} \text{ e } \frac{24}{30}.$$

Conclusão: A primeira é maior do que a segunda.

Portanto, $\frac{5}{6} > \frac{4}{5}$.

EXERCÍCIOS

1) Complete com o símbolo > ou <:

a) $\frac{2}{3}.....\frac{1}{3}$

b) $\frac{21}{25}.....\frac{19}{25}$

c) $\frac{3}{9}.....\frac{2}{9}$

d) $\frac{87}{95}.....\frac{90}{95}$

2) Complete com o símbolo > ,< ou = em cada caso:

a) $\frac{3}{8}.....\frac{5}{9}$

b) $\frac{5}{18}.....\frac{4}{15}$

c) $\frac{12}{33}.....\frac{7}{22}$

d) $\frac{3}{22}.....\frac{2}{11}$

e) $\frac{42}{35}.....\frac{6}{5}$

f) $\frac{32}{125}.....\frac{14}{75}$

3) Carla comeu $\frac{3}{8}$ de uma pizza e Cássia comeu $\frac{2}{6}$ de uma pizza do mesmo tamanho. Qual comeu um pedaço maior?

4) Para ir de São Paulo ao município de Águas de Lindoia, um carro gastou $\frac{4}{5}$ do tanque de álcool. Para voltar, o mesmo carro gastou $\frac{3}{4}$ do tanque. Ele gastou mais álcool na ida ou na volta?

5) Um ano na vida de um menino de 10 anos representa uma fração maior ou menor da vida do que um ano para um homem de 50 anos?

6) Dadas as 4 frações abaixo, determine qual a maior e qual a menor:

$$\frac{1}{3}, \frac{1}{4}, \frac{1}{5} \text{ e } \frac{1}{6}$$

RESPOSTAS DOS EXERCÍCIOS

1) a) >   b) >   c) >   d) <

2) a) <   b) >   c) >   d) <   e) =   f) >

3) Carla.

4) Ida.

5) Maior.

6) $\dfrac{1}{3}$ e $\dfrac{1}{6}$

1.4 Operações com frações

1.4.1 Adição

Em uma longa viagem de automóvel, um viajante resolveu fazer o trajeto em etapas, fazendo algumas pausas para descanso.

Na primeira etapa, percorreu $\dfrac{3}{8}$ da estrada e na segunda $\dfrac{2}{8}$. Quanto da estrada ele percorreu nas duas etapas?

Se juntarmos as 3 partes da primeira etapa com as 2 da segunda, concluímos que ele percorreu 5 partes da estrada, ou seja, percorreu $\dfrac{5}{8}$ (Figura 1.10).

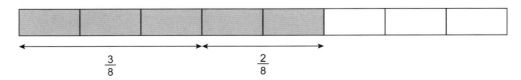

Figura 1.10 Soma de 3/8 com 2/8.

Quando juntamos duas partes iguais de um mesmo todo, obtemos outra parte do todo chamada *soma das frações*. No exemplo dado, temos:

$$\frac{3}{8}+\frac{2}{8}=\frac{5}{8}$$

De modo geral:

> A soma de frações com mesmo denominador é uma fração cujo denominador é o mesmo das frações dadas e cujo numerador é a soma dos numeradores dados.

Capítulo 1 | Operações com Números Naturais e Fracionários **31**

E se as frações não tiverem o mesmo denominador?

Nesse caso, basta reduzi-las ao mesmo denominador, conforme explicado.

Por exemplo, se na primeira etapa o viajante tivesse percorrido $\dfrac{4}{7}$ da estrada e, na segunda, $\dfrac{1}{3}$ teríamos:

Total percorrido nas duas etapas: $\dfrac{4}{7} + \dfrac{1}{3}$.

O mmc dos denominadores 7 e 3 é 21.

$21 : 7 = 3$ e $3 \times 4 = 12$. Portanto, a primeira fração é equivalente a $\dfrac{12}{21}$.

$21 : 3 = 7$ e $7 \times 1 = 7$. Portanto, a segunda fração é equivalente a $\dfrac{7}{21}$.

Logo, $\dfrac{4}{7} + \dfrac{1}{3} = \dfrac{12}{21} + \dfrac{7}{21} = \dfrac{19}{21}$.

1.4.2 *Subtração*

Suponhamos que o viajante do exemplo tenha viajado $\dfrac{3}{8}$ da estrada na primeira etapa. Quanto deverá viajar na segunda etapa para chegar até o meio do caminho?

O meio do caminho corresponde à fração $\dfrac{4}{8}$ da estrada. Para obtermos o que falta ele percorrer, devemos retirar de 4 partes da estrada as 3 partes que ele já percorreu. Portanto falta percorrer 1 parte, ou seja, $\dfrac{1}{8}$ da estrada. Veja a Figura 1.11.

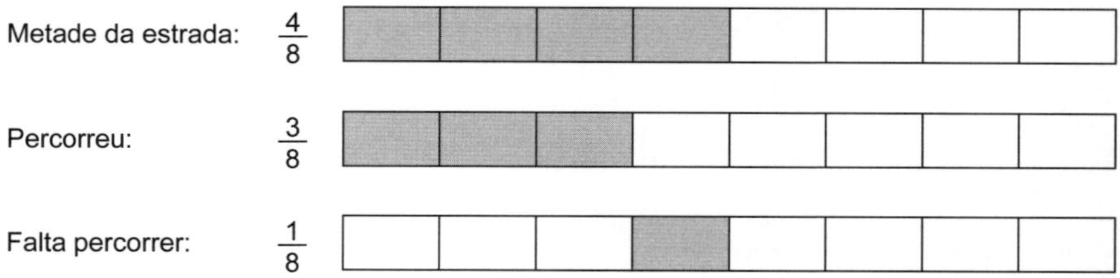

Metade da estrada: $\dfrac{4}{8}$

Percorreu: $\dfrac{3}{8}$

Falta percorrer: $\dfrac{1}{8}$

Figura 1.11 *4/8 menos 3/8.*

Quando temos uma parte de um todo e retiramos dela outra parte do mesmo todo obtemos uma outra parte denominada *diferença de frações*. No exemplo dado, temos:

$$\frac{4}{8} - \frac{3}{8} = \frac{1}{8}.$$

32 Matemática Básica

De modo geral:

> A diferença de frações com mesmo denominador é uma fração cujo denominador é o mesmo das frações dadas e cujo numerador é a diferença dos numeradores dados.

Caso as frações não tenham o mesmo denominador, basta reduzi-las ao mesmo denominador.

No exemplo anterior, caso o viajante tenha percorrido $\dfrac{1}{3}$ da estrada na primeira etapa, para ele atingir $\dfrac{4}{8}$ (isto é, o meio) da estrada ele deve percorrer na segunda etapa a diferença $\dfrac{4}{8} - \dfrac{1}{3}$.

Assim, como o mmc entre 8 e 3 vale 24, teremos:

$$\frac{4}{8} - \frac{1}{3} = \frac{12}{24} - \frac{8}{24} = \frac{4}{24}.$$

Simplificando a fração $\dfrac{4}{24}$ obtemos $\dfrac{1}{6}$.

EXERCÍCIOS

1) Calcule e simplifique quando possível:

   a) $\dfrac{2}{5} + \dfrac{1}{5}$ b) $\dfrac{3}{17} + \dfrac{7}{17}$ c) $\dfrac{1}{5} + \dfrac{2}{5} + \dfrac{3}{5}$

   d) $\dfrac{7}{12} - \dfrac{5}{12}$ e) $\dfrac{5}{2} - \dfrac{3}{2}$ f) $\dfrac{3}{4} - \dfrac{3}{4}$

2) Calcule e simplifique quando possível:

   a) $\dfrac{2}{3} + \dfrac{1}{4}$ b) $\dfrac{5}{18} + \dfrac{7}{12}$ c) $\dfrac{1}{2} + \dfrac{1}{3} + \dfrac{1}{6}$

   d) $\dfrac{3}{8} - \dfrac{1}{5}$ e) $\dfrac{3}{10} - \dfrac{1}{20}$ f) $3 - \dfrac{1}{4}$ (lembre-se de que $3 = \dfrac{3}{1}$)

3) Calcule e simplifique:

   a) $4 + \dfrac{1}{3}$ b) $3 - \dfrac{5}{7}$ c) $2 - \dfrac{5}{8}$

Capítulo 1 | Operações com Números Naturais e Fracionários 33

4) Calcule e simplifique:

a) $\dfrac{11}{5}+1$ b) $\dfrac{5}{7}+3$ c) $\dfrac{11}{5}-1$

5) Ana comeu $\dfrac{1}{4}$ de uma pizza e Isabel comeu $\dfrac{1}{8}$ da mesma pizza.

a) Qual fração da pizza ambas comeram?

b) Qual fração da pizza sobrou?

6) Renato gastou na segunda-feira $\dfrac{1}{5}$ de seu salário; na terça, gastou mais $\dfrac{1}{4}$ do salário.

a) Qual fração do salário ele gastou nos dois dias?

b) Qual fração do salário sobrou após os gastos nesses dias?

7) Em uma pequena cidade foi feita uma pesquisa de opinião perguntando se a cidade deveria, ou não, ter uma nova ponte:

Opinião	Fração de entrevistados
A favor	$\dfrac{21}{50}$
Contra	
Sem opinião	$\dfrac{3}{100}$

Qual fração de entrevistados é contra?

8) Calcule o valor de cada expressão:

a) $\dfrac{1}{6}+\left(\dfrac{7}{2}-\dfrac{5}{9}\right)$

b) $\left(\dfrac{3}{4}-\dfrac{1}{5}\right)+\left(\dfrac{3}{10}-\dfrac{1}{20}\right)$

c) $\left(\dfrac{3}{8}-\dfrac{2}{9}\right)+\left(\dfrac{4}{3}-\dfrac{5}{4}\right)+2$

9) Um ônibus dirigindo-se de São Paulo para o Rio de Janeiro percorreu $\dfrac{7}{11}$ do trajeto. Sabendo que ainda faltam 160 quilômetros para serem percorridos, obtenha o número de quilômetros de todo o trajeto.

34 Matemática Básica

10) Até as 10 horas da manhã, um feirante havia vendido $\frac{1}{4}$ da quantidade de melões que tinha levado para venda. Entre 10 e 12 horas, reduziu o preço de cada melão e vendeu mais $\frac{3}{5}$ do lote que havia levado. Sabendo que sobraram 15 melões, obtenha a quantidade que ele possuía inicialmente.

11) Em uma loja de tecidos um vendedor vendeu as seguintes quantidades em metros de certo tecido: $4\frac{1}{2}$, $6\frac{1}{4}$ e 7. Qual o total em metros vendidos desse tecido?

12) Se na peça do exercício citado havia 25 metros, quantos metros sobraram depois da venda?

RESPOSTAS DOS EXERCÍCIOS

1)   a) $\frac{3}{5}$ b) $\frac{10}{17}$ c) $\frac{6}{5}$ d) $\frac{1}{6}$ e) 1   f) 0

2)   a) $\frac{11}{12}$ b) $\frac{31}{36}$ c) 1   d) $\frac{7}{40}$ e) $\frac{1}{4}$ f) $\frac{11}{4}$

3)   a) $\frac{13}{3}$ b) $\frac{16}{7}$ c) $\frac{11}{8}$

4)   a) $\frac{16}{5}$ b) $\frac{26}{7}$ c) $\frac{6}{5}$

5)   a) $\frac{3}{8}$ b) $\frac{5}{8}$

6)   a) $\frac{9}{20}$ b) $\frac{11}{20}$

7) $\frac{11}{20}$

8)   a) $\frac{28}{9}$ b) $\frac{4}{5}$ c) $\frac{161}{72}$

9)   440 km

10) 100 melões

11) $\dfrac{71}{4}$

12) $\dfrac{29}{4}$ metros

1.4.3 Multiplicação

Dois irmãos, Olavo e Otávio, comeram em uma tarde $\dfrac{3}{4}$ de um chocolate. Da parte que foi comida, Olavo comeu metade, isto é, a fração $\dfrac{1}{2}$. Qual fração do chocolate todo Olavo comeu?

Desejamos saber quanto vale $\dfrac{1}{2}$ de $\dfrac{3}{4}$. Podemos proceder da seguinte forma (Figura 1.12):

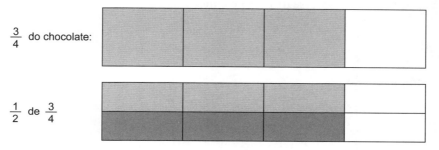

Figura 1.12 3/4 e 1/2 de 3/4.

Podemos observar que assim o chocolate ficou dividido em 8 partes iguais, e Olavo comeu 3 dessas partes. Assim, ele comeu $\dfrac{3}{8}$ do chocolate. Note que:

- O numerador 3 do resultado é o produto dos numeradores das frações $\dfrac{1}{2}$ e $\dfrac{3}{4}$.
- O denominador 8 do resultado é o produto dos denominadores das frações $\dfrac{1}{2}$ e $\dfrac{3}{4}$.
- A operação realizada com as frações $\dfrac{1}{2}$ e $\dfrac{3}{4}$ é chamada de *multiplicação de frações* e o resultado $\dfrac{3}{8}$ é o *produto das frações*. Para a multiplicação, podemos utilizar um dos símbolos: × ou ·.

36 Matemática Básica

Em resumo, $\dfrac{1}{2} \times \dfrac{3}{4}$ significa $\dfrac{1}{2}$ de $\dfrac{3}{4}$ que vale $\dfrac{1 \times 3}{2 \times 4}$, ou seja, $\dfrac{3}{8}$.

De modo geral:

> O produto de duas frações é uma fração cujo numerador é o produto dos numeradores e cujo denominador é o produto dos denominadores.

Exemplos:

a) $\dfrac{2}{3} \times \dfrac{4}{5} = \dfrac{8}{15}$

b) $\dfrac{3}{4} \times \dfrac{2}{5} = \dfrac{6}{20}$

c) $3 \times \dfrac{2}{5} = \dfrac{6}{5}$ (lembre-se de que 3 é o mesmo que $\dfrac{3}{1}$)

d) $\dfrac{3}{5} \times \dfrac{7}{3} = \dfrac{21}{15}$

Simplificando,

$$\dfrac{21}{15} = \dfrac{21 : 3}{15 : 3} = \dfrac{7}{5}$$

Outra maneira de simplificarmos consiste em indicarmos os produtos dos numeradores e denominadores e cancelarmos valores iguais (o que corresponde a dividir o numerador e denominador por esse número). Assim:

$$\dfrac{3}{5} \times \dfrac{7}{3} = \dfrac{\overset{1}{\cancel{3}} \times 7}{5 \times \underset{1}{\cancel{3}}} = \dfrac{7}{5}$$

EXERCÍCIOS

1) Efetue as multiplicações e simplifique se possível:

a) $\dfrac{1}{4} \times \dfrac{1}{5}$ b) $\dfrac{2}{5} \times \dfrac{3}{7}$ c) $3 \times \dfrac{1}{7}$ d) $\dfrac{3}{7} \times 4$

Capítulo 1 | Operações com Números Naturais e Fracionários **37**

2) Calcule e simplifique se possível:

a) $\dfrac{3}{4}$ de $\dfrac{3}{5}$ b) $\dfrac{3}{5}$ de $\dfrac{1}{3}$ c) $\dfrac{4}{5}$ de $\dfrac{15}{8}$ d) $\dfrac{15}{8}$ de $\dfrac{4}{5}$

3) Calcule e simplifique se possível:

a) $\dfrac{2}{7}$ de $3\dfrac{1}{4}$

b) $2\dfrac{1}{3}$ de $1\dfrac{1}{4}$

4) Dois amigos, César e Bene, comeram juntos $\dfrac{7}{8}$ de uma pizza. Bene comeu $\dfrac{3}{7}$ do que foi consumido. Qual fração de pizza Bene comeu?

5) Ana gasta $\dfrac{7}{8}$ de seu salário e o restante ela poupa. Do dinheiro que ela gasta, $\dfrac{1}{4}$ é para se alimentar. Qual fração de seu salário ela gasta com alimentação?

6) Calcule e simplifique se possível:

a) $\dfrac{1}{2} \times \dfrac{1}{3} \times \dfrac{1}{4}$ b) $\dfrac{2}{3} \times \dfrac{5}{4} \times \dfrac{15}{7} \times \dfrac{21}{4}$ c) $\dfrac{2}{3} \times \left(\dfrac{3}{4} + \dfrac{1}{2} \right)$

d) $\left(\dfrac{2}{11} + \dfrac{1}{3} \right) \times \left(\dfrac{3}{5} - \dfrac{2}{15} \right)$ e) $\dfrac{3}{11} \times \left(\dfrac{7}{2} - \dfrac{2}{7} \right)$ f) $5 \times \left(\dfrac{3}{4} + \dfrac{1}{8} \right) + 2\dfrac{1}{4}$

7) Dada uma fração não nula, chamamos de inversa dessa fração a fração cujo numerador é igual ao denominador daquela e cujo denominador é igual ao numerador daquela.

Por exemplo, a inversa da fração $\dfrac{3}{5}$ é a fração $\dfrac{5}{3}$.

a) Qual o produto de $\dfrac{2}{5}$ pela sua inversa?

b) Qual o produto de 7 pela sua inversa?

c) Qual o produto de qualquer fração não nula pela sua inversa?

RESPOSTAS DOS EXERCÍCIOS

1)   a) $\dfrac{1}{20}$ b) $\dfrac{6}{35}$ c) $\dfrac{3}{7}$ d) $\dfrac{12}{7}$

2) a) $\dfrac{9}{20}$ b) $\dfrac{1}{5}$ c) $\dfrac{3}{2}$ d) $\dfrac{3}{2}$

3) a) $\dfrac{13}{14}$ b) $\dfrac{35}{12}$

4) $\dfrac{3}{8}$

5) $\dfrac{7}{32}$

6) a) $\dfrac{1}{24}$ b) $\dfrac{525}{56}$ c) $\dfrac{5}{6}$ d) $\dfrac{119}{495}$ e) $\dfrac{135}{154}$ f) $\dfrac{53}{8}$

7) a) 1   b) 1   c) 1

1.4.4 Divisão

Quando efetuamos a divisão de dois números naturais, por exemplo, 10 dividido por 2, estamos querendo responder à seguinte pergunta: Quantas vezes o número 2 cabe em 10?

Ou então: Se 10 unidades forem repartidas em 2 grupos com mesmo número de elementos, quantas unidades haverá em cada grupo?

O resultado é o número que multiplicado por 2 dá 10. No caso, o resultado é 5.

De maneira semelhante, definimos a divisão de uma fração por outra: dividir uma fração por outra é obter uma fração que, multiplicada pela segunda, dá a primeira.

A interpretação também é semelhante à divisão de números naturais. Vejamos alguns exemplos em que é fácil resolver por meio da figura.

Exemplo:

Desejamos repartir meio pacote de bolachas em 4 partes iguais. Qual fração do pacote representa cada parte?

Desejamos dividir $\dfrac{1}{2}$ por 4.

Assim, temos:

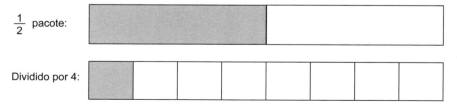

Figura 1.13   1/2 dividido por 4.

Portanto, cada parte representa $\frac{1}{8}$ do pacote.

Observe que o número procurado, multiplicado por 4, dá $\frac{1}{2}$.

Exemplo:

Desejamos repartir 2 bolos entre 3 pessoas. Qual fração de bolo cabe a cada pessoa?

Desejamos dividir 2 por 3.

Assim, temos:

Figura 1.14 2 dividido por 3.

Portanto, cada pessoa recebeu $\frac{2}{3}$ de bolo. Observe que o número procurado, multiplicado por 3, dá 2.

Exemplo:

A família do senhor Magalhães consome por dia 2 litros de leite. Cada membro da família bebe, por dia, $\frac{2}{5}$ de um pacote. Quantas pessoas há na família?

Desejamos saber quantas vezes $\frac{2}{5}$ cabem em 2, isto é, temos de dividir 2 por $\frac{2}{5}$.

Na Figura 1.15, cada retângulo dividido em 5 partes representa um pacote. A parte cinza é o que cada pessoa consome.

Figura 1.15 2 dividido por 2/5.

Podemos observar que a parte cinza cabe 5 vezes nos 2 pacotes; portanto, há 5 pessoas na família.

40 Matemática Básica

De modo geral:

> Para dividirmos uma fração pela outra, basta multiplicar a primeira pela fração inversa da segunda.

Exemplos:

a) $\dfrac{3}{4} \div 4 = \dfrac{3}{4} \div \dfrac{4}{1} = \dfrac{3}{4} \times \dfrac{1}{4} = \dfrac{3}{16}$

b) $\dfrac{7}{8} \div 3 = \dfrac{7}{8} \div \dfrac{3}{1} = \dfrac{7}{8} \times \dfrac{1}{3} = \dfrac{7}{24}$

c) $5 \div 8 = \dfrac{5}{1} \div \dfrac{8}{1} = \dfrac{5}{1} \times \dfrac{1}{8} = \dfrac{5}{8}$

EXERCÍCIOS

1) Calcule e simplifique quando possível:

a) $\dfrac{3}{5} \div \dfrac{1}{15}$ b) $\dfrac{6}{8} \div \dfrac{40}{28}$ c) $14 \div \dfrac{7}{3}$ d) $\dfrac{3}{5} \div 2$

2) Calcule:

a) $\dfrac{\left(\dfrac{1}{4}\right)}{\left(\dfrac{3}{5}\right)}$ b) $\dfrac{\left(\dfrac{3}{7}\right)}{2}$ c) $\dfrac{3}{\left(\dfrac{7}{2}\right)}$

3) Um avião viajou 1 600 km em $1\dfrac{2}{3}$ horas em velocidade constante. Quanto viajou em 1 hora?

RESPOSTAS DOS EXERCÍCIOS

1) a) 9   b) $\dfrac{21}{40}$ c) 6   d) $\dfrac{3}{10}$

2) a) $\dfrac{5}{12}$ b) $\dfrac{3}{14}$ c) $\dfrac{6}{7}$

3) 960 km

1.5 Números decimais

Outra forma de representarmos uma fração é a divisão do numerador pelo denominador, obtendo a chamada *forma decimal*. Por exemplo:

a) $\dfrac{4}{5} = 0,8$ $\qquad \dfrac{5}{4} = 1,25$ $\qquad \dfrac{15}{3} = 5$

b) $\dfrac{1}{3} = 0,3333...$ $\qquad \dfrac{56}{99} = 0,565656...$ $\qquad \dfrac{75}{90} = 0,8333...$

No item *a*, as divisões resultaram em um número exato e são chamadas de *decimais exatas*.

No item *b*, as divisões resultaram em valores que se repetem periodicamente, mas nunca terminam; tais resultados são chamados de *dízimas periódicas*.

Em situações práticas, os números decimais são obtidos com a utilização de uma calculadora e os resultados são arredondados para o número de casas decimais desejado, obedecendo à regra de arredondamento: quando o último algarismo for maior ou igual a 5, o anterior deve ser arredondado para ele mais 1. Caso o último algarismo seja menor que 5, o anterior deve permanecer como está. Por exemplo, os números seguintes foram arredondados para duas casas decimais:

6,417: arredondado para 6,42

0,273: arredondado para 0,27

0,676767...: arredondado para 0,68

Observemos também que um número decimal não se altera quando acrescentamos (ou retiramos) um ou mais zeros à direita de sua parte decimal.

Assim, por exemplo:

$$3,24 = 3,240 = 3,2400 = 3,24000$$

A *adição* e a *subtração* de números decimais são feitas de modo análogo ao feito com números naturais, desde que igualemos o número de casas decimais dos números dados, acrescentando zeros, e mantenhamos alinhadas as vírgulas. Por exemplo, para efetuarmos a operação 3,4 + 2,15 + 12,5, procedemos como segue:

$$
\begin{array}{r}
3,40 \\
2,15 \ + \\
12,50 \\
\hline
18,05
\end{array}
$$

42 Matemática Básica

A *multiplicação* de números decimais é feita de modo análogo ao feito com os números naturais e atribuímos ao resultado o número de casas decimais igual à soma dos números de casas decimais dos fatores.

No caso da *divisão* entre dois números decimais, o resultado pode ser exato ou ser uma dízima periódica; em geral o resultado é arredondado para o número de casas decimais desejado.

Na prática, as operações com os números decimais costumam ser feitas por meio de uma calculadora.

Se precisarmos transformar um número decimal exato em fração, devemos escrever no numerador o número decimal sem a vírgula, desprezando os zeros à sua esquerda, e no denominador o número 1 com tantos zeros quantas forem as casas decimais.

Exemplo:

Em um ano de 365 dias, uma operação financeira foi feita por 68 dias.

- O período considerado representa a fração $\dfrac{68}{365}$ do ano.
- Na forma decimal, a fração, arredondando para 4 casas decimais, é 0,1863.
- Dizemos que 68 dias equivalem a 0,1863 ano.

Exemplo:

Transforme os seguintes números decimais exatos em frações e coloque-as na forma simplificada:

a) 0,52   b) 0,025   c) 3,16

Temos:

a) $0,52 = \dfrac{52}{100} = \dfrac{26}{50}$

b) $0,025 = \dfrac{25}{1\,000} = \dfrac{1}{40}$

c) $3,16 = \dfrac{316}{100} = \dfrac{79}{25}$

EXERCÍCIOS

1) Escreva as frações seguintes sob a forma decimal:

a) $\dfrac{3}{5}$ b) $\dfrac{2}{3}$ c) $\dfrac{14}{7}$ d) $\dfrac{8}{5}$ e) $\dfrac{9}{5}$ f) $\dfrac{14}{99}$ g) $\dfrac{67}{90}$

Capítulo 1 | Operações com Números Naturais e Fracionários **43**

2) Utilizando uma calculadora, obtenha os números abaixo sob a forma decimal, arredondando o resultado para duas casas decimais:

a) $\dfrac{3}{5}$ b) $\dfrac{54}{89}$ c) $\dfrac{304}{221}$ d) $\dfrac{254}{625}$

e) $\dfrac{9300}{5450}$ f) $\dfrac{31}{2578}$ g) $\dfrac{67}{90}$

3) Efetue as operações a seguir, utilizando, se possível, uma calculadora:

a) $23,45 + 34,7 + 12,2$ d) $(4,2) \div 3$

b) $13,42 - 9,27$ e) $(3,2) \cdot (5,1) + (5,3) \cdot (9,0)$

c) $(3,2) \cdot (6,5)$

4) José Carlos comprou em uma padaria 3 refrigerantes a R$ 3,40 cada e 4 pães a R$ 4,20 cada. Quanto gastou?

5) Cesar comprou em uma farmácia 2 desodorantes a R$ 9,40 cada, 3 sabonetes a R$ 3,65 cada e 1 *shampoo* a R$ 18,60. Ao pagar, entregou uma nota de R$ 100,00. Quanto recebeu de troco?

6) Uma aplicação financeira tem o prazo de 145 dias. Expresse o prazo na forma decimal, em anos, considerando um ano de 365 dias. Arredonde o resultado para 4 casas decimais.

7) Expresse o prazo de 456 dias em anos, considerando um ano de 365 dias. Arredonde para 4 casas decimais.

8) Expresse o prazo de 730 dias em anos, considerando um ano de 365 dias.

9) Em um mês de 30 dias, expresse o prazo de 12 dias em meses.

10) Em um mês de 30 dias, expresse o prazo de 17 dias em meses. Arredonde para 4 casas decimais.

11) Em um ano de 365 dias, o período de 0,4 ano representa quantos dias?

12) Em um mês de 30 dias, 0,5 mês representa quantos dias?

13) Em um mês de 30 dias, 0,8 mês representa quantos dias?

14) Algumas expressões com frações ou números decimais são tão frequentes e tão simples que podem ser realizadas "de cabeça".

44 Matemática Básica

Faça as operações a seguir dessa maneira:

a) $\dfrac{1}{2} + \dfrac{1}{2}$

b) $\dfrac{1}{3} + \dfrac{1}{3} + \dfrac{1}{3}$

c) $\dfrac{1}{4} + \dfrac{1}{4} + \dfrac{1}{4} + \dfrac{1}{4}$

d) $1 - \dfrac{1}{2}$

e) $1 - \dfrac{3}{4}$

f) $1 + 0{,}02$

g) $2 + 0{,}0025$

h) $3 - 2{,}8$

RESPOSTAS DOS EXERCÍCIOS

1) a) 0,6   b) 0,666...   c) 2   d) 1,6   e) 1,8   f) 0,1414...   g) 0,7444...

2) a) 0,60   b) 0,61   c) 1,38   d) 0,41   e) 1,71   f) 0,01   g) 0,74

3) a) 70,35   b) 4,15   c) 20,80   d) 1,4   e) 64,02

4) R$ 27,00

5) R$ 51,65

6) 0,3973

7) 1,2493

8) 2

9) 0,40

10) 0,5667

11) 146

12) 15

Capítulo 1 | Operações com Números Naturais e Fracionários **45**

13) 24

14) a) 1   **b)** 1   **c)** 1   **d)** $\dfrac{1}{2}$

   e) $\dfrac{1}{4}$ **f)** 1,02   **g)** 2,0025   **h)** 0,2

TESTES DE REVISÃO DO CAPÍTULO

1) Em setembro, uma loja vendeu 40 camisas do modelo A ao preço de R$ 120,00 cada, vendeu 65 camisas do modelo B a R$ 155,00 cada e 48 camisas do modelo C a R$ 180,00 cada. A receita de vendas dessas camisas, em setembro, foi:
   a) R$ 23 205,00
   b) R$ 23 345,00
   c) R$ 23 445,00
   d) R$ 23 515,00
   e) R$ 23 685,00

2) Qual o valor da expressão 7 · (12 + 15 − 9) − (7 + 9 − 3) · 8?
   a) 20
   b) 21
   c) 22
   d) 23
   e) 24

3) Assinale a alternativa correta:
   a) Em 240 dias há 5 700 horas.
   b) Em 210 dias há 25 semanas.
   c) Em 1 ano não bissexto há 8 700 horas.
   d) Em dois anos e meio há 8 trimestres.
   e) Em 292 dias há $\dfrac{4}{5}$ de um ano não bissexto.

4) Assinale a alternativa correta:

   a) $\dfrac{3}{8}$ de 56 é 18

   b) $\dfrac{2}{13}$ de 78 é 14

   c) $\dfrac{7}{15}$ de 240 é 102

   d) $\dfrac{11}{16}$ de 1 024 é 704

   e) $\dfrac{13}{25}$ de 625 é 300

46 Matemática Básica

5) O balanço de uma empresa está em milhares de reais. O Patrimônio Líquido vale 360 e representa $\dfrac{5}{12}$ do total do Passivo. O total do Ativo da empresa vale:

a) 510

b) 1 224

c) 756

d) 1 442

e) 2 400

6) Sabendo que $\dfrac{5}{9}$ de um número é 65, podemos afirmar que $\dfrac{1}{3}$ do número é

a) 45

b) 42

c) 39

d) 36

e) 33

7) Em determinado mês, a família Carvalho teve um gasto de $\dfrac{4}{5}$ de sua renda mensal e poupou R$ 2 500,00. A renda da família no referido mês foi:

a) R$ 10 500,00

b) R$ 11 000,00

c) R$ 11 500,00

d) R$ 12 000,00

e) R$ 12 500,00

8) A diferença entre o dobro de $\dfrac{5}{7}$ e o triplo de $\dfrac{2}{5}$ é igual a:

a) $\dfrac{8}{35}$

b) 0,21

c) $\dfrac{9}{35}$

d) 0,23

e) $\dfrac{10}{35}$

9) Assinale a alternativa correta:

a) $42,3 = \dfrac{423}{100}$

b) $3,14 = 31,4$

c) $0,007 = 0,070$

d) $15,2 = 15,2000$

e) $325,786 = \dfrac{325\ 786}{10\ 000}$

Capítulo 1 | Operações com Números Naturais e Fracionários **47**

10) Ao comprar uma televisão, cujo preço à vista era R$ 2 400,00, Fabiana deu R$ 250,00 de entrada e pagou 12 prestações de R$ 203,30 cada. Se tivesse pago à vista ela teria economizado quantos reais:

a) R$ 259,60

b) R$ 269,60

c) R$ 279,60

d) R$ 289,60

e) R$ 299,60

Capítulo 2

Números Inteiros, Racionais e Reais

2.1 Números inteiros positivos e negativos

Há grandezas que podem variar em dois sentidos em relação a um ponto de referência; por exemplo: a temperatura em graus Celsius pode variar acima e abaixo de zero grau; o saldo bancário de uma pessoa pode ficar acima de zero (saldo positivo) ou abaixo de zero (saldo negativo); o lucro de uma empresa pode ficar acima de zero (lucro positivo) ou abaixo de zero (lucro negativo ou prejuízo).

Convencionou-se, quando inteiros, chamar os números acima de zero de números inteiros positivos, indicados por +1, +2, +3, ... e que se identificam com os números naturais, podendo então ser indicados sem o sinal de +, isto é, 1, 2, 3, ...

Convencionou-se também chamar, quando inteiros, os números abaixo de zero de números inteiros negativos, indicados por −1, −2, −3, ...

Ao conjunto formado pelos números inteiros positivos, inteiros negativos e o zero, chamamos de conjunto dos números inteiros (indicado pela letra Z), cuja representação geométrica é dada pela Figura 2.1:

Figura 2.1 Representação geométrica dos números inteiros.

Os pares de números −1 e +1, −2 e +2, −3 e +3... que estão à mesma distância do 0 são chamados de números opostos. Em particular o oposto de 0 é 0.

Quanto mais à direita for representado um número inteiro, maior será seu valor. Assim, por exemplo −2 graus é maior que −5 graus Celsius, isto é, −2 > −5, pois −2 está à direita de −5.

Observemos ainda que os números inteiros positivos podem ser indicados sem o sinal. Por exemplo, +3 = 3, +8 = 8 etc.

50 Matemática Básica

2.1.1 *Módulo ou valor absoluto*

Dado um número inteiro, seu módulo ou valor absoluto é:

- o próprio número, caso ele seja positivo ou zero;
- o seu oposto, caso ele seja negativo.

O módulo de um número é indicado colocando-se o número entre duas barras verticais. Por exemplo:

$|3| = 3$, pois 3 é positivo

$|-5| = 5$, pois -5 é negativo

$|-12| = 12$, pois -12 é negativo

$|25| = 25$, pois 25 é positivo

EXERCÍCIOS

1) Represente com números inteiros positivos ou negativos as temperaturas:
   - a) 40 graus abaixo de zero.
   - b) 36 graus acima de zero.
   - c) 18 graus abaixo de zero.
   - d) 78 graus abaixo de zero.
   - e) 100 graus acima de zero.

2) Complete com o sinal > ou <:
   - a) 15 ... 12
   - b) 6 ... 0
   - c) 0 ... −2
   - d) −8 ... −4
   - e) −25 ... −35
   - f) −2 020 ... 2 020

3) Escreva os números inteiros compreendidos entre:
   - a) 2 e 9
   - b) 1 e 25
   - c) −3 e 3
   - d) −6 e 17
   - e) −12 e −24

4) Qual o oposto de cada um dos números a seguir?
   - a) 5   b) −6   c) −23   d) 13   e) 0   f) −22

5) Qual o oposto do oposto de 10?

6) Calcule:
   - a) $|15|$ b) $|-14|$ c) $|-67|$ d) $|180|$

7) Cite os números cujo módulo é:
   - a) 6   b) 9   c) 34   d) 0   e) −7

Capítulo 2 | Números Inteiros, Racionais e Reais **51**

RESPOSTAS DOS EXERCÍCIOS

1) **a)** –40 **b)** 36 **c)** –18 **d)** –78 **e)** 100

2) **a)** > **b)** > **c)** > **d)** < **e)** > **f)** <

3) **a)** 3, 4, 5, 6, 7 e 8

   b) 2, 3, 4, ..., 23 e 24

   c) –2, –1, 0, 1, 2

   d) –5, –4, ... 15,16

   e) –23, –22, ... –14, –13

4) **a)** –5 **b)** 6 **c)** 23 **d)** –13 **e)** 0 **f)** 22

5) 10

6) **a)** +15 **b)** 14 **c)** 67 **d)** 180

7) **a)** –6 e 6 **b)** –9 e 9 **c)** –34 e 34 **d)** 0 **e)** Não existem.

2.2 Operações com números inteiros

2.2.1 Adição

Observe o exemplo:

Exemplo	Operação
Saldo bancário de 60 adicionado a um saldo de 80	60 + 80 = 140
Saldo de –120 adicionado a um saldo de –90	(–120) + (–90) = –210
Saldo de 70 adicionado a um saldo de –20	70 + (–20) = 50
Saldo de –90 adicionado a um saldo de 40	(–90) + 40 = –50

Isto sugere as seguintes definições:

> Se dois números inteiros tiverem o mesmo sinal (ambos positivos ou ambos negativos), sua soma será igual à soma de seus módulos e o sinal da soma será o sinal comum aos dois.

> Se dois números inteiros tiverem sinais contrários (um positivo e outro negativo), sua soma será igual à diferença de seus módulos e o sinal da soma será o sinal do de maior módulo.

52 Matemática Básica

Exemplos:

a) $(+7) + (+14) = 7 + 14 = 21$

b) $(-12) + (-5) = -17$

c) $(+24) + (-10) = 24 + (-10) = 14$

d) $(-16) + (+10) = (-16) + 10 = -6$

Caso tenhamos que achar a soma de três ou mais números inteiros, devemos adicionar os dois primeiros e, ao resultado, adicionar o terceiro e assim por diante. Por exemplo:

$$(+6) + (-15) + (-1) = (-9) + (-1) = -10$$

$\underbrace{}_{-9}$

2.2.2 Subtração

Observe o exemplo:

Exemplo	Operação
Saldo bancário de 60 menos um saldo de 80	$60 - 80 = 60 + (-80) = -20$
Saldo de -120 menos um saldo de -90	$(-120) - (-90) = (-120) + (90) = -30$
Saldo de 70 menos um saldo de -20	$70 - (-20) = 70 + 20 = 90$
Saldo de -90 menos um saldo de 40	$(-90) - 40 = (-90) + (-40) = -130$

Isto sugere a definição:

A diferença de dois números inteiros é o quanto que resulta, depois que retiramos o segundo do primeiro, ou seja, a diferença é a soma do primeiro com o oposto do segundo. A operação correspondente é a subtração.

Observe os exemplos:

a) $(+12) - (+4) = (+12) + (-4) = 8$

b) $(-34) - (+20) = (-34) + (-20) = -54$

c) $(+15) - (-20) = (+15) + (+20) = +35$

d) $(-7) - (-14) = (-7) + (+14) = 7$

2.2.3 Forma simplificada de adições e subtrações

Caso tenhamos uma operação mista de adições e subtrações, podemos proceder como segue:

- Transformamos as operações mistas em adições, lembrando que cada subtração pode ser escrita como a adição com o oposto do segundo número.
- Como a expressão resultante contém apenas adições, podemos achar a soma dos dois primeiros números e ao resultado adicionar o terceiro e assim por diante.

Capítulo 2 | Números Inteiros, Racionais e Reais **53**

Exemplo:

A expressão (+6) + (−10) − (+16) − (−7) + (−8) pode ser escrita sob a forma: 6 − 10 − 16 + 7 − 8, chamada *forma simplificada*, que só contém adições, sendo omitido o sinal + das operações.

Observemos que o primeiro número é positivo e pode ser indicado sem o sinal. Assim, teremos sucessivamente:

−4 − 16 + 7 − 8

−20 + 7 − 8

−13 − 8

−21

Uma maneira alternativa de calcularmos o resultado da operação, na forma simplificada, consiste em:

- Colocarmos em uma mesma coluna os valores absolutos dos números positivos, e em outra, os valores absolutos dos números negativos.
- Em seguida somamos os valores (totais) de cada coluna.
- Finalmente, dos totais encontrados subtraímos um do outro e atribuímos ao resultado o sinal do maior desses totais.

Desta forma, retomando a forma simplificada do exemplo dado, teremos: 6 − 10 − 16 + 7 − 8.

$$
\begin{array}{cc}
+ & - \\
6 & 10 \\
7 & 16 \\
 & 8 \\
\hline
13 & 34
\end{array}
$$

A diferença 34 − 13 dá 21 e, como o sinal do maior é −, o resultado será −21.

Exemplo:

Qual o resultado de −12 + 9 + 14 − 7 − 18 + 3?

Temos:

$$
\begin{array}{cc}
+ & - \\
9 & 12 \\
14 & 7 \\
3 & 18 \\
\hline
26 & 37
\end{array}
$$

Subtraindo os totais obtemos 11. Como o sinal do maior é −, o resultado será −11.

54 Matemática Básica

EXERCÍCIOS

1) Calcule:
   a) $(+3) + (-9)$ b) $(-7) + (-9)$ c) $(+8) + (+9)$ d) $(-17) + (-19)$

2) Calcule:
   a) $(+3) - (-9)$ b) $(-7) - (-9)$ c) $(+8) - (+9)$ d) $(-17) - (-19)$

3) Calcule:
   a) $(-6) + (-23) - (-5) + (+9) + (-11)$

4) Calcule o resultado das adições e subtrações colocadas na forma simplificada:
   a) $+9 - 6 - 4 + 13 - 8$ b) $-14 - 8 - 1 + 18 - 8 + 7 + 1 + 2 - 6$

RESPOSTAS DOS EXERCÍCIOS

1) a) -6 b) -16 c) 17 d) -36

2) a) 12 b) 2 c) -1 d) 2

3) -26

4) a) 4 b) -9

2.2.4 Multiplicação e divisão

As operações com os números inteiros são definidas de modo a preservar as propriedades operacionais dos números naturais, que formam um subconjunto dos números inteiros.

Assim, as multiplicações são feitas multiplicando-se os valores absolutos dos dois números dados e atribuindo ao resultado o sinal dado pela regra:

Sinal do 1º fator	Sinal do 2º fator	Sinal do produto
+	+	+
-	-	+
+	-	-
-	+	-

Capítulo 2 | Números Inteiros, Racionais e Reais **55**

De modo análogo, as divisões são feitas dividindo-se os valores absolutos dos dois números dados (dividendo e divisor) e atribuindo-se ao resultado o sinal da regra da multiplicação:

Sinal do dividendo	Sinal do divisor	Sinal do quociente
+	+	+
-	-	+
+	-	-
-	+	-

Exemplos:

a) $(+3) \times (+4) = 12$

b) $(-3) \times (-4) = 12$

c) $(+3) \times (-4) = -12$

d) $(-3) \times (+4) = -12$

e) $(+15) \div (+3) = 5$

f) $(-15) \div (-3) = 5$

g) $(+15) \div (-3) = -5$

h) $(-15) \div (+3) = -5$

Caso tenhamos um misto de adições, subtrações, multiplicações e divisões, devemos, como no caso dos números naturais, efetuar em primeiro lugar as multiplicações e divisões, e em seguida as adições e subtrações caindo, como vimos, na sua forma simplificada.

Exemplo:

Calcular: $5 + (-3) \times (-7) - (-2) \times (+8) - (+5) \div (-1) - (+6)$

- Primeiro efetuamos as multiplicações e divisões, obtendo:
  $5 + (+21) - (-16) - (-5) - (+6)$
- Em seguida, chegamos à forma simplificada de adições e subtrações:
  $5 + 21 + 16 + 5 - 6$
- Finalmente, efetuamos as adições acima, resultando em:
  41.

EXERCÍCIOS

1) Calcule os produtos:

   a) $(+21) \times (-2)$ b) $(-24) \times (+3)$ c) $(-7) \times (-7)$ d) $(+4) \times (+8)$

2) Calcule os produtos:

   a) $(-5) \cdot (-4) \cdot (+2)$ b) $(+8) \cdot (-2) \cdot (+3) \cdot (-5) \cdot (-1)$

56 Matemática Básica

3) Calcule os quocientes:
   a) $(-5)/(-1)$ b) $(+10)/(-2)$ c) $(+28)/(+7)$ d) $(-5)/(+5)$

4) Calcule o valor de cada expressão:
   a) $(+2) \cdot (+8) + (-9) \cdot (-2) - (-10) \cdot 3$ b) $(+9)/(-3) + (+9) \cdot (-2) - (-10)/(+2)$

RESPOSTAS DOS EXERCÍCIOS

1) a) -42 b) -72 c) 49 d) 32

2) a) 40 b) -240

3) a) 5 b) -5 c) 4 d) -1

4) a) 64 b) -16

2.3 Números fracionários positivos e negativos – números racionais

Da mesma forma como introduzimos os números inteiros negativos, podemos introduzir os números fracionários negativos quando temos alguma grandeza que varie em dois sentidos em relação a uma referência, no caso o zero. Só que agora os valores podem ser positivos ou negativos, mas fracionários. Denominamos esse conjunto numérico de *conjunto dos números racionais*, e o indicamos pela letra Q. Lembremos que, como a fração representa a divisão do numerador pelo denominador, todo número inteiro é racional porque pode ser escrito com fração de denominador igual a 1.

Além disso, na divisão do numerador pelo denominador poderemos ter uma decimal exata ou uma dízima periódica.

Definimos de modo análogo o módulo ou valor absoluto de um número racional, bem como os pares de números racionais opostos.

Exemplos:

a) O número inteiro 6 pode ser escrito sob a forma de fração $\frac{6}{1}$.

b) Os números $\frac{2}{3}$ e $-\frac{2}{3}$ são opostos.

c) Os números $-\frac{3}{4}$ e $0,75$ são opostos, pois $-\frac{3}{4} = -0,75$

d) $-\frac{1}{2} = \frac{-1}{2} = \frac{1}{-2} = -0,5$

Capítulo 2 | Números Inteiros, Racionais e Reais **57**

2.3.1 Adição e subtração de números racionais

As operações de adição e subtração de números racionais são feitas do mesmo modo das frações positivas, lembrando que, primeiramente, elas devem ser colocadas em um mesmo denominador comum e o numerador é o resultado das adições e subtrações dos numeradores:

Exemplos:

a) $\dfrac{2}{5} - \dfrac{4}{5} + \dfrac{1}{5} = \dfrac{2-4+1}{5} = \dfrac{-1}{5}$

b) Para calcularmos $\dfrac{1}{3} + \dfrac{1}{4} - \dfrac{1}{6}$ temos que reduzir as frações ao mesmo denominador, achando, por exemplo, o mmc de 3, 4 e 6, que é 12.

Assim, as frações podem ser escritas como:

$\dfrac{4}{12} + \dfrac{3}{12} - \dfrac{2}{12}$, cujo resultado final é $\dfrac{5}{12}$

2.3.2 Multiplicação e divisão de números racionais

As operações são análogas às feitas com frações de números naturais, lembrando apenas que, no caso de frações positivas e negativas, devem ser obedecidas as regras de sinais vistas para números inteiros positivos e negativos.

Exemplos:

a) $\left(+\dfrac{1}{3} \right) \cdot \left(-\dfrac{7}{5} \right) = -\dfrac{7}{15}$

b) $\left(-\dfrac{3}{4} \right) \cdot \left(-\dfrac{5}{4} \right) \cdot \dfrac{2}{3} = \dfrac{30}{48} = \dfrac{5}{8}$

c) $\left(-\dfrac{2}{5} \right) \div \left(-\dfrac{1}{6} \right) = \left(-\dfrac{2}{5} \right) \cdot \left(-\dfrac{6}{1} \right) = \dfrac{12}{5}$

2.3.3 Potenciação de números racionais com expoente inteiro

Dado um número racional chamado *base* e dado um número natural chamado *expoente*, chamamos de *potência* da base elevada ao expoente o produto do fator base por ele mesmo, sendo o expoente o número de vezes que comparece o fator base.

58 Matemática Básica

Quando o expoente é 2, dizemos que o número está elevado ao quadrado, e quando o expoente é 3, que ele está elevado ao cubo.

Exemplos:

a) 2^5 é a indicação da potência de base 2 e expoente 5, e por definição:

$$2^5 = 2 \cdot 2 \cdot 2 \cdot 2 \cdot 2 = 32$$

b) $\left(\dfrac{2}{3}\right)^3$ é a indicação da potência de base $\dfrac{2}{3}$ e expoente 3, e por definição:

$$\left(\frac{2}{3}\right)^3 = \frac{2}{3} \cdot \frac{2}{3} \cdot \frac{2}{3} = \frac{8}{27}$$

c) $\left(-\dfrac{2}{5}\right)^3$ é a indicação da potência de base $-\dfrac{2}{5}$ e expoente 3, e por definição:

$$\left(-\frac{2}{5}\right)^3 = \left(-\frac{2}{5}\right)\left(-\frac{2}{5}\right)\left(-\frac{2}{5}\right) = -\frac{8}{125}$$

Em particular, quando o expoente é 1, a potência é a própria base; quando o expoente é 0, a potência é igual a 1.

Exemplos:

a) $5^1 = 5$

b) $\left(-\dfrac{2}{3}\right)^1 = -\dfrac{2}{3}$

c) $7^0 = 1$

d) $(-5)^0 = 1$

2.3.4 Propriedades da potenciação

- Multiplicando-se potências de mesma base, pode-se conservar a base e adicionar os expoentes.
- Dividindo-se potências de mesma base, pode-se conservar a base e subtrair os expoentes.
- Um produto elevado a um expoente é igual ao 1º fator elevado ao expoente vezes o 2º fator elevado ao mesmo expoente.
- Uma potência elevada e um expoente é igual à base original elevada ao produto dos dois expoentes (esta propriedade é conhecida como potência de potência).

Capítulo 2 | Números Inteiros, Racionais e Reais **59**

Exemplos:

a) $2^3 \cdot 2^4 = 2^{3+4} = 2^7$

Justificativa:

$$2^3 \cdot 2^4 = \underbrace{2 \cdot 2 \cdot 2}_{3 \text{ vezes}} \cdot \underbrace{2 \cdot 2 \cdot 2 \cdot 2}_{4 \text{ vezes}} = 2^7$$

b) $\dfrac{3^6}{3^2} = 3^{6-2} = 3^4$

Justificativa:

$$\frac{3^6}{3^2} = \frac{3 \cdot 3 \cdot 3 \cdot 3 \cdot 3 \cdot 3}{3 \cdot 3} = 3^4$$

c) $(2 \cdot 5)^3 = 2^3 \cdot 5^3$

Justificativa:

$$(2 \cdot 5)^3 = (2 \cdot 5) \cdot (2 \cdot 5) \cdot (2 \cdot 5) = 2 \cdot 2 \cdot 2 \cdot 5 \cdot 5 \cdot 5 = 2^3 \cdot 5^3$$

d) $(5^3)^2 = 5^{3 \times 2} = 5^6$

Justificativa:

$$(5^3)^2 = 5^3 \cdot 5^3 = 5^{3+3} = 5^{3 \times 2}$$

2.3.5 *Potência de um número racional com expoente inteiro negativo*

Observe o exemplo:

$$\frac{2^2}{2^5} = \frac{2 \cdot 2}{2 \cdot 2 \cdot 2 \cdot 2 \cdot 2} = \frac{1}{2^3}$$

Caso apliquemos ao exemplo dado a segunda propriedade das potências, obteremos:

$$\frac{2^2}{2^5} = 2^{2-5} = 2^{-3}$$

Isto sugere a definição $2^{-3} = \dfrac{1}{2^3}$.

De modo geral, uma *potência com expoente inteiro negativo* é igual a 1 dividido pela mesma potência com expoente oposto ao negativo.

As propriedades enunciadas para expoentes naturais continuam válidas também para expoentes negativos.

60 Matemática Básica

EXERCÍCIOS

1) Calcule:

a) $\dfrac{2}{5}-\dfrac{4}{5}$

b) $\dfrac{1}{7}+\dfrac{2}{7}-\dfrac{5}{7}$

c) $\dfrac{1}{3}+\dfrac{2}{3}-\dfrac{5}{3}-\dfrac{7}{3}$

d) $-\dfrac{4}{5}+\dfrac{1}{5}-\dfrac{7}{5}-\dfrac{5}{5}$

2) Calcule:

a) $\dfrac{3}{4}-\dfrac{5}{6}$

b) $\dfrac{2}{3}-\dfrac{5}{4}+1$

c) $-\dfrac{2}{3}+\dfrac{5}{4}-1$

3) Calcule os produtos e quocientes:

a) $\dfrac{2}{7}\cdot\left(-\dfrac{5}{6}\right)$

b) $\left(-\dfrac{3}{4}\right)\cdot\left(+\dfrac{1}{5}\right)\cdot\left(-\dfrac{2}{3}\right)$

c) $\left(-\dfrac{1}{8}\right)\div\left(-\dfrac{2}{7}\right)$

4) Calcule as potências:

a) $(-2)^3$

b) $(-5)^3$

c) $\left(\dfrac{1}{2}\right)^4$

d) $\left(-\dfrac{2}{3}\right)^4$

e) $\left(-\dfrac{1}{4}\right)^4$

5) Coloque as expressões sob a forma de uma única potência:

a) $2^4\cdot 2^6$

b) $(-3)^1\cdot(-3)^2\cdot(-3)^3$

c) $\dfrac{5^7}{5^2}$

d) $\dfrac{7^4}{7^3}$

e) $(2^4)^5$

f) $(3^2)^4$

6) Calcule:

a) 2^{-5}

b) 3^{-2}

c) 5^{-1}

d) $(-2)^{-3}$

e) $(-3)^{-4}$

7) Qual a forma decimal da fração $-\dfrac{1}{4}$?

8) Qual a forma decimal da fração $-\dfrac{3}{15}$?

9) Utilizando uma calculadora, obtenha a forma decimal das frações a seguir, arredondando o resultado para duas casas decimais:

a) $-\dfrac{3}{7}$

b) $-\dfrac{27}{44}$

c) $-\dfrac{543}{267}$

d) $\dfrac{1\,234}{4\,321}$

Capítulo 2 | Números Inteiros, Racionais e Reais **61**

RESPOSTAS DOS EXERCÍCIOS

1) a) $-\dfrac{2}{5}$ b) $-\dfrac{2}{7}$ c) -3 d) -3

2) a) $-\dfrac{1}{12}$ b) $\dfrac{5}{12}$ c) $-\dfrac{5}{12}$

3) a) $-\dfrac{5}{21}$ b) $\dfrac{1}{10}$ c) $\dfrac{7}{16}$

4) a) -8 b) -125 c) $\dfrac{1}{16}$ d) $\dfrac{16}{81}$ e) $\dfrac{1}{256}$

5) a) 2^{10} b) $(-3)^6$ c) 5^5 d) 7^1 e) 2^{20} f) 3^8

6) a) $\dfrac{1}{32}$ b) $\dfrac{1}{9}$ c) $\dfrac{1}{5}$ d) $-\dfrac{1}{8}$ e) $\dfrac{1}{81}$

7) $-0,25$

8) $-0,20$

9) a) $-0,43$ b) $-0,61$ c) $-2,03$ d) $0,29$

2.3.6 *Raízes de números racionais com índice inteiro positivo*

Dados um número racional e um índice inteiro positivo, denominamos *raiz* do número racional com o referido *índice* o número que elevado ao índice dá o número racional.

As raízes de índice dois e três são denominadas raízes quadradas e cúbicas respectivamente.

Eventualmente podemos encontrar números que não possuem raízes com o índice considerado.

Exemplos:

a) A raiz de índice 3 (raiz cúbica) do número 8 é indicada pelo símbolo $\sqrt[3]{8}$. Assim, $\sqrt[3]{8} = 2$ pois 2 elevado ao expoente 3 dá 8.

b) As raízes de índice 2 (raízes quadradas) do número 25 são 5 e -5, pois 5 elevado ao quadrado dá 25 e -5 elevado ao quadrado também dá 25.

Como são duas raízes, indicamos uma por $\sqrt[2]{25}$ (raiz positiva) e a outra por $-\sqrt[2]{25}$ (raiz negativa). Além disso, as raízes quadradas podem ser indicadas sem índice. Assim,

62 Matemática Básica

$$\sqrt{25} = 5 \text{ e } -\sqrt{25} = -5.$$

c) $\sqrt[3]{7} = 7$

d) $\sqrt{36} = 6 \text{ e } -\sqrt{36} = -6$

e) $\sqrt[3]{\dfrac{1}{8}} = \dfrac{1}{2}$ pois $\dfrac{1}{2}$ elevado à terceira dá $\dfrac{1}{8}$.

Definimos também uma potência de um número racional com expoente fracionário à raiz cujo índice é igual ao denominador da fração do expoente e cujo numerador é o expoente da base.

Exemplos:

a) $25^{\frac{1}{2}} = \sqrt[2]{25^1} = \sqrt{25} = 5$

b) $8^{\frac{2}{3}} = \sqrt[3]{8^2} = \sqrt[3]{64} = 4$

2.3.7 Propriedades das raízes

- A raiz de um produto é igual ao produto das raízes dos fatores, todas com o mesmo índice.

Exemplos:

a) $\sqrt{2 \cdot 3} = \sqrt{2} \cdot \sqrt{3}$

b) $\sqrt{18} = \sqrt{9 \cdot 2} = \sqrt{9} \cdot \sqrt{2} = 3 \cdot \sqrt{2}$

- A raiz de um quociente é igual ao quociente das raízes do dividendo e divisor, todas com o mesmo índice.

Exemplos:

a) $\sqrt{\dfrac{3}{5}} = \dfrac{\sqrt{3}}{\sqrt{5}}$

b) $\sqrt[3]{\dfrac{8}{10}} = \dfrac{\sqrt[3]{8}}{\sqrt[3]{10}} = \dfrac{2}{\sqrt[3]{10}}$

Capítulo 2 | Números Inteiros, Racionais e Reais **63**

- A potência de uma raiz é igual à raiz da potência da base com o expoente dado, todas as raízes com mesmo índice.

Exemplos:

a) $(\sqrt{6})^2 = \sqrt{6^2} = 6$

b) $(\sqrt[3]{10})^2 = \sqrt[3]{10^2} = \sqrt[3]{100}$

EXERCÍCIOS

1) Calcule as raízes:

   a) $\sqrt{36}$ b) $-\sqrt{36}$ c) $\sqrt{81}$ d) $-\sqrt{81}$ e) $\sqrt{0}$

2) Calcule as raízes:

   a) $\sqrt{\dfrac{1}{4}}$ b) $-\sqrt{\dfrac{1}{4}}$ c) $\sqrt{\dfrac{4}{9}}$ d) $-\sqrt{\dfrac{4}{9}}$ e) $\sqrt[1]{10}$

3) Calcule as raízes cúbicas:

   a) $\sqrt[3]{27}$ b) $\sqrt[3]{64}$ c) $\sqrt[3]{\dfrac{1}{8}}$ d) $\sqrt[3]{\dfrac{8}{125}}$ e) $\sqrt[3]{\dfrac{1}{64}}$

4) Calcule as potências transformando-as em raízes:

   a) $49^{\frac{1}{2}}$ b) $8^{\frac{1}{3}}$ c) $64^{\frac{1}{2}}$ d) $\left(\dfrac{4}{9}\right)^{\frac{1}{2}}$ e) $\left(\dfrac{1}{49}\right)^{\frac{1}{2}}$

5) Simplifique as raízes:

   a) $\sqrt{4\cdot7}$ b) $\sqrt{24}$ c) $\sqrt{50}$ d) $\sqrt{\dfrac{16}{9}}$ e) $(\sqrt{123})^2$

RESPOSTAS DOS EXERCÍCIOS

1)   a) 6   b) –6   c) 9   d) –9   e) 0

2)   a) $\dfrac{1}{2}$ b) $-\dfrac{1}{2}$ c) $\dfrac{2}{3}$ d) $-\dfrac{2}{3}$ e) 10

64 Matemática Básica

3)   **a)** 3   **b)** 4   **c)** $\dfrac{1}{2}$ **d)** $\dfrac{2}{5}$ **e)** $\dfrac{1}{4}$

4)   **a)** 7   **b)** 2   **c)** 8   **d)** $\dfrac{2}{3}$ **e)** $\dfrac{1}{7}$

5)   **a)** $2\sqrt{7}$ **b)** $2\sqrt{6}$ **c)** $5\sqrt{2}$ **d)** $\dfrac{4}{3}$ **e)** 123

2.4   Números irracionais e reais

Os números racionais possuem uma propriedade interessante: entre dois números racionais distintos, sempre existe outro número racional. Consideremos os números racionais 0,40 e 0,80:

- Sua média aritmética $\dfrac{0,40+0,80}{2} = 0,60$ está compreendida entre 0,40 e 0,80.
- A média aritmética entre 0,40 e a média anterior 0,60 dá 0,50, que também está compreendida entre 0,40 e 0,80.
- A média aritmética entre 0,40 e a média anterior 0,50 dá 0,45, que também está compreendida entre 0,40 e 0,80.

Procedendo de forma análoga, percebe-se que há uma infinidade de números racionais entre 0,40 e 0,80. Dizemos que o conjunto dos números racionais é *denso* por essa razão.

Durante muito tempo, pensou-se que o conjunto dos números racionais englobava todos os números, principalmente por ele ser denso. Todavia, os gregos, na Antiguidade, ao resolverem certos problemas geométricos, descobriram que existiam números que não eram racionais.

Os gregos provaram que $\sqrt{2}$ não era um número racional, isto é, $\sqrt{2}$ não podia ser expresso em forma de fração com numerador e denominador inteiro (e consequentemente nem em forma de decimal exata, nem dízima periódica). Verifica-se que $\sqrt{2}$ pode ser expressa em forma decimal infinita, mas não periódica. Assim:

$$\sqrt{2} = 1,414213562...$$

O número foi chamado de *irracional*. De modo geral:

> Número irracional é todo aquele que pode ser representado por decimal infinita, mas não periódica.

Verifica-se que existem infinitos números irracionais, positivos e negativos.

Exemplos:

a) O número π (pi), que é o quociente entre o comprimento de uma circunferência e seu diâmetro: π = 3,141592654...

b) $\sqrt{3} = 1,732050808...$

c) $\sqrt{5} = 2,236067977...$

De modo geral, as raízes quadradas de números inteiros positivos que não dão resultado inteiro são números irracionais. Essas raízes quadradas podem ser calculadas facilmente com o uso de uma calculadora, aproximando o resultado para o número de casas decimais desejado.

A reunião do conjunto dos números racionais com o conjunto dos números irracionais dá origem ao chamado conjunto dos *números reais*, indicado pela letra *R*.

A representação geométrica de um número real é análoga à feita para os números naturais e inteiros; isto é, os números reais positivos são representados à direita de 0 e a distância até o 0 é igual ao número; quanto aos números reais negativos, são representados à esquerda de 0 e a distância até o 0 é igual ao valor absoluto do número considerado.

2.5 Intervalos

Dados dois números reais, sendo o 1º menor que o 2º, dizemos que um terceiro número está entre os dois números dados quando ele é maior que o 1º e menor que o 2º. Assim, por exemplo, 5 está entre 3 e 9 e indicamos pela expressão 3 < 5 < 9.

Da mesma forma, a expressão 10 < 14 < 25 lê-se: 14 está entre 10 e 25.

Dados dois números reais, sendo o 1º menor que o 2º, chamamos de *intervalo aberto* o conjunto de números reais entre o 1º e o 2º e o representamos colocando entre colchetes os números separados por vírgula ou ponto e vírgula, sendo os colchetes virados para fora. Assim, por exemplo, o intervalo aberto determinado por 2 e 7 é indicado por]2, 7[. Geometricamente, o intervalo é representado colocando-se os números dados na reta dos números reais, destacando os números do intervalo, e indicando as extremidades por "*bolas vazias*".

Assim, por exemplo, o intervalo]2, 7[é representado na Figura 2.2:

Figura 2.2 Intervalo aberto]2, 7[.

Caso um dos números dados seja incluído no intervalo, o colchete do lado do número é virado para dentro e, na representação geométrica, o número incluído é indicado por uma "bola cheia". O intervalo é dito fechado quando inclui os dois extremos; é dito fechado à esquerda quando só inclui o número da esquerda e fechado à direita quando inclui somente o número da direita.

Desta forma,

- O intervalo [2, 7] é fechado e representado pela Figura 2.3.
- O intervalo [2, 7[é fechado à esquerda e representado pela Figura 2.4.
- O intervalo]2, 7] é fechado à direita e representado pela Figura 2.5.

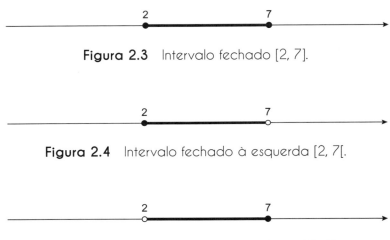

Figura 2.3 Intervalo fechado [2, 7].

Figura 2.4 Intervalo fechado à esquerda [2, 7[.

Figura 2.5 Intervalo fechado à direita]2, 7].

Em particular, temos os intervalos com infinito em ao menos um dos extremos; sendo que, no infinito, é sempre aberto. Assim, por exemplo:

- O intervalo]7, ∞[representa o conjunto dos números reais maiores do que 7.
- O intervalo]–∞, 2[representa o conjunto dos números reais menores do que 2.

Exemplo:

Dados os intervalos $A = [3, 6]$ e $B = [4, 9]$, obtenha:

a) $A \cap B$ b) $A \cup B$

Temos:

- $A \cap B$ representa a *interseção* dos intervalos A e B, que é o conjunto formado pelos *elementos comuns* a A e B.
  Portanto, $A \cap B = [4, 6]$.

- $A \cup B$ representa a *união* dos conjuntos A e B, que é o conjunto formado pelos elementos que *estão só em A, só em B ou em ambos*.
  Portanto, $A \cup B = [3, 9]$.

EXERCÍCIOS

1) Os números a seguir são irracionais. Utilizando uma calculadora, calcule uma aproximação de cada um com 4 casas decimais.
   Obs.: a tecla de raiz quadrada costuma ser indicada nas calculadoras pelo símbolo $\sqrt{}$.

   a) $\sqrt{7}$ b) $\sqrt{20}$ c) $\sqrt{330}$

   d) $\sqrt{0,75}$ e) $\sqrt{\dfrac{5}{4}}$ f) $\sqrt{\dfrac{27}{100}}$

2) Tente calcular a raiz quadrada do número –4 utilizando a tecla de raiz quadrada da calculadora. O que você observa? Por quê? Faça o mesmo com os números –9, –16 e –25.

3) Quantos números inteiros existem no intervalo [2, 11]?

4) Quantos números inteiros existem no intervalo]3, 14]?

5) Qual o maior inteiro do intervalo [3, 10[? E o menor?

6) A soma de dois números irracionais pode ser racional? Se sim, dê um exemplo.

7) Obtenha três números racionais entre 0,6 e 0,7.

8) Entre quais inteiros consecutivos está o número $\sqrt{71}$?

9) Qual dos números a seguir é racional:

   a) $\sqrt{2}$ b) $\sqrt{3}$ c) $\sqrt{4}$

68 Matemática Básica

d) $\sqrt{5}$ **e)** $\sqrt{6}$

10) Entre quais números inteiros e consecutivos está situado o número $-\sqrt{28}$?

11) Classifique cada número em racional ou irracional:

a) $\sqrt{400}$ **b)** $\sqrt{40}$ **c)** $\sqrt{8^2}$

d) $\sqrt{\dfrac{10}{40}}$ **e)** $\sqrt{21+15}$

12) Dados os intervalos $A = [0, 6]$ e $B = [2, 8]$, obtenha $A \cup B$ e $A \cap B$.

RESPOSTAS DOS EXERCÍCIOS

1) **a)** 2,6458   **b)** 4,4721   **c)** 18,1659   **d)** 0,8660   **e)** 1,1180   **f)** 0,5196

2) Não existe número real que elevado ao quadrado dê resultado negativo.

3) 10

4) 11

5) Maior: 9; menor: 3.

6) Pode. Por exemplo, $\sqrt{2}$ e $-\sqrt{2}$. A soma $\sqrt{2}+(-\sqrt{2}) = 0$, e 0 é racional.

7) Demonstração.

8) Entre 8 e 9.

9) c

10) −6 e −5

11) **a)** Racional   **b)** Irracional   **c)** Racional   **d)** Racional   **e)** Racional

12) $A \cup B = [0, 8]$ e $A \cap B = [2, 6]$

TESTES DE REVISÃO DO CAPÍTULO

1) Qual o resultado da operação: $5 - 12 + 25 + 11 - 16 - 9$?
   a) 2   **d)** 5
   b) 3   **e)** 6
   c) 4

Capítulo 2 | Números Inteiros, Racionais e Reais **69**

2) O resultado das operações $(-22) + (+7) - (-8) - (-14) + (+10)$ é:
a) 13   **d)** 16
b) 14   **e)** 17
c) 15

3) Qual das expressões apresenta o maior valor absoluto?
a) $(-12) + (-2) \cdot (+3)$
b) $(-15) \div (+3) - (-8)$
c) $(+7) \cdot (-1) + (-16)$
d) $(+15) \div (-3) + (-12) \div (-6)$
e) $(+2) \cdot (+3) + (+1) \cdot (+4) + (-1) \cdot (-5)$

4) Assinale a alternativa correta:

a) $-\dfrac{5}{6} > \dfrac{1}{6}$

b) $-\dfrac{3}{4} < -\dfrac{2}{3}$

c) $\dfrac{3}{5} > \dfrac{3}{4}$

d) $-1{,}25 > -0{,}98$

e) $-1 > -0{,}99$

5) O valor da expressão $\left(-\dfrac{2}{5}\right)^2 + \left(-\dfrac{1}{2}\right)^3$ é:

a) $\dfrac{7}{200}$

b) $\dfrac{3}{100}$

c) $\dfrac{2}{25}$

d) $0{,}04$

e) $0{,}03$

6) Qual o valor da expressão $\left(-\dfrac{4}{5}\right)^2 \div \left(-\dfrac{4}{5}\right)^3$?

a) $-\dfrac{4}{5}$

b) $\dfrac{5}{4}$

70 Matemática Básica

c) $\dfrac{4}{5}$

d) $-\dfrac{5}{4}$

e) $-1,20$

7) O dobro de 2^{50} é:

a) 4^{100}

b) 4^{50}

c) 2^{100}

d) 2^{51}

e) 1 024 052 000

8) Assinale a alternativa correta:

a) $\sqrt{1,44} = 1,22$

b) $16^0 - \sqrt{16} = -4$

c) $0,25^{-\frac{1}{2}} = 0,5$

d) $2\sqrt{81} - \sqrt{49} - 5 \cdot 6^0 = 11$

e) $\sqrt[3]{\dfrac{8}{1\,000}} = 0,2$

9) Assinale a sentença correta:

a) $\sqrt{49} - \sqrt{100} + 4\sqrt{9} = 3$

b) $\sqrt{1+1} + \sqrt{33-1} = 5\sqrt{2}$

c) $\sqrt{9+16} = 7$

d) $\sqrt{81-36} = 3$

e) $\sqrt{\sqrt{2}} = 2^{\frac{1}{2}}$

10) Dados os intervalos $A = [1, 9[$ e $B =]3, 12[$, as quantidades de números inteiros de $A \cap B$ e $A \cup B$ são, respectivamente:

a) 6 e 12

b) 5 e 11

c) 5 e 10

d) 7 e 12

e) 6 e 11

CAPÍTULO 3

Expressões Algébricas

3.1 Expressões literais ou algébricas

Nos capítulos anteriores vimos como são realizadas operações com números. Entretanto, muitas vezes precisamos expressar certas operações não com alguns números particulares, mas com números quaisquer.

Utilizamos, geralmente, uma letra minúscula para representar esses números genéricos, que podem assumir diversos valores. Tal letra recebe o nome de *variável* e os números que ela pode assumir são valores reais dentro de um contexto. Essas expressões recebem o nome de *expressões literais* ou *algébricas*.

Exemplos:

a) Se x representa um número real, então a expressão $2 \cdot x$ representa o dobro de um número real.

b) Se y representa a quantidade anual de um certo livro que pode ser vendido por uma livraria a um preço de R\$ 50,00 por unidade, então a expressão $50 \cdot y$ representa a receita anual de vendas desse livro pela livraria. A variável y pode assumir apenas valores inteiros não negativos.

c) Se q representa a quantidade mensal, em toneladas, de um produto fabricado mensalmente por uma fábrica, a um custo fixo mensal de R\$ 50 000,00 e custo variável de R\$ 240,00 por tonelada fabricada, o custo de fabricação mensal do produto é dado pela expressão $50\,000 + 240 \cdot q$.

d) A área de um terreno retangular de a metros de comprimento e b metros de largura é dada pela expressão $a \cdot b$.

Observemos que, em expressões algébricas, geralmente as multiplicações costumam ser indicadas sem o símbolo $\cdot$ de multiplicação.

Assim, as expressões dos exemplos dados costumam ser indicadas por:

a) $2x$ b) $50y$ c) $50\,000 + 240q$ d) ab

72 Matemática Básica

3.2 Valor numérico de uma expressão algébrica

Quando substituímos as variáveis de uma expressão algébrica por números particulares e efetuamos as operações indicadas, obtemos um resultado denominado *valor numérico* da expressão.

Exemplos:

a) O custo mensal de fabricação de q toneladas de um produto é $50\,000 + 240q$.

- O valor numérico da expressão para $q = 100$ é $50\,000 + 240 \cdot (100) = 74\,000$, isto é, o custo de fabricação de 100 toneladas é 74 000 reais.
- O valor numérico da expressão para $q = 300$ é $50\,000 + 240 \cdot (300) = 122\,000$, isto é, o custo de fabricação de 300 toneladas é 122 000 reais.

b) A área de um terreno retangular de a metros de comprimento e b metros de largura é dada pela expressão ab.

- O valor numérico da expressão para $a = 20$ e $b = 10$ é $(20) \cdot (10) = 200$, isto é, a área de um terreno de 20 metros de comprimento por 10 metros de largura é 200 metros quadrados.
- O valor numérico da expressão para $a = 30$ e $b = 8$ é $(30) \cdot (8) = 240$, isto é, a área de um terreno de 30 metros de comprimento por 8 metros de largura é 240 metros quadrados.

c) Dada a expressão $x^2 + 6x + 20$,

- seu valor numérico para $x = 3$ é $3^2 + 6 \cdot 3 + 20 = 9 + 18 + 20 = 47$;
- seu valor numérico para $x = -2$ é $(-2)^2 + 6 \cdot (-2) + 20 = 4 - 12 + 20 = 12$.

EXERCÍCIOS

1) Escreva uma expressão algébrica correspondente às expressões:
   a) O triplo de um número.
   b) O dobro de um número mais 8.
   c) O quadrado de um número.
   d) A raiz quadrada de um número mais 10.
   e) O cubo de um número menos 6.
   f) A soma do dobro de um número x com o triplo do número y.
   g) A diferença entre o quadrado de um número x e o quadrado de um número y.

Capítulo 3 | Expressões Algébricas **73**

h) O triplo da raiz quadrada de um número x mais o dobro da raiz quadrada de um número y.

2) Calcule o valor numérico de cada expressão:
a) $5p + 90$ para $p = 150$
b) $5p + 90$ para $p = -160$
c) $-6x + 34$ para $x = -12$
d) $40 + 6x$ para $x = \dfrac{7}{2}$
e) $10 - 3y$ para $y = 4{,}2$
f) $3 + 4xy + 5x + 10y$ para $x = 1{,}5$ e $y = 1{,}2$
g) $x^2 + 7x - 30$ para $x = 5$

3) Calcule o valor numérico da expressão $-x^2 + 9x - 1$ para $x = -2$.

4) Calcule o valor numérico da expressão $\sqrt{a} + 2ab + b^2$ para $a = 16$ e $b = 3$.

5) Uma empresa fabrica determinado acessório para automóveis a um custo fixo mensal de R\$ 60 000,00 e custo variável por unidade igual a R\$ 350,00. Seja x a quantidade produzida.
a) Qual a expressão do custo total mensal de fabricação?
b) Qual o custo de produzir 200 unidades por mês?

6) Um vendedor ganha um salário mensal fixo de R\$ 3 000,00, mais $\dfrac{1}{20}$ do valor mensal de suas vendas. Seja x o valor mensal das vendas.
a) Qual a expressão algébrica do salário do vendedor?
b) Qual o valor de seu salário em um mês em que o valor das vendas for R\$ 70 000,00?

7) Utilizando x máquinas e y trabalhadores, uma empresa produz mensalmente $60x^{\frac{1}{2}}y^{\frac{1}{2}}$ toneladas de uma matéria-prima. Qual a produção mensal se forem utilizadas 25 máquinas e 100 trabalhadores?

8) Em um *show* musical são vendidos x ingressos a R\$ 100,00 cada e y ingressos a R\$ 150,00 cada.
a) O que representa a expressão algébrica $100 \cdot x + 150 \cdot y$?
b) Qual a expressão algébrica do preço médio de ingresso?
c) Qual o preço médio de ingresso se $x = 300$ e $y = 200$?

74 Matemática Básica

9) Quando um investidor aplica um capital C em um CDB (Certificado de Depósito Bancário), durante n anos, a uma taxa de juros anual i, ele recebe um montante final M após o prazo de aplicação, dado pela fórmula $M = C(1 + i)^n$. Calcule o montante recebido nos seguintes casos:

a) Capital: 20 000,00   Taxa: 7%   Prazo: 2 anos
b) Capital: 12 000,00   Taxa: 7,5%   Prazo: 180 dias
c) Capital: 5 000,00   Taxa: 8%   Prazo: 72 dias

Obs.: utilize uma calculadora na resolução e considere, para simplificar, que o ano tenha 360 dias (ano comercial).

10) Calcule o valor das expressões algébricas:

a) $\dfrac{x+y}{x-y}$ para $x = 3$ e $y = 5$ b) $\dfrac{x+xy}{2x-y}$ para $x = 5$ e $y = -6$

RESPOSTAS DOS EXERCÍCIOS

1)   a) $3x$ b) $2x + 8$ c) x^2 d) $\sqrt{x}+10$

     e) $x^3 - 6$ f) $2x + 3y$ g) $x^2 - y^2$ h) $3\sqrt{x}+2\sqrt{y}$

2)   a) 840   b) –710   c) 106   d) 61   e) –2,6   f) 29,7   g) 30

3)   –23

4)   109

5)   a) 60 000 + 350x   b) R$ 130 000

6)   a) $3\,000+\dfrac{x}{20}$ b) R$ 6 500,00

7)   3 000 toneladas.

8)   a) Receita de venda dos ingressos.

     b) $\dfrac{100x+150y}{x+y}$

     c) R$ 120,00

9)   a) R$ 22 898,00   b) R$ 12 441,86   c) R$ 5 077,56

10) a) –4   b) $-\dfrac{25}{16}$

3.3 Termos semelhantes

Consideremos a expressão algébrica $4x^2 + 2xy - 5y^2$. Chamamos de *termos* as expressões $4x^2$, $2xy$ e $-5y^2$; assim, a expressão dada tem três termos.

De modo geral, termos são as *parcelas* de uma expressão algébrica. Em todo termo, destacamos o *coeficiente*, que é o fator numérico, e a *parte literal*, que é o restante do termo. Em particular, se o termo é numérico, dizemos que não tem termo literal.

Exemplos:

a) $3x^2 - 5y$

$$
\text{Termos: }
\begin{cases}
3x^2 \begin{cases} \text{coeficiente: } 3 \\ \text{parte literal: } x^2 \end{cases} \\
-5y \begin{cases} \text{coeficiente: } -5 \\ \text{parte literal: } y \end{cases}
\end{cases}
$$

b) $7m^2 - 5mn + n^2$

$$
\text{Termos: }
\begin{cases}
7m^2 \begin{cases} \text{coeficiente: } 7 \\ \text{parte literal: } m^2 \end{cases} \\
-5mn \begin{cases} \text{coeficiente: } -5 \\ \text{parte literal: } mn \end{cases} \\
n^2 \begin{cases} \text{coeficiente: } 1 \\ \text{parte literal: } n^2 \end{cases}
\end{cases}
$$

Dizemos que dois ou mais termos são *semelhantes* se possuem a mesma parte literal; em particular, termos numéricos são semelhantes.

Exemplos:

a) $9x$ e $-10x$ são semelhantes.

b) $10a^2b$ e $-5a^2b$ são semelhantes.

c) $2xy$, $6xy$ e $-4xy$ são semelhantes.

d) 10, -2 e 11 são semelhantes.

e) $6x^2y$ e $3xy^2$ não são semelhantes.

A importância de os termos serem semelhantes é que eles podem ser simplificados ao realizarmos operações de adição e subtração, como veremos a seguir.

76 Matemática Básica

3.4 Operações com expressões algébricas

3.4.1 Adição e subtração

Essas operações são realizadas agrupando os termos semelhantes utilizando-se a propriedade distributiva da multiplicação, como veremos nos exemplos seguintes.

Exemplos:

a) Calculemos a soma $7x + 9x$.

Como os termos são semelhantes, pela propriedade distributiva da multiplicação podemos escrever:

$$7x + 9x = (7 + 9)x = 16x.$$

b) Calculemos a diferença $3m^2 - 10m^2$.

Analogamente ao exemplo anterior, por serem semelhantes os termos teremos:

$$3m^2 - 10m^2 = (3 - 10)m^2 = -7m^2.$$

c) Calculemos o valor de $10a^2b - 6a^2b + a^2b$.

Observemos que o coeficiente do último termo é 1. Assim,

$$10a^2b - 6a^2b + 1a^2b = (10 - 6 + 1)a^2b = 5a^2b.$$

d) Calculemos $8x + 10y - 5x + 4y$.

Nesse caso, os termos não são todos semelhantes; porém $8x$ e $-5x$ são, bem como $10y$ e $4y$. Assim, podemos agrupar os termos semelhantes e escrever:

$$\underbrace{8x - 5x} + \underbrace{10y + 4y} = (8 - 5)x + (10 + 4)y = 3x + 14y.$$

e) Calculemos $(4x + 8y) + (3x - 5y) - (5x - y)$.

Primeiramente, eliminamos os parênteses, de modo análogo ao feito com expressões numéricas; isto é, havendo sinal + na frente dos parênteses, conservamos os sinais dos termos nele incluídos. Havendo sinal − na frente dos parênteses, trocamos os sinais dos termos incluídos. Assim, teremos:

$$4x + 8y + 3x - 5y - 5x + y = (4 + 3 - 5)x + (8 - 5 + 1)y = 2x + 4y.$$

Em resumo, podemos agrupar os termos semelhantes, conservando a parte literal e efetuando as adições ou subtrações de seus coeficientes.

Capítulo 3 | Expressões Algébricas **77**

EXERCÍCIOS

1) Calcule: $5x + 9x + 2x + x$.

2) Calcule: $4m^3 - 2m^3$.

3) Calcule: $-7y - 12y$.

4) Simplifique a expressão: $4x - 6x + 9x - 8x - x$.

5) Simplifique a expressão: $6x + 5y - 9y - 2x + y$.

6) Calcule a soma: $(4m + 5) + (8 - 9m) + (10 - 5m)$.

7) Calcule a diferença: $(3x^2 + 8x - 9) - (4x^2 - 6x - 1)$.

8) Sejam: $A = 3x + y$, $B = -2x - 9y$ e $C = 12y - 7x$. Calcule: $A + B - C$.

9) A expressão da receita mensal de uma empresa é $60x$ e a de seu custo mensal é $20\,000 + 40x$, em que x é a quantidade produzida e vendida.
   a) Obtenha a expressão de seu lucro mensal.
   b) Qual o valor do lucro mensal se forem produzidas e vendidas 2 000 unidades por mês?
   c) Qual o valor do lucro mensal se forem produzidas e vendidas 1 000 unidades por mês?

10) Em relação ao Balanço Patrimonial dado a seguir em milhares de reais:

ATIVO		PASSIVO + PATRIMÔNIO LÍQUIDO	
Caixa	x	Salários a pagar	y
Duplicatas a receber	$2x$	Dívidas com fornecedores	$3y$
Estoques	$4x$	Impostos a pagar	170
Equipamentos	$3x$	Dívidas de longo prazo	$5y$
Imóveis	800	Patrimônio Líquido	
Total		Total	

Obtenha:
a) A expressão do total do Ativo.
b) A expressão do Patrimônio Líquido.
c) O valor numérico do total do Ativo, sabendo que o caixa vale 60 mil reais.

78 Matemática Básica

11) Sejam: $A = 3x + y$, $B = -2x - 9y$ e $C = 12y - 7x$.
   a) Calcule: $A + B - C$.
   b) Calcule: $A - B + C$.
   c) Calcule: $A - B - C$.

12) Dadas as expressões $D = x^2 - 7x + 3$ e $E = 4x^2 + 9x - 7$, calcule:
   a) $D - E$ b) $E - D$

13) Calcule e simplifique: $(5t^2 + 7t - 3) + (2t^2 - 8t - 2) - (6t^2 - 9t + 1)$.

14) Em uma das alternativas a seguir, o resultado da operação está incorreto. Assinale essa alternativa:
   a) $3x^2 + 9x^2 - 5x^2 = 7x^2$
   b) $5A^2B - 12A^2B - 19A^2B = -26A^2B$
   c) $3m + 6m^2 = 9m^3$
   d) $(3x - 1) - (4 - 2x) = 5x - 5$

15) Sabendo que $a + b + c = 25$, calcule o valor numérico da expressão $(a + 8) + (b - 5) + (c - 12)$.

16) Calcule:

   a) $\dfrac{2x}{3} + \dfrac{5x}{3} - \dfrac{4x}{3}$ b) $\dfrac{x^2}{4} + \dfrac{3x^2}{6}$ c) $\dfrac{4y}{6} - \dfrac{y}{18}$

RESPOSTAS DOS EXERCÍCIOS

1) $17x$

2) $2m^3$

3) $-19y$

4) $-2x$

5) $4x - 3y$

6) $-10m + 23$

7) $-x^2 + 14x - 8$

8) $8x - 20y$

Capítulo 3 | Expressões Algébricas **79**

9) **a)** $20x - 20\,000$ **b)** $20\,000$ **c)** 0

10) **a)** $10x + 800$ **b)** $10x - 9y + 630$ **c)** 1 400 milhares de reais

11) **a)** $8x - 20y$ **b)** $-2x + 22y$ **c)** $12x - 2y$

12) **a)** $-3x^2 - 16x + 10$ **b)** $3x^2 + 16x - 10$

13) $t^2 + 8t - 6$

14) Alternativa C.

15) 16

16) **a)** x **b)** $\dfrac{3x^2}{4}$ **c)** $\dfrac{11y}{18}$

3.4.2 Multiplicação

As multiplicações são feitas utilizando-se as propriedades da multiplicação conforme vimos para expressões numéricas.

Exemplos:

a) Calculemos o produto de $4x^2$ por $9x^3$. Como a ordem dos fatores não altera o produto, teremos:

$$4x^2 \cdot 9x^3 = (4 \cdot 9)x^2x^3 = 36x^5.$$

b) Calculemos o produto de $6x^2y^3$ por $-3x^5y^4$. Analogamente:

$$6x^2y^3 \cdot (-3x^5y^4) = 6 \cdot (-3)x^2x^5y^3y^4 = -18x^7y^7.$$

c) Calculemos o produto de $2x$ por $3x^2 + 6y$.

Usando a propriedade distributiva da multiplicação, teremos:

$$2x(3x^2 + 6y) = 2x \cdot 3x^2 + 2x \cdot 6y = 6x^3 + 12xy.$$

d) Calculemos o produto de $2x + 5$ por $3x - 2$.

Novamente, utilizando a propriedade distributiva da multiplicação, temos que multiplicar cada termo do primeiro fator por todos do segundo:

$$(2x + 5)(3x - 2) = 2x \cdot 3x - 2x \cdot 2 + 5 \cdot 3x - 5 \cdot 2$$

$$(2x + 5)(3x - 2) = 6x^2 - 4x + 15x - 10$$

$$(2x + 5)(3x - 2) = 6x^2 + 11x - 10$$

80 Matemática Básica

e) Calculemos o valor de $(3x + 5y)^2$.

Temos:

$$(3x + 5y)^2 = (3x + 5y)(3x + 5y)$$
$$(3x + 5y)^2 = 9x^2 + 15xy + 15yx + 25y^2$$
$$(3x + 5y)^2 = 9x^2 + 30xy + 25y^2$$

EXERCÍCIOS

1) Calcule os produtos:
a) $3x \cdot 6x^2$ b) $5y^3 \cdot 6y$ c) $4 \cdot 7t^2 \cdot 2t^4$ d) $x \cdot x^2 \cdot x^3$ e) $2p \cdot 5p \cdot 8p^4$

2) Calcule os produtos:
a) $x(2x + 7x^2)$ b) $5y(2y^2 - 3y)$ c) $2x(x^2 - 4x + 5)$ d) $-1(y^2 - 7y - 4)$

3) Calcule os produtos:
a) $(3x + 4)(2x - 6)$ b) $(1 - 2y)(3y - 7)$ c) $(m + 6)(m - 6)$ d) $(2x + 1)(2x - 1)$

4) Calcule os produtos:
a) $(m - 5)^2$ b) $(x + 4)^2$ c) $(3x - y)^2$ d) $(4a + 3b)^2$

5) Uma empresa, que atua em um mercado pouco competitivo, pode alterar o preço p de venda de um de seus produtos. Como consequência, caso o preço aumente, haverá diminuição na quantidade vendida x; caso o preço diminua, as vendas aumentam. A quantidade mensal vendida x relaciona-se com o preço cobrado p pela relação $p = 120 - 2x$.
a) Calcule a expressão da receita mensal em função da quantidade x.
b) Se o custo mensal for $10\,000 + 15x$, obtenha a expressão do lucro mensal.

6) Repita o exercício anterior supondo que $p = 140 - 3x$ e o custo mensal seja $12\,000 + 20x$.

7) Uma empresa comprou 20 calculadoras pagando um preço p por calculadora; comprou mais 10 calculadoras pagando por calculadora 10 reais a menos.
a) Qual a expressão do custo total das calculadoras?
b) Qual a expressão do custo médio por calculadora?

8) Calcule e simplifique:
a) $3(x^2 - 8x - 9) - 4(2x^2 - 9x - 6)$ b) $3(m^2 - 9m + 2) - 1(2m^2 - 9)$

Capítulo 3 | Expressões Algébricas **81**

9) Calcule e simplifique a expressão:

$$(3x)(4x) + (2x)(-6x) - (4x)(5x)$$

10) Sabendo que $x \cdot y \cdot z = 10$, calcule o valor numérico de $(4x)(5y)(2z)$.

11) Sabendo que $x \cdot y \cdot z = 27$, calcule o valor numérico da expressão

$$\left(\frac{x}{3}\right)\left(\frac{y}{9}\right)\left(\frac{2z}{3}\right).$$

12) Calcule os produtos e simplifique:

a) $\dfrac{3}{4} \cdot \dfrac{9x}{2}$ b) $\dfrac{2x}{3} \cdot \dfrac{9}{5}$ c) $\dfrac{8x}{9} \cdot \dfrac{27}{2x}$

13) Dada a expressão $A = 2x^2 - 9x + 1$, calcule:

a) $2A$ b) $3A$ c) $-5A$ d) $-7A$ e) $-1A$

14) Calcule e simplifique: $(3x - 5)(2x + 8) - 5(3x - 9)$.

15) Calcule e simplifique: $(x + 5)(x - 5) + (2x + 8)(2x - 8)$.

16) Calcule e simplifique: $(3x + 2)(3x - 2) - (6 + x)(6 - x)$.

17) Calcule e simplifique: $16(3x - 1) + (12x - 7)(12x + 7)$.

18) Calcule e simplifique: $(2x + 7)^2 + (3x - 1)^2$.

19) Calcule e simplifique: $x(x - 5) + (x - 4) \cdot (x - 3)$.

20) Calcule e simplifique: $3t(2t - 1) - (2t + 7)(1 - t) - (5t + 4)$.

21) Calcule e simplifique:

a) $3(4x - 9)^2$ b) $-2(1 - 9x)^2$

22) Calcule e simplifique: $3[(x + y)^2 - (x - y)^2]$.

RESPOSTAS DOS EXERCÍCIOS

1)   a) $18x^3$ b) $30y^4$ c) $56t^6$ d) x^6 e) $80p^6$

2)   a) $7x^3 + 2x^2$ b) $10y^3 - 15y^2$ c) $2x^3 - 8x^2 + 10x$ d) $-y^2 + 7y + 4$

3)   a) $6x^2 - 10x - 24$ b) $-6y^2 + 17y - 7$ c) $m^2 - 36$ d) $4x^2 - 1$

82 Matemática Básica

4) **a)** $m^2 - 10m + 25$ **b)** $x^2 + 8x + 16$ **c)** $9x^2 - 6xy + y^2$ **d)** $16a^2 + 24ab + 9b^2$

5) **a)** $-2x^2 + 120x$ **b)** $-2x^2 + 105x - 10\,000$

6) **a)** $-3x^2 + 140x$ **b)** $-3x^2 + 120x - 12\,000$

7) **a)** $30p - 100$ **b)** $\dfrac{30p - 100}{30}$

8) **a)** $-5x^2 + 12x - 3$ **b)** $m^2 - 27m + 15$

9) $-20x^2$

10) 400

11) $\dfrac{2}{3}$

12) **a)** $\dfrac{27x}{8}$ **b)** $\dfrac{6x}{5}$ **c)** 12

13) **a)** $4x^2 - 18x + 2$ **b)** $6x^2 - 27x + 3$
     c) $-10x^2 + 45x - 5$ **d)** $-14x^2 + 63x - 7$ **e)** $-2x^2 + 9x - 1$

14) $6x^2 - x + 5$

15) $5x^2 - 89$

16) $10x^2 - 40$

17) $144x^2 + 48x - 65$

18) $13x^2 + 22x + 50$

19) $2x^2 - 12x + 12$

20) $8t^2 - 3t - 11$

21) **a)** $48x^2 - 216x + 243$ **b)** $-2 + 36x - 162x^2$

22) $12xy$

3.4.3 Divisão

As divisões são feitas geralmente com base no conceito de simplificação de frações e na propriedade de divisão de potências de mesma base, como mostram os exemplos seguintes.

Capítulo 3 | Expressões Algébricas **83**

Exemplos:

a) Vamos dividir $15x^6$ por $5x^2$.

Nesse caso, como o numerador e o denominador são formados por expressões com um só termo, procedemos como segue:

$$\frac{15x^6}{5x^2} = \frac{15}{5} \cdot \frac{x^6}{x^2} = 3x^4.$$

Ou seja, separamos os coeficientes, em cima e em baixo, e depois aplicamos à parte literal as propriedades das potências.

b) Vamos dividir $18x^7y^4$ por $8x^5$. Temos:

$$\frac{18x^7 y^4}{8x^5} = \frac{18}{8} \cdot \frac{x^7}{x^5} \cdot y^4 = \frac{9}{4}x^2 y^4.$$

c) Vamos dividir $20a^4b + 12a^3b - 3a^2b^3$ por $2ab$.

Nesse caso desmembramos a fração em três e procedemos em cada uma como nos exemplos anteriores.

$$\frac{20a^4b + 12a^3b - 3a^2b^3}{2ab} = \frac{20a^4b}{2ab} + \frac{12a^3b}{2ab} - \frac{3a^2b^3}{2ab}$$

$$\frac{20a^4b + 12a^3b - 3a^2b^3}{2ab} = 10a^3b^0 + 6a^2b^0 - \frac{3}{2}ab^2$$

$$\frac{20a^4b + 12a^3b - 3a^2b^3}{2ab} = 10a^3 + 6a^2 - \frac{3}{2}ab^2$$

EXERCÍCIOS

1) Efetue as divisões e simplifique:
a) $24x^5$ por $6x^2$
b) $50y^6$ por $5y^4$
c) $81x^4y^5$ por $9xy^3$
d) $24a^4b^3$ por $15a^2b^3$
e) $48x^4y^5$ por $15x^4y^5$

2) Efetue as divisões e simplifique:
a) $20x^4 + 10x^3 - 5x^2$ por $5x$
b) $32t^4 - 24t^3 + 12t^2$ por $4t$
c) $16x^3y^4 + 18x^2y^5 - 20xy^3$ por $4xy$

84 Matemática Básica

3) Calcule e simplifique:

a) $\dfrac{4x^2 - 8x^3}{2x}$ b) $\dfrac{5m^4 + 9m^3}{m^2}$ c) $\dfrac{6t^2 - 9t^3 + 9t}{3t}$

4) Divida e simplifique:

a) $\dfrac{\left(\dfrac{2x}{3}\right)}{\left(\dfrac{4}{9}\right)}$ b) $\dfrac{\left(\dfrac{15}{8}\right)}{\left(\dfrac{2y}{9}\right)}$ c) $\dfrac{\left(\dfrac{8y}{9}\right)}{6}$

RESPOSTAS DOS EXERCÍCIOS

1) a) $4x^3$ b) $10y^2$ c) $9x^3y^2$ d) $\dfrac{8}{5}a^2$ e) $\dfrac{16}{5}$

2) a) $4x^3 + 2x^2 - x$ b) $8t^3 - 6t^2 + 3t$ c) $4x^2y^3 + \dfrac{9}{2}xy^4 - 5y^2$

3) a) $2x - 4x^2$ b) $5m^2 + 9m$ c) $2t - 3t^2 + 3$

4) a) $\dfrac{3x}{2}$ b) $\dfrac{135}{16y}$ c) $\dfrac{4y}{27}$

3.5 Fatoração

Muitas vezes, com o objetivo de simplificar uma expressão ou uma fórmula, necessitamos transformar uma expressão em outra equivalente, porém na forma de um produto. A operação que transforma uma dada expressão em produto é chamada de *fatoração*.

Há diversas técnicas que podem ser utilizadas, cada qual adequada a algum tipo de expressão. A essas técnicas damos o nome de *casos de fatoração*. Veremos a seguir os principais.

3.5.1 Fatoração pelo fator comum

Tal técnica é baseada na propriedade distributiva da multiplicação:

$$a \cdot (b + c) = a \cdot b + a \cdot c$$

Escrevendo a igualdade anterior em outra ordem, teremos:

$$a \cdot b + a \cdot c = a \cdot (b + c)$$

Observamos que:

- Os termos do 1° membro têm um fator comum, que é a.
- Em seguida, colocamos esse valor comum em evidência (ou destaque) multiplicando-o por uma expressão entre parênteses.
- Os termos entre parênteses são aqueles que, multiplicados por a, reproduzem o 1° membro.
- O 2° membro é a expressão fatorada.

Exemplos:

- $xy + xz = x(y + z)$
- $mx + ma = m(x + a)$
- $ax - az = a(x - z)$
- $kx + ky - kz = k(x + y - z)$
- $2a + 2b = 2(a + b)$
- $2a + 6b = 2(a + 3b)$
- $ax^2 + bx^2 - cx^2 = x^2(a + b - c)$
- $3x^3 + 6x^2 - 12x = 3x(x^2 + 2x - 4)$

Exemplo:

Simplifique a fração $\dfrac{6x}{3x^2 + 2x}$.

Lembremos que na simplificação de uma fração devemos cancelar o mesmo fator do numerador e do denominador; para isso, é necessário que numerador e denominador estejam na forma de produto, ou seja, na forma fatorada. Assim,

$$\frac{6x}{3x^2 + 2x} = \frac{6\cancel{x}}{\cancel{x}(3x + 2)} = \frac{6}{3x + 2}.$$

3.5.2 Fatoração por agrupamento

Essa técnica se aplica quando há um número par de termos, com metade tendo um fator comum e metade outro e, ao colocarmos em evidência o fator comum de cada metade, aparece um novo fator comum.

Exemplo:

Fatorar $ax + ay + bx + by$.

86 Matemática Básica

- Observamos que a é fator comum aos dois primeiros termos e b é comum aos dois últimos. Colocando esses fatores em evidência teremos:

$$a(x + y) + b(x + y)$$

- Notamos agora que $(x + y)$ é fator comum. Colocamos esse fator em evidência, obtendo:

$$(x + y)(a + b)$$

- A expressão está agora fatorada.

EXERCÍCIOS

1) Fatore as expressões a seguir:
   a) $kx + ky$
   b) $ca + cb$
   c) $ax - xb$
   d) $mx - ma$
   e) $2a + 4b$
   f) $3x - 9y$
   g) $6x - 12y$
   h) $2a^2 + 2a$
   i) $ma + mb - mc$
   j) $2x^2 + 4x - 6x^3$
   k) $3x^2 - 9x - 6x^3$

2) Simplifique as frações algébricas:

   a) $\dfrac{4x}{2x^2 - 5x}$
   b) $\dfrac{8y^3}{2y^2 - 6y^4}$
   c) $\dfrac{7m^4}{2m^2 - 5m^3 + m^4}$

3) Fatore as expressões a seguir:
   a) $mx + my + px + py$
   b) $bx - by^2 + cx - cy^2$
   c) $2x + 2y + 3x + 3y$
   d) $a^2 + a + ba + b$
   e) $a^2x - ay + ax - y$
   f) $a^3 + a^2 + a + 1$

RESPOSTAS DOS EXERCÍCIOS

1) a) $k(x + y)$
   b) $c(a + b)$
   c) $x(a - b)$
   d) $m(x - a)$
   e) $2(a + 2b)$
   f) $3(x - 3y)$
   g) $6(x - 2y)$
   h) $2a(a + 1)$
   i) $m(a + b - c)$
   j) $2x(x + 2 - 3x^2)$
   k) $3x(x - 3 - 2x^2)$

2) a) $\dfrac{4}{2x - 5}$
   b) $\dfrac{4y}{1 - 3y^2}$
   c) $\dfrac{7m^2}{2 - 5m + m^2}$

3) a) $(x + y)(m + b)$
   b) $(x - y^2)(b + c)$
   c) $5(x + y)$
   d) $(a + 1)(a + b)$
   e) $(ax - y)(a + 1)$
   f) $(a + 1)(a^2 + 1)$

3.5.3 Fatoração de diferença de quadrados

Inicialmente, calculemos o produto $(a + b) \cdot (a - b)$, ou seja, o produto da soma com a diferença de dois termos. Assim,

$$(a + b) \cdot (a - b) = a^2 - ab + ba - b^2 \text{ e, simplificando,}$$

$$(a + b)(a - b) = a^2 - b^2.$$

Escrevendo a igualdade anterior na ordem inversa, teremos:

$$a^2 - b^2 = (a + b) \cdot (a - b)$$

Ou seja, a *diferença entre dois quadrados* é igual à soma dos termos multiplicada pela diferença desses termos. Podemos utilizar a relação anterior para fatorar a diferença de dois quadrados.

Exemplos:

- $x^2 - 25 = x^2 - 5^2 = (x + 5)(x - 5)$
- $c^2 - 9 = c^2 - 3^3 = (c + 3)(c - 3)$
- $36 - z^2 = 6^2 - z^2 = (6 + z)(6 - z)$

Exemplo:

Simplifique a fração $\dfrac{4x+8}{x^2-4}$.

Fatorando o numerador e o denominador e depois cancelando o fator comum, teremos:

$$\frac{4x+8}{x^2-4} = \frac{4(x+2)}{(x+2)(x-2)} = \frac{4}{x-2}$$

3.5.4 Fatoração de um trinômio quadrado perfeito

Inicialmente, calculemos o valor da expressão $(a + b)^2$, ou seja, o quadrado da soma de dois termos. Assim,

$$(a + b)^2 = (a + b) \cdot (a + b)$$

$$(a + b)^2 = a^2 + ab + ba + b^2$$

$$(a + b)^2 = a^2 + 2ab + b^2$$

Escrevendo as igualdades anteriores na ordem inversa, teremos:

$$a^2 + 2ab + b^2 = (a + b)^2$$

88 Matemática Básica

O 1° membro da expressão é chamado de *trinômio quadrado perfeito*: quadrado do 1°, mais duas vezes o 1° pelo 2°, mais o quadrado do 2°, que é igual ao quadrado de sua soma, que é sua forma fatorada.

De modo totalmente análogo, temos:

$$a^2 - 2ab + b^2 = (a - b)^2$$

Ou seja, o 1° membro da expressão anterior também é chamado de *trinômio quadrado perfeito*: quadrado do 1°, menos duas vezes o 1° pelo 2°, mais o quadrado do 2° que é igual ao quadrado de sua diferença, que é sua forma fatorada.

Exemplos:

- $x^2 + 8x + 16 = x^2 + 2 \cdot 4 \cdot x + 4^2 = (x + 4)^2$
- $x^2 - 14x + 49 = x^2 - 2 \cdot 7 \cdot x + 7^2 = (x - 7)^2$

Exemplo:

Simplifique a fração $\dfrac{a^2 - 25}{a^2 + 10a + 25}$

Fatorando o numerador e o denominador e depois cancelando o fator comum, teremos:

$$\frac{a^2 - 25}{a^2 + 10a + 25} = \frac{(a+5)(a-5)}{(a+5)^2} = \frac{\cancel{(a+5)}(a-5)}{\cancel{(a+5)}(a+5)} = \frac{a-5}{a+5}$$

EXERCÍCIOS

1) Fatore as expressões a seguir:
   a) $x^2 - y^2$
   b) $b^2 - 4$
   c) $a^2 - 36$
   d) $a^2 - 9b^2$
   e) $16b^2 - 9a^2$
   f) $49 - 25x^2$

2) Fatore as expressões a seguir:
   a) $x^2 + 6x + 9$
   b) $m^2 - 10m + 25$
   c) $a^2 - 4a + 4$
   d) $4m^2 + 4mx + x^2$
   e) $b^2 + 4 - 4b$
   f) $x^2 - 16x + 64$

3) Simplifique as seguintes frações algébricas:

   a) $\dfrac{x^2 - 64}{x^2 + 16x + 64}$

$$\text{b) } \frac{t^2 - 12t + 36}{t^2 - 36}$$

$$\text{c) } \frac{1 - 9x^2}{1 + 6x + 9x^2}$$

RESPOSTAS DOS EXERCÍCIOS

1) a) $(x + y)(x - y)$ b) $(b + 2)(b - 2)$ c) $(a + 6)(a - 6)$
   d) $(a + 3b)(a - 3b)$ e) $(4b + 3a)(4b - 3a)$ f) $(7 + 5x)(7 - 5x)$

2) a) $(x + 3)^2$ b) $(m - 5)^2$ c) $(a - 2)^2$
   d) $(2m + x)^2$ e) $(b - 2)^2$ f) $(x - 8)^2$

3) a) $\dfrac{x - 8}{x + 8}$ b) $\dfrac{t - 6}{t + 6}$ c) $\dfrac{1 - 3x}{1 + 3x}$

TESTES DE REVISÃO DO CAPÍTULO

1) O valor numérico da expressão $x \cdot y + \dfrac{x}{y}$ para $x = 15$ e $y = 3$ é:

a) 45   b) 50   c) 55   d) 60   e) 65

2) Qual a soma dos termos semelhantes $\dfrac{3}{5}x + \dfrac{5}{4}x$?

a) $\dfrac{8}{9}x$

b) $1,75x$

c) $\dfrac{37}{20}x$

d) $7,25x$

e) $\dfrac{8}{20}x$

3) Reduzindo os termos semelhantes de $5x - 4y + 9 - 6x + 8y - 20$, obteremos:

a) $-x + 12y - 11$ d) $-x + 4y - 11$
b) $-x - 12y - 11$ e) $-x + 4y + 29$
c) $-x + 4y - 29$

90 Matemática Básica

4) Qual o valor da diferença $(7m + 3n - 9) - (2m - 7n + 1)$?
a) $-5m + 10n - 10$
b) $5m - 4n + 10$
c) $5m + 10n - 8$
d) $5m - 4n - 10$
e) $5m + 10n - 10$

5) Sejam as expressões: $A = \dfrac{3}{4}x^2 - \dfrac{5}{2}x + 8$ e $B = \dfrac{1}{3}x^2 - 7x - \dfrac{3}{5}$. Qual o valor da diferença $A - B$?

a) $\dfrac{5}{12}x^2 + \dfrac{9}{2}x - \dfrac{43}{5}$

b) $\dfrac{5}{12}x^2 + \dfrac{9}{2}x + \dfrac{37}{5}$

c) $\dfrac{5}{12}x^2 + \dfrac{9}{2}x + \dfrac{43}{5}$

d) $\dfrac{5}{12}x^2 - \dfrac{19}{2}x + \dfrac{43}{5}$

e) $\dfrac{5}{12}x^2 - \dfrac{19}{2}x - \dfrac{43}{5}$

6) Qual o valor do produto $5(2x - 9)(x - 4)$?
a) $10x^2 - 85x + 180$
b) $10x^2 + 5x + 180$
c) $10x^2 - 5x + 180$
d) $50x^2 - 75x + 900$
e) $50x^2 - 175x + 180$

7) Fatorando a expressão $8x^3 - 4x^2 + 16x$, obteremos:
a) $x(2x^2 - x + 4)$
b) $4x(2x^2 - x + 4)$
c) $2x(2x^2 - x + 4)$
d) $4x(2x^2 - 3x)$
e) $4x(2x^2 + 3x)$

8) Fatorando a expressão $9p^2y^2 - 25x^4$, obteremos:
a) $(3py + 5x^2)^2$
b) $(3py - 5x^2)^2$
c) $(3py + 25x^2)(3py - 25x^2)$
d) $(3py + 5x^2)(3py - 5x^2)$
e) $(9py + 5x^2)(9py - 5x^2)$

9) Simplificando a fração algébrica $\dfrac{x^2 - 8x + 16}{x^2 - 16}$, obtemos:

a) $\dfrac{x+4}{x-4}$

b) $-8x$

Capítulo 3 | Expressões Algébricas 91

c) $\dfrac{x-4}{x+4}$

d) $8x$

e) $-8x - 1$

10) Simplificando a fração algébrica $\dfrac{5-x}{x-5}$, obtemos:

a) 5

b) 1

c) -5

d) -1

e) 0

CAPÍTULO 4

Equações e Inequações

4.1 Introdução

Suponhamos que uma pequena empresa que fabrica camisetas tenha, entre aluguel e outras despesas fixas, um custo mensal de R$ 4 000,00. Admitamos que cada camiseta seja produzida a um custo de R$ 15,00 a unidade, e que cada uma seja vendida por R$ 40,00.

A expressão da receita mensal da empresa é $40x$, em que x é uma variável que representa a quantidade mensal produzida e vendida. A expressão do custo mensal é $4\,000 + 15x$.

Se a empresa quiser saber qual a quantidade mensal produzida e vendida que iguala a receita com o custo, ela precisa saber qual o valor de x de modo que $40x = 4\,000 + 15x$. Essa última igualdade recebe o nome de *equação*; o lado esquerdo é chamado de primeiro membro e o direito, de segundo membro. Em se tratando de uma equação, a variável é denominada *incógnita*, pois é um valor que se quer determinar de modo a resultar em uma igualdade numérica.

Notemos que para alguns valores de x a equação se torna uma igualdade numérica, e para outros, não. Assim:

- Para $x = 120$ $\begin{cases} \text{Receita: } 40 \times 120 = 4\,800 \\ \text{Custo: } 4\,000 + 15 \times 120 = 5\,800 \end{cases}$

- Para $x = 160$ $\begin{cases} \text{Receita: } 40 \times 160 = 6\,400 \\ \text{Custo: } 4\,000 + 15 \times 160 = 6\,400 \end{cases}$

- Para $x = 200$ $\begin{cases} \text{Receita: } 40 \times 200 = 8\,000 \\ \text{Custo: } 4\,000 + 15 \times 200 = 7\,000 \end{cases}$

Observemos que para $x = 160$ a equação torna-se uma igualdade numérica, ao passo que para $x = 120$ e $x = 200$, não. Dizemos que $x = 160$ é uma *raiz* da equação. Desta forma, quando escrevemos uma equação, estamos procurando saber qual é (ou

94 Matemática Básica

quais são) sua (ou suas) raiz (raízes) pois só ela(s) transforma(m) a equação em uma igualdade numérica.

De modo geral, chamamos de *equação* toda igualdade entre duas expressões algébricas. Em particular, a equação será de uma incógnita quando as expressões algébricas tiverem apenas uma variável (no exemplo dado, a variável é x).

Raiz de uma equação é todo valor que, substituído no lugar da variável, transforma a equação em uma igualdade numérica.

Resolver uma equação consiste em achar sua (ou suas) raiz (ou raízes).

Exemplos:

a) $3x - 8 = 2x + 7$ é uma equação.

$x = 15$ é uma raiz, pois para esse valor o 1° membro vale 37 e o 2° membro também vale 37.

Já $x = 10$ não é raiz, pois para esse valor o 1° membro dá 22 e o 2° membro dá 27. Portanto, $x = 10$ não transforma a equação em uma igualdade numérica.

b) $x^2 + 2 = 3x$ é uma equação.

$x = 1$ é uma raiz, pois para esse valor o 1° membro vale 3 e o 2° membro também vale 3. Da mesma forma, é raiz o valor $x = 2$, pois para esse valor ambos os membros da equação valem 6.

$x = 5$ não é raiz, pois para esse valor o 1° membro dá 27 e o 2° membro dá 15.

4.2 Simplificação de uma equação

O primeiro passo para resolver uma equação consiste na sua simplificação. De modo geral, a simplificação se dá por meio da eliminação dos denominadores da equação e agrupamento de seus termos semelhantes.

A simplificação está baseada em duas propriedades das equações que podem ser utilizadas sem que se altere o valor de cada uma de suas raízes:

- Princípios da adição ou subtração (princípio da transposição)

> Em toda equação, podemos adicionar ou subtrair um mesmo termo a ambos os seus membros.

Exemplos:

a) Dada a equação $2x - 4 = 10$, podemos adicionar 4 a ambos os membros. Portanto,

$$2x - 4 + 4 = 10 + 4$$

Em seguida, agrupamos os termos semelhantes obtendo:

$$2x = 14$$

E a equação está simplificada. Tudo se passa como se o – 4 da equação original "mudasse de lado", trocando seu sinal.

b) Dada a equação $5x - 5 = 3x - 7$, podemos adicionar 5 a ambos os membros e também subtrair $3x$ dos dois membros:

$$5x - 5 + 5 - 3x = 3x - 7 + 5 - 3x$$

Em seguida, agrupamos os termos semelhantes obtendo:

$$2x = -2$$

Tudo se passa como se os termos do $2^{\underline{o}}$ membro com x mudassem para o $1^{\underline{o}}$ membro trocando seu sinal, e os números mudassem do $1^{\underline{o}}$ para o $2^{\underline{o}}$ membro mudando de sinal.

Esse princípio também é conhecido como da transposição.

> Em toda equação, podemos transpor um termo de um membro a outro mudando seu sinal.

$$5x - 5 = 3x - 7 \Rightarrow 5x - 3x = -7 + 5$$

- Princípio da multiplicação ou divisão

> Em toda equação, podemos multiplicar ou dividir os termos dos dois membros de uma equação por um número diferente de zero.

Exemplos:

a) Dada a equação $\dfrac{x-5}{3} + \dfrac{x}{2} = \dfrac{5}{6}$, inicialmente podemos eliminar os denominadores, multiplicando todos os termos pelo mínimo múltiplo comum dos denominadores 3, 2 e 6, que é 6. Assim:

$$6 \cdot \frac{(x-5)}{3} + 6 \cdot \frac{x}{2} = 6 \cdot \frac{5}{6}$$

$$2(x - 5) + 3x = 5$$

$$2x - 10 + 3x = 5$$

$$5x = 5 + 10$$

$$5x = 15$$

b) Dada a equação $\dfrac{x+1}{5} - \dfrac{x+7}{2} = 1$, inicialmente podemos eliminar os denominadores multiplicando todos os termos pelo mínimo múltiplo comum dos denominadores 5 e 2, que é 10. Assim,

$$10 \cdot \frac{(x+1)}{5} - 10 \cdot \frac{(x+7)}{2} = 10 \cdot 1$$
$$2x + 2 - 5x - 35 = 10$$
$$-3x - 33 = 10$$
$$-3x = 10 + 33$$
$$-3x = 43$$

4.3 Equações do primeiro grau

Chamamos de *equação do primeiro grau* com uma variável, ou equação linear, toda equação que, após simplificação, se reduz à forma $a \cdot x = b$ em que x é a variável e a e b são constantes numéricas, com $a \neq 0$. A raiz da equação é facilmente obtida dividindo-se ambos os membros por a.

$$ax = b \Rightarrow \frac{ax}{a} = \frac{b}{a} \Rightarrow x = \frac{b}{a}$$

Exemplos:

a) A raiz da equação $3x = 12$ é $x = \dfrac{12}{3} = 4$.

b) A raiz da equação $-4x = 28$ é $x = \dfrac{28}{-4} = -7$.

c) A raiz da equação $-6x = -72$ é $x = \dfrac{-72}{-6} = 12$.

d) A raiz da equação $3x = 5$ é $x = \dfrac{5}{3}$.

e) Para encontrarmos a raiz da equação $2(x - 8) = 9 - 3x$, antes é necessário simplificá-la. Assim,

$$2x - 16 = 9 - 3x$$
$$2x + 3x = 9 + 16$$
$$5x = 25$$

$$x = \frac{25}{5} = 5.$$

f) Para encontrarmos a raiz da equação $\frac{3x-2}{8} + \frac{x}{4} = 3$, antes é necessário simplificá-la. Assim,

$$8 \cdot \frac{(3x-2)}{8} + 8 \cdot \frac{x}{4} = 8 \cdot 3$$

$$3x - 2 + 2x = 24$$

$$5x = 24 + 2$$

$$5x = 26$$

$$x = \frac{26}{5}.$$

Exemplo:

Dois números consecutivos têm por soma o número 113. Quais são os números?

Como os números são consecutivos, se um deles é chamado de x o outro é $(x + 1)$.

Assim, devemos ter:

$$x + x + 1 = 113$$

Resolvendo a equação, teremos:

$$2x + 1 = 113$$

$$2x = 113 - 1$$

$$2x = 112$$

$$x = \frac{112}{2} = 56.$$

Logo, os números são 56 e 57.

Exemplo:

A receita mensal de uma empresa é $75x$ e o custo mensal é $15\,000 + 50x$, em que x é a quantidade produzida e vendida mensalmente. Qual a quantidade mensal produzida e vendida que iguala a receita com o custo?

Temos:

$$75x = 15\,000 + 50x$$

98 Matemática Básica

$$75x - 50x = 15\,000$$

$$25x = 15\,000$$

$$x = \frac{15\,000}{25} = 600 \text{ unidades}$$

EXERCÍCIOS

1) Resolva as equações:
   a) $4x = 20$ b) $5x = -40$ c) $-6x = 90$ d) $-3x = -45$ e) $2x = 7$ f) $-3x = 14$

2) Simplifique e depois resolva as equações:
   a) $3x - 6 = 9x + 12$ b) $3(2x - 4) - 2(1 - 3x) = 12$ c) $4 - x = 8(3x + 1) - 3x$

3) Simplifique e depois resolva as equações:

   a) $\dfrac{x}{2} + \dfrac{3x}{5} = \dfrac{3}{10}$ b) $\dfrac{x+3}{2} + \dfrac{3x-1}{5} = \dfrac{7}{10}$ c) $\dfrac{x}{12} + \dfrac{2x-9}{5} = 2$

4) O *Balanço Patrimonial* de uma empresa é constituído de duas colunas: a do lado esquerdo é denominada *Ativo* e representa o total de bens e direitos em determinado momento. A coluna da direita é denominada *Passivo + Patrimônio Líquido*; o Passivo representa todas as dívidas e obrigações com terceiros, e o Patrimônio Líquido representa as obrigações da empresa com os sócios e acionistas. O total da coluna da esquerda é igual ao total da coluna da direita.
   Considere o Balanço Patrimonial de uma empresa:

ATIVO	PASSIVO + PATRIMÔNIO LÍQUIDO
Bens	Obrigações e dívidas
Direitos	Patrimônio Líquido
Total	Total

Considere os seguintes dados:

- Os bens são superiores aos direitos em R$ 25 000,00 e valem R$ 60 000,00.
- O Patrimônio Líquido é o quádruplo das obrigações e dívidas.

Calcule o Patrimônio Líquido da empresa.

Capítulo 4 | Equações e Inequações **99**

5) Dois números inteiros e consecutivos têm soma igual a 123. Encontre-os.

6) Três números inteiros e consecutivos têm soma igual a 126. Encontre-os.

7) Realizando quatro provas em uma disciplina, um aluno, para ser aprovado, precisa ter média aritmética maior ou igual a 6 de suas notas de provas. Se tirou 4,5 na 1ª prova; 5,7 na 2ª prova e 6,2 na 3ª prova, qual o mínimo que deve tirar na 4ª prova para passar?

8) A receita mensal de uma empresa é $25x$ e o custo mensal de produção é $12\,000 + 15x$, em que x é a quantidade mensal produzida e vendida. Qual a quantidade que deve ser produzida e vendida para que a receita seja igual ao custo?

9) Em um almoço de domingo, a família Tavares com 5 pessoas pagou uma conta em um total de R$ 237,50 incluída a gorjeta de R$ 25,00. Quanto saiu o almoço por pessoa, não incluída a gorjeta?

10) Um livro é produzido a um custo variável por unidade de R$ 25,00. O preço de venda de cada exemplar é de R$ 50,00 e o custo fixo anual é de R$ 25 000,00. Qual a quantidade que deve ser produzida e vendida por ano para dar um lucro de R$ 10 000,00?

11) Um terreno tem um formato retangular em que a largura é igual a $\dfrac{4}{5}$ do comprimento. O perímetro do terreno (soma das medidas dos lados) é de 108 metros. Qual o preço de venda do terreno se o preço do metro quadrado de terreno na região é estimado em R$ 2 000,00?

12) Resolva o exercício anterior supondo que a largura seja igual a $\dfrac{6}{10}$ do comprimento.

13) Ao vender x sorvetes por dia, uma sorveteria aufere diariamente um lucro de $(6x - 500)$ reais. Quantos sorvetes devem ser vendidos diariamente para que o lucro diário seja de 700 reais?

14) Devido à depreciação, o valor de um *notebook*, comprado novo, daqui a t anos é estimado em $(4\,000 - 800 \cdot t)$ reais.
a) Qual o preço do *notebook* quando foi comprado?
b) Daqui a quanto tempo se estima que ele não valerá nada?

100 Matemática Básica

15) O aluguel diário de um modelo de automóvel é dado por $(60 + 1{,}5x)$ reais, em que x é o número de quilômetros rodados por dia. Se em certo dia o aluguel for de R$ 306,00, quantos quilômetros foram rodados?

16) Os dados a seguir referem-se ao Balanço Patrimonial de uma empresa, expresso em milhões de reais:

- O total do passivo é 150.
- O total do Ativo excede o dobro do Patrimônio Líquido em 60.

a) Obtenha o Patrimônio Líquido da empresa.

b) Obtenha o total do Ativo da empresa.

RESPOSTAS DOS EXERCÍCIOS

1) a) $x = 5$ b) $x = -8$ c) $x = -15$

   d) $x = 15$ e) $x = \dfrac{7}{2}$ f) $x = -\dfrac{14}{3}$

2) a) $x = -3$ b) $x = \dfrac{13}{6}$ c) $x = -\dfrac{2}{11}$

3) a) $x = \dfrac{3}{11}$ b) $x = -\dfrac{6}{11}$ c) $x = \dfrac{228}{29}$

4) R$ 76 000,00

5) 61 e 62

6) 41, 42 e 43

7) 7,6

8) 1 200

9) R$ 42,50

10) 1 400

11) R$ 1 440 000,00

12) R$ 1 366 875,00

13) 200 sorvetes

14) **a)** R$ 4 000,00   **b)** 5 anos

15) 164 km

16) **a)** 90   **b)** 240

4.4 Inequações com uma variável

Chamamos de *inequação* com uma variável qualquer sentença de duas expressões algébricas, com uma variável, separadas por um dos símbolos de desigualdade:

- $>$: maior que
- $<$: menor que
- $\geq$: maior ou igual
- $\leq$: menor ou igual
- $\neq$: diferente de

Exemplos:

a) $3x > 18$

b) $2x - 4 < 7x + 6$

c) $5(x - 1) + 9 \geq 2x + 4$

d) $\dfrac{x-9}{5} + x \leq 1$

e) $x^2 - 5x + 4 \neq 0$

Chamamos de *solução* de uma inequação qualquer valor que colocado no lugar da variável transforma a expressão em uma sentença numérica verdadeira. No caso da inequação $3x > 18$, temos:

- 7 é uma solução pois $3 \cdot 7 > 18$ é uma sentença numérica verdadeira;
- 12 é uma solução pois $3 \cdot 12 > 18$ é uma sentença numérica verdadeira;
- 5 não é uma solução pois $3 \cdot 5 > 18$ não é uma sentença verdadeira.

Resolver uma inequação é encontrar todas as suas soluções. É o que veremos a seguir.

As inequações também podem ser simplificadas utilizando-se duas propriedades, assim como as equações:

- Princípio da transposição

102 Matemática Básica

> Em toda inequação, podemos transpor um termo de um membro a outro mudando seu sinal.

- Princípio da multiplicação ou divisão

> Em toda inequação, podemos multiplicar ou dividir os termos dos dois membros por um número positivo, mantendo o sinal da desigualdade.

> Em toda inequação, podemos multiplicar ou dividir os termos dos dois membros por um número negativo invertendo o sentido da desigualdade.

Exemplos:

a) Vamos simplificar a inequação: $5(x - 6) > 3(x - 8)$. Temos:

$$5x - 30 > 3x - 24$$
$$5x - 3x > 30 - 24$$
$$2x > 6$$

b) Vamos simplificar a inequação: $\dfrac{2x+5}{3} + \dfrac{x-1}{6} < 2$.

Como o mínimo múltiplo comum dos denominadores é 6, vamos multiplicar todos os termos por 6, mantendo o sinal da desigualdade.

$$6 \cdot \frac{(2x+5)}{3} + 6 \cdot \frac{(x-1)}{6} < 6.2$$
$$2(2x + 5) + (x - 1) < 12$$
$$4x + 10 + x - 1 < 12$$
$$5x < 12 - 10 + 1$$
$$5x < 3$$

4.5 Inequações do primeiro grau com uma variável

Chamamos de *inequação do primeiro grau* com uma variável toda inequação que pode ser simplificada no tipo $a \cdot x > b$, ou $a \cdot x < b$, ou $a \cdot x \geq b$, ou $a \cdot x \leq b$ ou ainda $a \cdot x \neq b$ em que a e b são números quaisquer com $a \neq 0$.

A resolução da inequação é bastante simples, em que consideramos dois casos:

Capítulo 4 | Equações e Inequações **103**

- Caso em que $a > 0$:

$$ax > b \Rightarrow \frac{ax}{a} > \frac{b}{a} \Rightarrow x > \frac{b}{a}$$

De modo análogo, são resolvidas as inequações em que compareçam os sinais: <, ≥, ≤ ou ≠, ou seja, como *a é positivo, o sinal da desigualdade permanece.*

- Caso em que $a < 0$:

$$ax > b \Rightarrow \frac{ax}{a} < \frac{b}{a} \Rightarrow x < \frac{b}{a}$$

De modo análogo, são resolvidas as inequações em que compareçam os sinais: <, ≥, ≤ ou ≠, ou seja, como *a é negativo, o sinal da desigualdade se inverte* (exceto quando o sinal é ≠).

Exemplos:

a) Vamos resolver a inequação $2x > 18$. Temos:

$$2x > 18$$
$$x > \frac{18}{2}$$
$$x > 9$$

b) Vamos resolver a inequação $-3x > 21$. Temos:

$$-3x > 21$$
$$x < \frac{21}{-3}$$
$$x < -7$$

c) Vamos resolver a inequação $2(x - 8) \geq 4(2x + 1)$. Temos:

$$2(x - 8) \geq 4(2x + 1)$$
$$2x - 16 \geq 8x + 4$$
$$2x - 8x \geq 4 + 16$$
$$-6x \geq 20$$
$$x \leq \frac{20}{-6}$$
$$x \leq -\frac{10}{3}$$

104 Matemática Básica

Exemplo:

Um pequeno restaurante fornece refeições a R$ 30,00 o prato, de modo que a receita mensal é $30x$, em que x é o número de pratos vendidos. Seu custo mensal é $12\,000 + 15x$ em que x é o número de pratos vendidos mensalmente. Para quais valores de x a receita é maior que o custo?

Devemos ter $30x > 12\,000 + 15x$.

Resolvendo a inequação, teremos:

$$30x - 15x > 12\,000$$

$$15x > 12\,000$$

$$x > \frac{12\,000}{15}$$

$$x > 800$$

Portanto, se forem produzidas e vendidas mais de 800 refeições mensais, haverá receita maior que o custo, ou seja, haverá lucro positivo.

EXERCÍCIOS

1) Resolva as inequações:
   a) $2x > 24$ b) $5x < -50$ c) $-4x \leq 28$ d) $-7x \geq 22$ e) $-6x > 0$

2) Resolva as inequações:
   a) $3x + 1 > 2x - 8$ b) $5(x-1) < 7(1-x)$ c) $4(x-1) < 8(1+x)$

3) Resolva as inequações:
   a) $7x - 5 \geq 3x + 11$ b) $0{,}4(3x - 8) + 6 \geq 0{,}7x + 15$
   c) $4(x - 2) + 2(3 - x) \leq 9x + 1$ d) $0{,}4(x - 2) - 0{,}2(3x - 1) \leq 0$

4) Resolva as inequações:
   a) $(x - 3)^2 > (x - 8)^2$ b) $(1 + x)^2 < (1 - x)^2$

5) Resolva a inequação: $\dfrac{x-6}{3} + \dfrac{x}{2} \leq 3$

6) Resolva a inequação na incógnita t: $\dfrac{5-t}{4} - \dfrac{2t}{12} \geq 6$

7) Resolva a inequação na incógnita m: $\dfrac{2m}{6} - \dfrac{(m+3)}{4} \neq 1$

Capítulo 4 | Equações e Inequações **105**

8) Uma fábrica de bolos tem um custo mensal de $10\,000 + 12x$ e uma receita mensal de vendas de $20x$, em que x é a quantidade de bolos mensal produzida e vendida. Quais os valores da quantidade x que proporcionam um lucro positivo?

9) Em uma cidade, o preço de uma corrida de táxi é constituído de uma bandeirada, que é um valor fixo inicial de R\$ 6,00 mais R\$ 3,00 por quilômetro rodado. A partir de quantos quilômetros rodados o preço total de uma corrida é superior a R\$ 54,00?

10) Certa peça de vestuário é fabricada com um custo mensal em reais dado por $12\,000 + 50x$ em que x é a quantidade produzida. O preço de venda por unidade é de R\$ 100,00. Quanto deve ser produzido e vendido mensalmente para que o lucro seja superior a R\$ 4 000,00 por mês?

RESPOSTAS DOS EXERCÍCIOS

1) a) $x > 12$ b) $x < -10$ c) $x \geq -7$ d) $x \leq -\dfrac{22}{7}$ e) $x < 0$

2) a) $x > -9$ b) $x < 1$ c) $x > -3$

3) a) $x \geq 4$ b) $x \geq 24,4$ c) $x \geq -\dfrac{3}{7}$ d) $x \geq -3$

4) a) $x > 5,5$ b) $x < 0$

5) $x \leq 6$

6) $t \leq -\dfrac{57}{5}$

7) $m \neq 21$

8) $x > 1\,250$

9) $x > 16$

10) $x > 320$

4.6 Sistemas lineares de duas equações e duas incógnitas

Há situações em que estamos interessados em saber o valor de duas incógnitas que obedecem a duas equações.

106 Matemática Básica

Caso as equações tenham em seus termos incógnitas (uma em cada termo) elevadas a expoente um, dizemos que estamos diante de um *sistema linear* com duas equações e duas incógnitas.

Chamamos de *solução de um sistema* o par ordenado de números que, colocados nos lugares das incógnitas, as transformam em igualdades numéricas.

Exemplo:

Dado o sistema linear $\begin{cases} x+y=10 \\ x-y=2 \end{cases}$ temos:

- O par $x = 6$ e $y = 4$ é solução, pois para esses valores obtemos uma igualdade numérica em ambas as equações.
- O par $x = 7$ e $y = 3$ não é solução, pois embora transforme a 1ª equação em igualdade numérica não o faz para a 2ª equação.
- O par $x = 5$ e $y = 7$ não é solução, pois não transforma nenhuma das duas equações em igualdades numéricas.

Os sistemas lineares podem ser *determinados, indeterminados* ou *impossíveis*.

Os *determinados* são os que possuem apenas um par de valores como solução; os *indeterminados* possuem mais de um par ordenado de solução; e os *impossíveis* não apresentam nenhuma solução.

Exemplos:

a) O sistema $\begin{cases} 2x+y=5 \\ 2y=6 \end{cases}$ só apresenta o par $x = 1$ e $y = 3$ como solução. Portanto, é determinado.

b) O sistema $\begin{cases} x+y=8 \\ 2x+2y=16 \end{cases}$ apresenta as soluções $x = 0$ e $y = 8$; $x = 1$ e $y = 7$; $x = 2$ e y = 6 etc. Portanto, é indeterminado. Observe que a segunda equação é equivalente à primeira (basta dividir seus termos por 2); assim, o que satisfaz à primeira, também satisfará à segunda.

c) O sistema $\begin{cases} x+y=1 \\ x+y=2 \end{cases}$ não apresenta solução, pois não existem dois valores cuja soma seja 1 e 2 ao mesmo tempo. Ele é impossível.

Resolver um sistema significa achar suas soluções. Os sistemas determinados costumam ser resolvidos com a utilização de um dos métodos: *método da substituição, método da adição* e *método da comparação*.

Capítulo 4 | Equações e Inequações **107**

4.6.1 *Método da substituição*

Tal método consiste em isolar, em um dos membros de uma das equações, uma das incógnitas e, em seguida, substituí-la na outra equação:

Exemplo:

Vamos resolver o sistema $\begin{cases} 2x + y = 10 \\ 4x - 5y = -8 \end{cases}$ pelo método da substituição:

- Isolamos y na 1ª equação, resultando em: $y = 10 - 2x$.
- Substituímos o valor de y na 2ª equação:

$$4x - 5(10 - 2x) = -8.$$

- Simplificando a equação assim obtida, teremos:

$$14x = 42 \text{ e, portanto, } x = \frac{42}{14} = 3.$$

- Substituindo o valor de x por 3 em qualquer uma das equações do sistema, por exemplo, na primeira, teremos:

$$2 \times 3 + y = 10 \Rightarrow y = 4.$$

- Em resumo, a solução do sistema é $x = 3$ e $y = 4$.

- Observemos que iniciamos isolando y na 1ª equação por mera facilidade de cálculo, pois se tivéssemos isolado x, obteríamos $x = \dfrac{10 - y}{2}$; ao substituir esse valor na 2ª equação obteríamos um trabalho maior por envolver uma equação com denominadores, mas no final a solução seria a mesma.

4.6.2 *Método da adição*

Neste método, procuramos fazer com que, nas duas equações, uma mesma incógnita tenha coeficientes opostos (isso é feito multiplicando adequadamente uma ou ambas equações por números convenientes).

Em seguida, adicionamos membro a membro as duas equações, cancelando uma das incógnitas e obtendo o valor da outra.

Para encontrarmos o valor da outra incógnita, substituímos o valor obtido em uma das duas equações, e encontraremos o valor da outra incógnita.

Exemplo:

Vamos resolver o sistema $\begin{cases} 2x + y = 10 \\ 4x - 5y = -8 \end{cases}$ pelo método da adição:

108 Matemática Básica

- Multiplicamos a 1ª equação por –2, para que a incógnita x fique com coeficientes opostos nas duas equações.

$$\begin{cases} -4x - 2y = -20 \ \ (I) \\ 4x - 5y = -8 \ \ (II) \end{cases}$$

- Somamos membro a membro as duas equações, obtendo $-7y = -28$ e, consequentemente, $y = \dfrac{-28}{-7} = 4$.

- Com o valor assim obtido, $y = 4$, o substituímos em uma das duas equações, por exemplo, em (I), e achamos o valor de x:

$$-4x - 2(4) = -20$$
$$-4x = -20 + 8$$
$$-4x = -12$$
$$x = \frac{-12}{-4} = 3.$$

- Assim, a solução do sistema é $x = 3$ e $y = 4$.

4.6.3 Método da comparação

Este método é uma variante do método da substituição. Costuma ser utilizado geralmente quando fica fácil isolar a mesma incógnita nas duas equações; procedendo dessa forma, os valores encontrados podem ser igualados obtendo-se uma equação com uma única incógnita que, resolvida, permite achar o seu valor.

A incógnita isolada inicialmente pode ser determinada substituindo-se em qualquer uma das equações iniciais o valor encontrado da outra incógnita.

Exemplo:

Vamos resolver o sistema $\begin{cases} y = 4x - 3 \ (I) \\ 2x + y = 9 \ (II) \end{cases}$ pelo método da comparação.

- Observemos inicialmente que y já está isolado na 1ª equação.
- Isolando y na 2ª equação teremos: $y = 9 - 2x$.
- Igualando os dois valores de y encontrados na 1ª e 2ª equações teremos:

$$4x - 3 = 9 - 2x$$
$$4x + 2x = 9 + 3$$
$$6x = 12$$
$$x = \frac{12}{6} = 2.$$

- Substituindo x por 2 na 1ª equação teremos: $y = 4 \cdot (2) - 3 = 5$.
- Portanto, a solução do sistema é $x = 2$ e $y = 5$.

EXERCÍCIOS

1) Dado o sistema de equações:

$$\begin{cases} x + 2y = -1 \\ 3x - y = -10 \end{cases}$$

a) Verifique se $x = -3$ e $y = 1$ é solução do sistema.

b) Por que $x = -1$ e $y = 0$ não é solução do sistema?

2) Resolva os seguintes sistemas de equações pelos métodos da substituição e da adição:

a) $\begin{cases} x + y = 6 \\ x - y = 4 \end{cases}$
b) $\begin{cases} x + y = 10 \\ 2x - y = 14 \end{cases}$
c) $\begin{cases} 3x + y = 1 \\ x + 2y = -3 \end{cases}$

3) Resolva os sistemas utilizando o método que julgar mais apropriado:

a) $\begin{cases} 3x + 2y = 4 \\ 2x - 3y = -19 \end{cases}$
b) $\begin{cases} 5x + 2y = 7 \\ 3x - y = -9 \end{cases}$

4) Resolva os sistemas:

a) $\begin{cases} 0,3x + 0,1y = 1,1 \\ 0,2x - 0,3y = 1,1 \end{cases}$
b) $\begin{cases} 0,5x + 0,1y = -0,2 \\ x - 0,5y = -2,5 \end{cases}$

5) Resolva os sistemas:

a) $\begin{cases} 2p + 3q = 3 \\ 3p - q = -12 \end{cases}$
b) $\begin{cases} 5u + 2v = -8 \\ 2u - 3v = 12 \end{cases}$

6) Resolva os sistemas:

a) $\begin{cases} \dfrac{x + y}{3} - 1 = y \\ 3x + \dfrac{x - y}{2} = 4 \end{cases}$
b) $\begin{cases} 2x + 3y = \dfrac{11}{2} \\ x - 4y = -\dfrac{11}{2} \end{cases}$

110 Matemática Básica

7) Um investidor aplicou R\$ 180 000,00 em dois fundos de investimentos, A e B; o fundo A era mais conservador e o B, mais arrojado. Um ano depois constatou que o fundo A rendeu 5% e o fundo B rendeu 9%. Sabendo que ele ganhou um total de R\$ 10 800,00, quanto aplicou em cada fundo?

8) Os dados a seguir referem-se ao Balanço Patrimonial de uma empresa, expresso em milhões de reais:

- O total do Ativo é 230.
- O total do Passivo excede o dobro do Patrimônio Líquido em 20.

a) Obtenha o Patrimônio Líquido da empresa.

b) Obtenha o total do Passivo da empresa.

RESPOSTAS DOS EXERCÍCIOS

1) **a)** É solução.   **b)** Porque não satisfaz a 2ª equação.

2) **a)** $x = 5$ e $y = 1$ **b)** $x = 8$ e $y = 2$ **c)** $x = 1$ e $y = -2$

3) **a)** $x = -2$ e $y = 5$ **b)** $x = -1$ e $y = 6$

4) **a)** $x = 4$ e $y = -1$ **b)** $x = -1$ e $y = 3$

5) **a)** $p = -3$ e $q = 3$ **b)** $u = 0$ e $v = -4$

6) **a)** $x = 1$ e $y = -1$ **b)** $x = 0,5$ e $y = 1,5$

7) R\$ 135 000,00 e R\$ 45 000,00

8) **a)** 70   **b)** 160

4.7 Equações do segundo grau

Chamamos de *equação do segundo grau* toda equação que pode ser simplificada e colocada na forma $ax^2 + bx + c = 0$, em que a, b e c são números reais e a é diferente de zero.

Exemplos:

- $x^2 - 7x + 6 = 0$ é uma equação do 2° grau com $a = 1$, $b = -7$ e $c = 6$.
- $-x^2 + 7x - 12 = 0$ é uma equação do 2° grau com $a = -1$, $b = 7$ e $c = -12$.

Capítulo 4 | Equações e Inequações **111**

- $2x^2 - 7x = 0$ é uma equação do 2º grau com $a = 2$, $b = -7$ e $c = 0$.
- $-3x^2 = 0$ é uma equação do 2º grau com $a = -3$, $b = 0$ e $c = 0$.
- $x^3 + 5x - 9 = 0$ não é uma equação do 2º grau.

A fórmula resolutiva, segundo a História, é devida ao matemático indiano Bhaskara (1114-1185); a equação do 2º grau pode ter duas, uma ou nenhuma raiz real. A fórmula de determinação das raízes é:

$$x = \frac{-b \pm \sqrt{b^2 - 4ac}}{2a}$$

em que uma das raízes é determinada pelo sinal +, e a outra pelo sinal –.

A justificativa da fórmula de Bhaskara está no final desta seção.

Exemplo:

Resolver a equação $x^2 - 9x + 8 = 0$.

Temos: $a = 1$, $b = -9$ e $c = 8$. Logo:

$$x = \frac{-(-9) \pm \sqrt{(-9)^2 - 4 \cdot 1 \cdot 8}}{2 \cdot 1}$$

$$x = \frac{9 \pm \sqrt{81 - 32}}{2}$$

$$x = \frac{9 \pm \sqrt{49}}{2}$$

$$x = \frac{9 \pm 7}{2}.$$

- Fazendo os cálculos pelo sinal +, obtemos: $x = \dfrac{9 + 7}{2} = 8$.
- Fazendo os cálculos pelo sinal –, obtemos: $x = \dfrac{9 - 7}{2} = 1$.
- As raízes são 8 e 1.

Exemplo:

Resolver a equação $x^2 - 3x = 0$.

Temos: $a = 1$, $b = -3$ e $c = 0$. Logo:

$$x = \frac{-(-3) \pm \sqrt{(-3)^2 - 4 \cdot 1 \cdot 0}}{2 \cdot 1}$$

$$x = \frac{3 \pm \sqrt{9 - 0}}{2}$$

$$x = \frac{3 \pm 3}{2}.$$

- Fazendo os cálculos pelo sinal +, teremos: $x = \dfrac{3+3}{2} = 3.$

- Fazendo os cálculos pelo sinal –, teremos: $x = \dfrac{3-3}{2} = \dfrac{0}{2} = 0.$

- As raízes são 3 e 0.

Exemplo:

Resolver a equação $-x^2 + 4x - 4 = 0$

Temos: $a = -1$, $b = 4$ e $c = -4$. Logo:

$$x = \frac{-4 \pm \sqrt{4^2 - 4(-1)(-4)}}{2 \cdot (-1)}$$

$$x = \frac{-4 \pm \sqrt{16 - 16}}{-2}$$

$$x = \frac{-4 \pm 0}{-2}$$

- Fazendo os cálculos pelo sinal +, teremos: $x = \dfrac{-4+0}{-2} = \dfrac{-4}{-2} = 2.$

- Fazendo os cálculos pelo sinal –, teremos: $x = \dfrac{-4-0}{-2} = \dfrac{-4}{-2} = 2.$

- As raízes são iguais a 2, ou seja, há uma única raiz.

Exemplo:

Resolver a equação $2x^2 + 3x + 2 = 0$

Temos: $a = 2$, $b = 3$ e $c = 2$. Logo:

$$x = \frac{-3 \pm \sqrt{3^2 - 4(2)(2)}}{2 \cdot (2)}$$

$$x = \frac{-3 \pm \sqrt{9 - 16}}{4}$$

$$x = \frac{-3 \pm \sqrt{-7}}{4}$$

- Como não existe número real que elevado ao quadrado dê resultado negativo, concluímos que $\sqrt{-7}$ não existe no conjunto dos números reais.
- Logo, a equação dada não possui raízes reais.

Exemplo:

Obter dois números inteiros e consecutivos cujo produto seja 240.

Sejam x e $x + 1$ os números procurados (se são consecutivos, um deles é uma unidade superior ao outro). Devemos ter então:

$$x(x + 1) = 240, \text{ ou seja, } x^2 + x - 240 = 0.$$

Resolvendo a equação, teremos:

$$x = \frac{-1 \pm \sqrt{1^2 - 4(1)(-240)}}{2}$$

$$x = \frac{-1 \pm \sqrt{961}}{2}$$

$$x = \frac{-1 \pm 31}{2}$$

Portanto, as raízes são $\dfrac{-1+31}{2} = 15$ e $\dfrac{-1-31}{2} = -16$.

Resposta: os números procurados são 15 e 16 ou então -16 e -15.

4.7.1 Justificativa da fórmula de Bhaskara

$$ax^2 + bx + c = 0$$

Dividindo os dois membros da equação por a, obtemos:

$$x^2 + \frac{b}{a}x + \frac{c}{a} = 0$$

Adicionando $\dfrac{b^2}{4a^2}$ aos dois membros da equação e transpondo $\dfrac{c}{a}$ para o 2º membro, teremos:

$$x^2 + \frac{b}{a}x + \frac{b^2}{4a^2} = \frac{b^2}{4a^2} - \frac{c}{a}$$

Notando que o $1^{\underline{o}}$ membro é um trinômio quadrado perfeito, podemos fatorá-lo e escrever:

$$\left(x + \frac{b}{2a}\right)^2 = \frac{b^2 - 4ac}{4a^2}$$

Portanto, por definição de raiz quadrada, teremos:

$$x + \frac{b}{2a} = \pm\sqrt{\frac{b^2 - 4ac}{4a^2}}$$

$$x + \frac{b}{2a} = \frac{\pm\sqrt{b^2 - 4ac}}{2a}$$

E finalmente, transpondo $\dfrac{b}{2a}$ para o $2^{\underline{o}}$ membro:

$$x = \frac{-b \pm \sqrt{b^2 - 4ac}}{2a}.$$

EXERCÍCIOS

1) Resolva as seguintes equações do $2^{\underline{o}}$ grau:
   a) $x^2 - 8x + 7 = 0$ b) $x^2 - x - 12 = 0$ c) $x^2 - 6x = 0$
   d) $x^2 - 7x + 12 = 0$ e) $x^2 - 12x + 36 = 0$ f) $x^2 - x + 9 = 0$

2) Resolva as equações do $2^{\underline{o}}$ grau:
   a) $x^2 - 36 = 0$ b) $4x^2 - 9 = 0$ c) $3x^2 = 0$

3) Simplifique e resolva as equações:

   a) $x(x - 3) - 8x = 10$ b) $x^2 - \dfrac{x}{2} = 3$

4) Resolva a equação $3(x - 1)^2 = (x + 1)^2$.

5) Simplifique e resolva as equações:
   a) $100x^2 - 200x = -100$ b) $(4x + 5)(4x - 5) = 0$

6) Mostre que a equação do $2^{\underline{o}}$ grau $x^2 - x + 5 = 0$ não tem raízes reais.

Capítulo 4 | Equações e Inequações 115

7) Obtenha dois números consecutivos cujo produto é 210.

8) Obtenha dois números consecutivos cujo produto seja 342.

9) Um número é superior a outro em 5 unidades. Calcule-os, sabendo que seu produto é 300.

10) Em um mercado pouco competitivo, uma empresa constatou que para vender x unidades mensais de um de seus produtos, ela tinha que cobrar p reais por unidade. Além disso, observou que p relacionava-se com x através da equação $p = 120 - 0,3x$. Qual preço deve ser cobrado para que a receita mensal seja de R\$ 12 000?

11) Uma loja de departamentos observou que o preço p de certo eletrodoméstico relacionava-se com a quantidade x vendida semanalmente através da relação $p = 100 - 0,5x$. Se em certa semana a receita foi de R\$ 4 800,00:
a) Quais as possíveis quantidades vendidas?
b) Quais os possíveis preços cobrados?

12) Em um hotel de praia, o preço p da diária do quarto relaciona-se com o número de quartos ocupados x através da relação $p = 400 - 5x$. Qual o preço que deve ser cobrado para que a receita diária seja de R\$ 8 000?

RESPOSTAS DOS EXERCÍCIOS

1) **a)** $x = 1$ ou $x = 7$ **b)** $x = 4$ ou $x = -3$ **c)** $x = 0$ ou $x = 6$
   d) $x = 3$ ou $x = 4$ **e)** $x = 6$ **f)** Não existem raízes reais.

2) **a)** $x = 6$ ou $x = -6$

   b) $x = \dfrac{3}{2}$ ou $x = -\dfrac{3}{2}$

   c) $x = 0$

3) **a)** $x = 1$ ou $x = 10$ **b)** $x = 2$ ou $x = -\dfrac{3}{2}$

4) $x = 2 + \sqrt{3}$ ou $x = 2 - \sqrt{3}$

5) **a)** $x = 1$ **b)** $x = -\dfrac{5}{4}$ ou $x = \dfrac{5}{4}$

6) Demonstração.

116 Matemática Básica

7) 14 e 15 ou −15 e −14

8) 18 e 19 ou −19 e −18

9) 15 e 20 ou −20 e −15

10) R$ 60,00

11) **a)** 120 ou 80   **b)** R$ 40,00 ou R$ 60,00

12) R$ 200,00

4.8 Relação entre os coeficientes e raízes de equação do segundo grau

As raízes da equação do segundo grau (que chamaremos de x_1 e x_2) relacionam-se com os coeficientes da equação, de duas formas, como veremos a seguir:

- A soma das raízes $x_1 + x_2$ é igual a $-\dfrac{b}{a}$, isto é, $x_1 + x_2 = -\dfrac{b}{a}$.

A demonstração dessa propriedade é feita considerando-se a fórmula de Bhaskara para x_1 e para x_2.

$$x_1 + x_2 = \frac{-b+\sqrt{b^2-4ac}}{2a} + \frac{-b-\sqrt{b^2-4ac}}{2a}$$

$$x_1 + x_2 = \frac{-b+\sqrt{b^2-4ac}-b-\sqrt{b^2-4ac}}{2a}$$

$$x_1 + x_2 = \frac{-2b}{2a} = \frac{-b}{a} = -\frac{b}{a}.$$

- O produto das raízes $x_1 x_2$ é igual a $\dfrac{c}{a}$, isto é, $x_1 x_2 = \dfrac{c}{a}$.

A demonstração dessa propriedade é feita considerando-se a fórmula de Bhaskara para x_1 e para x_2.

$$x_1 x_2 = \frac{(-b+\sqrt{b^2-4ac})}{2a} \cdot \frac{(-b-\sqrt{b^2-4ac})}{2a}$$

$$x_1 x_2 = \frac{(-b)^2 - (b^2-4ac)}{4a^2}$$

$$x_1 x_2 = \frac{4ac}{4a^2} = \frac{c}{a}.$$

Essas duas propriedades servem algumas vezes para achar as raízes de uma equação do 2° grau "de cabeça".

Exemplo:

a) Resolver a equação $x^2 - 6x + 5 = 0$.

Temos:

- Soma das raízes: $\dfrac{-(-6)}{1} = 6$.

- Produto das raízes: $\dfrac{5}{1} = 5$.

Quais são os dois números reais cuja soma é 6 e cujo produto é 5?

Resposta: 1 e 5.

b) Resolver a equação $x^2 - 10x = 0$.

Temos:

- Soma das raízes: $\dfrac{-(-10)}{1} = 10$.

- Produto das raízes: $\dfrac{0}{1} = 0$.

Quais são os dois números cuja soma é 10 e cujo produto é 0?

Resposta: 0 e 10.

4.9 Fatoração do trinômio do segundo grau

É útil algumas vezes saber fatorar um trinômio do 2° grau, principalmente para simplificar frações algébricas.

Consideremos uma expressão do 2° grau $ax^2 + bx + c = 0$. Vejamos como é possível fatorá-la.

Temos:

$$ax^2 + bx + c = a\left[x^2 + \frac{b}{a}x + \frac{c}{a}\right]$$

$$ax^2 + bx + c = a\left[x^2 - \left(-\frac{b}{a}\right)x + \frac{c}{a}\right]$$

Usando as fórmulas da soma e do produto das raízes, resulta:

$$ax^2 + bx + c = a[x^2 - (x_1 + x_2)x + x_1 x_2]$$

118   Matemática Básica

$$ax^2 + bx + c = a[x^2 - x_1 x - x_2 x + x_1 x_2]$$
$$ax^2 + bx + c = a[x(x - x_1) - x_2(x - x_1)]$$
$$ax^2 + bx + c = a[(x - x_1)(x - x_2)]$$

Em resumo:

$$ax^2 + bx + c = a(x - x_1)(x - x_2).$$

Exemplo:

Fatorar o trinômio do 2º grau $x^2 - 3x + 2$.

É fácil resolver (ou perceber) que as raízes são 1 e 2. Logo:

$$x^2 - 3x + 2 = 1 \cdot (x - 1)(x - 2) = (x - 1)(x - 2).$$

Exemplo:

Simplificar a fração algébrica $\dfrac{x^2 - 5x + 4}{x - 4}$.

Notamos que o numerador é um trinômio do 2º grau com raízes 1 e 4. Fatorando-o, teremos:

$$\frac{x^2 - 5x + 4}{(x - 4)} = \frac{(x - 1)(x - 4)}{(x - 4)} = x - 1.$$

EXERCÍCIOS

1) Quanto valem a soma e o produto das raízes da equação $x^2 - 8x + 15 = 0$? Resolva a equação.

2) Quanto valem a soma e o produto das raízes da equação $x^2 - x - 6 = 0$? Resolva a equação.

3) Quanto valem a soma e o produto das raízes da equação $9x - x^2 = 0$? Resolva a equação.

4) Fatore os seguintes trinômios do 2º grau:
    a) $x^2 - 6x + 8$ b) $x^2 + 3x + 2$ c) $-x^2 + 12x$
    d) $x^2 - 15x$ e) $x^2 - 5x + 4$

Capítulo 4 | Equações e Inequações **119**

5) Simplifique as frações algébricas:

a) $\dfrac{x^2-9x+18}{x-6}$ b) $\dfrac{x^2-7x+10}{x^2-5x}$ c) $\dfrac{x^2-3x-4}{x^2-4x}$

6) Simplifique as frações algébricas:

a) $\dfrac{x^2-8x+7}{x^2-49}$ b) $\dfrac{x^2-4x-5}{x^2-25}$

RESPOSTAS DOS EXERCÍCIOS

1) Soma: 8; produto: 15; raízes: 3 e 5.

2) Soma: 1; produto: – 6; raízes: 3 e –2.

3) Soma: 9; produto: 0; raízes: 0 e 9.

4) **a)** $(x-2)(x-4)$ **b)** $(x+1)(x+2)$ **c)** $-x(x-12)$
   d) $x(x-15)$ **e)** $(x-1)(x-4)$

5) **a)** $(x-3)$ **b)** $\dfrac{x-2}{x}$ **c)** $\dfrac{x+1}{x}$

TESTES DE REVISÃO DO CAPÍTULO

1) A raiz da equação $5(x+2)+3(2x-1)=6(x-4)+9$ é:

a) $-\dfrac{17}{8}$

b) $-\dfrac{22}{5}$

c) $-\dfrac{5}{12}$

d) $\dfrac{19}{4}$

e) -4

2) Qual a raiz da equação $\dfrac{x+3}{3}+\dfrac{2x-1}{2}=-\dfrac{13}{6}$?

a) -4

b) -3

c) -2

d) $\dfrac{2}{3}$

e) $-\dfrac{3}{2}$

3) Um terreno retangular tem perímetro (soma das medidas dos lados) igual a 84 m. O lado maior mede 18 m a mais que o menor. A área do terreno é:

a) 340 m² \qquad\qquad\qquad\qquad **d)** 380 m²

b) 350 m² \qquad\qquad\qquad\qquad **e)** 400 m²

c) 360 m²

4) Uma doceria fabrica bolos a um custo fixo mensal de R\$ 5 000,00. Cada bolo é vendido por R\$ 30,00 e tem um custo de R\$ 12,00. Qual a quantidade que deve ser produzida e vendida para dar um lucro mensal de R\$ 4 000,00?

a) 300 \qquad **b)** 350 \qquad **c)** 400 \qquad **d)** 450 \qquad **e)** 500

5) A solução da inequação $3(x - 5) - 8(2x + 4) > 15$ é:

a) $x < -\dfrac{50}{17}$

b) $x < -\dfrac{62}{13}$

c) $x > -\dfrac{50}{17}$

d) $x > -\dfrac{41}{14}$

e) $x < -\dfrac{62}{13}$

6) Resolvendo o sistema de equações $\begin{cases} 2x + y = 5 \\ 4x - 2y = 14 \end{cases}$ obtemos a solução $x = a$ e $y = b$. Podemos concluir que $a + b$ vale:

a) 2 \qquad **b)** 3 \qquad **c)** 4 \qquad **d)** 5 \qquad **e)** 6

7) A equação $2x^2 - x = 3$ tem raízes cuja diferença do seu valor absoluto é:

a) 1 \qquad **b)** 2 \qquad **c)** 0,5 \qquad **d)** 0,25 \qquad **e)** 0

8) O preço de ingresso p em um cinema relaciona-se com o número de frequentadores x de acordo com a equação $p = 140 - 0,5x$. O preço que deverá ser cobrado para que a receita seja R$ 8 000,00 é:

a) R$ 35,00 ou R$ 95,00

b) R$ 40,00 ou R$ 100,00

c) R$ 45,00 ou R$ 105,00

d) R$ 50,00 ou R$ 110,00

e) R$ 55,00 ou R$ 115,00

9) Um terreno retangular é tal que seu comprimento é 5 metros maior do que a largura. O preço do metro quadrado é de R$ 2 000,00 e o preço do terreno é R$ 1 000 000,00. O perímetro do terreno (soma das medidas dos lados) é:

a) 70 metros

b) 75 metros

c) 80 metros

d) 85 metros

e) 90 metros

10) Simplificando a fração algébrica $\dfrac{x^2 - 9x + 14}{x^2 - 10x + 21}$, obtém-se:

a) $\dfrac{x-2}{x+3}$

b) $\dfrac{x+2}{x-3}$

c) $\dfrac{x-2}{x-3}$

d) $\dfrac{x+2}{x+3}$

e) $\dfrac{9}{10} + \dfrac{14}{21}$

Capítulo 5

Porcentagens

5.1 Razões e proporções

Suponhamos que um investidor tenha ganho R$ 10 000,00 após um ano por meio de uma aplicação financeira; esse valor tem caráter absoluto. Se quisermos saber o quanto esse ganho representa em relação ao valor investido, podemos dividir esse ganho pelo valor investido e teremos uma medida de ganho relativo que denominamos *razão* entre o ganho e o valor investido.

Assim, se o valor investido for de R$ 50 000,00, a razão entre o ganho e o valor investido será de $\dfrac{10\,000}{50\,000} = \dfrac{1}{5}$ e dizemos que o ganho representou um quinto do valor aplicado.

Se o valor investido for de R$ 100 000,00, a razão entre o ganho e o valor investido será de $\dfrac{10\,000}{100\,000} = \dfrac{1}{10}$ e dizemos que o ganho representou um décimo do valor aplicado.

De modo geral, dados dois números a e b, com $b \neq 0$, chamamos de razão de a para b, ou simplesmente razão entre a e b, o quociente $a \div b$, que também pode ser indicado por $\dfrac{a}{b}$, por a/b, ou ainda $a : b$. O valor a é denominado dividendo e b é denominado divisor. Quando a e b forem medidas de uma mesma grandeza, elas devem ser expressas em uma mesma unidade de medida.

Voltando ao exemplo inicial, se o valor investido for de R$ 50 000,00 e o ganho for de R$ 10 000,00, a razão entre o ganho e o valor investido será $\dfrac{1}{5}$. Se um segundo investidor tivesse aplicado R$ 60 000,00 e ganhasse R$ 12 000,00, a razão entre o ganho e o valor aplicado seria $\dfrac{12\,000}{60\,000} = \dfrac{1}{5}$, portanto, igual à do primeiro investidor. Dizemos que a razão do ganho sobre o valor investido é igual para os dois investidores.

Quando duas razões são iguais, dizemos que a igualdade entre elas constitui uma proporção. Assim, a igualdade $\dfrac{10\,000}{50\,000} = \dfrac{12\,000}{60\,000}$ constitui uma proporção.

As proporções $\dfrac{a}{b} = \dfrac{c}{d}$ possuem uma importante propriedade:

$$\dfrac{a}{b} = \dfrac{c}{d} \Rightarrow ad = bc$$

Isto é, em toda proporção, os produtos cruzados são iguais, ou seja, $ad = bc$:

A justificativa dessa propriedade é a seguinte:

- Tomemos a proporção $\dfrac{a}{b} = \dfrac{c}{d}$ e multipliquemos ambos os membros por bd.

- Teremos, $bd \cdot \dfrac{a}{b} = bd \cdot \dfrac{c}{d}$.

- Simplificando, obteremos: $ad = bc$.

Exemplo:

Uma família tem uma renda líquida de R$ 8 000,00 mensais. Dessa renda, a família consome (gasta) R$ 6 000,00 e poupa o restante.

- A razão entre o consumo e a renda é $\dfrac{6\,000}{8\,000} = \dfrac{3}{4}$.

- A poupança é 8 000 − 6 000 = 2 000. A razão entre a poupança e a renda é $\dfrac{2\,000}{8\,000} = \dfrac{1}{4}$.

Exemplo:

Joaquim fez duas aplicações financeiras: a primeira por 95 dias e a segunda por um ano.

A razão entre o prazo da primeira e o da segunda aplicação é:

$$\dfrac{95}{365} = \dfrac{19}{73} = 0,2603,$$

em que consideramos ano não bissexto e colocamos os dois valores na mesma unidade (em dias).

Capítulo 5 | Porcentagens **125**

Exemplo:

Qual o valor de x na proporção $\dfrac{x}{3} = \dfrac{40}{12}$?

Aplicando a propriedade do produto cruzado, teremos:

$$12x = 120 \Rightarrow x = \frac{120}{12} = 10.$$

Exemplo:

Qual o valor de x na proporção $\dfrac{x+5}{3} = \dfrac{1}{6}$?

Aplicando a propriedade do produto cruzado, teremos:

$$6(x + 5) = 3$$
$$6x + 30 = 3$$
$$6x = 3 - 30$$
$$6x = -27$$
$$x = \frac{-27}{6} = -\frac{9}{2}.$$

Exemplo:

Um automóvel percorre 300 km com 40 litros de gasolina. Quantos quilômetros percorre com 1 litro de gasolina, admitindo-se a mesma razão entre quilômetros rodados e litros de gasolina?

Chamando de x o número de quilômetros percorridos com 1 litro de gasolina, teremos:

$$\frac{x}{1} = \frac{300}{40}, \text{ portanto,}$$

$$40x = 300 \Rightarrow x = \frac{300}{40} = 7,5.$$

Exemplo:

Mário recebe um salário de R$ 7 000,00. Quanto valem $\dfrac{3}{5}$ de seu salário?

Temos que dividir o salário em 5 partes iguais e tomar 3 dessas partes, isto é:

$$\frac{7\,000}{5} \cdot 3 = \frac{3}{5} \cdot 7\,000 = 4\,200.$$

126 Matemática Básica

De modo geral, se quisermos calcular uma razão $\dfrac{a}{b}$ de um valor V, basta multiplicarmos $\dfrac{a}{b}$ por V.

Exemplo:

Quanto valem $\dfrac{7}{20}$ de uma dívida de R$ 44 000,00?

O valor procurado vale $\dfrac{7}{20} \cdot (44\,000) = \dfrac{308\,000}{20} = 15\,400$.

Exemplo:

Uma família gasta $\dfrac{1}{4}$ de sua renda R mensal com a prestação de sua casa, $\dfrac{2}{5}$ de sua renda mensal com alimentação e produtos de higiene e ainda sobram R$ 4 200,00. Calcule o valor da renda mensal R.

Temos:

$$R - \dfrac{1}{4}R - \dfrac{2}{5}R = 4\,200$$

Resolvendo a equação, teremos:

$$20R - 5R - 8R = 84\,000$$
$$7R = 84\,000$$
$$R = \dfrac{84\,000}{7} = 12\,000.$$

EXERCÍCIOS

1) Qual a razão entre 350 e 500?

2) Fábio aplicou R$ 20 000,00 em um fundo de renda fixa e R$ 25 000,00 em um fundo de ações. Um ano depois, o valor do rendimento do fundo de renda fixa foi de R$ 1 400,00 e o de ações foi de R$ 2 500,00.

   a) Qual a razão entre o rendimento e o valor aplicado no fundo de renda fixa?

   b) Qual a razão entre o rendimento e o valor aplicado no fundo de ações?

3) Carlos fez uma aplicação no banco A por 115 dias e outra no banco B por 2 anos. Qual a razão entre os prazos do banco A e do B?

Capítulo 5 | Porcentagens **127**

4) Determine o valor de cada incógnita nas proporções:

a) $\dfrac{x}{5} = \dfrac{28}{4}$ b) $\dfrac{x}{3} = \dfrac{15}{4}$ c) $\dfrac{2y}{7} = 15$ d) $\dfrac{y-5}{4} = \dfrac{7}{12}$

5) Um carro percorre 220 km com 40 litros de álcool. Calcule quanto percorre com 1 litro de álcool admitindo a mesma razão entre quilômetros rodados e litros de álcool utilizados.

6) Calcule:

a) $\dfrac{2}{5}$ de 180   b) $\dfrac{1}{6}$ de 1 800   c) $\dfrac{3}{4}$ de 2 800   d) $\dfrac{1}{2}$ de 750

7) Rubens poupa $\dfrac{1}{5}$ de sua renda mensal de R$ 6 000,00. Quanto ele gasta por mês?

RESPOSTAS DOS EXERCÍCIOS

1) $\dfrac{7}{10}$

2) a) $\dfrac{7}{100}$ b) $\dfrac{1}{10}$

3) $\dfrac{23}{146}$

4) a) $x = 35$ b) $x = \dfrac{45}{4}$ c) $y = \dfrac{105}{2}$ d) $y = \dfrac{22}{3}$

5) 5,5 km

6) a) 72   b) 300   c) 2 100   d) 375

7) R$ 4 800,00

5.2 Grandezas diretamente proporcionais

Suponhamos que, em determinada data, o valor de 1 dólar possa ser trocado por 4 reais. Assim, 2 dólares valem 8 reais, 3 dólares valem 12 reais e assim por diante.

Se chamarmos de x o valor expresso em dólares e de y o correspondente valor em reais, observamos que, para essa taxa de câmbio, o valor de y é sempre 4 vezes o de x,

128 Matemática Básica

isto é, $\dfrac{y}{x} = 4$. Quando isso ocorre, dizemos que as grandezas representadas por x e y são diretamente proporcionais.

De modo geral, dizemos que duas grandezas são diretamente proporcionais quando a razão entre o valor y de uma delas e seu correspondente x da outra for constante não nula, isto é, $\dfrac{y}{x} = k$, com $k \neq 0$.

Observemos que, se a razão entre y e x for constante, a razão entre x e y também será e valerá $\dfrac{1}{k}$.

Exemplo:

Duas pessoas, A e B, decidiram abrir uma pequena loja de material de construção. A sociedade foi criada com um capital de R\$ 150 000,00: a participação de A foi de R\$ 70 000,00 e B participou com o restante.

Após um ano de atividade, foi apurado um lucro de R\$ 27 000,00. Se o lucro for distribuído proporcionalmente ao capital investido, quanto receberá cada sócio?

Sejam a e b os lucros de A e B, respectivamente. Tendo em conta que o capital aplicado por B foi R\$ 80 000,00, temos:

$$\begin{cases} a+b = 27\,000 \quad \text{(I)} \\ \dfrac{a}{70\,000} = \dfrac{b}{80\,000} \quad \text{(II)} \end{cases}$$

De (I), temos $b = 27\,000 - a$.

Substituindo em (II) e simplificando 3 zeros de cada denominador, teremos:

$$\frac{a}{70} = \frac{27\,000 - a}{80}$$

$$80a = 1\,890\,000 - 70a$$

$$150a = 1\,890\,000$$

$$a = \frac{1\,890\,000}{150} = 12\,600.$$

Voltando para a equação (I), $b = 27\,000 - 12\,600 = 14\,400$.

5.3 Grandezas inversamente proporcionais

Consideremos duas cidades distantes 480 km uma da outra. Se um carro percorrer a estrada à velocidade média de 20 km/h (quilômetros por hora), a viagem levará 24 horas; se a velocidade média for de 40 km/h, levará 12 horas; se a velocidade média for de 60 km/h, levará 8 horas; se a velocidade média for de 80 km/h, levará 6 horas.

Notamos que, se a velocidade dobra, o tempo de viagem se reduz à metade; se a velocidade triplica, o tempo se reduz à terça parte.

Se x for a velocidade e y o correspondente tempo de viagem, notamos que $x \cdot y = 480$.

De modo geral, dizemos que duas grandezas são inversamente proporcionais quando o produto de qualquer valor y de uma delas pelo seu correspondente x da outra for constante não nula, isto é, $x \cdot y = k$, com $k \neq 0$.

Exemplo:

Uma grandeza, cujos valores são indicados por y, é inversamente proporcional ao quadrado de outra, cujos valores correspondentes são indicados por x.

Se para $x = 2$ o valor de y é 50, qual a relação entre x e y?

Temos:

- $y \cdot x^2 = k$
- $50 \cdot 2^2 = k \Rightarrow k = 200$
- Logo, a equação procurada é $y \cdot x^2 = 200$.

EXERCÍCIOS

1) Duas grandezas, expressas por x e y, são diretamente proporcionais. Na tabela a seguir, temos alguns valores de x e y. Calcule os valores de a e b.

x	5	10	15	b
y	15	a	45	90

2) Duas grandezas, expressas por x e y, são inversamente proporcionais. Na tabela a seguir, temos alguns valores de x e y. Calcule os valores de c, d e e.

x	3	6	8	12	21
y	8	c	3	d	e

3) A grandeza dada pelos valores de y é diretamente proporcional ao quadrado da grandeza dada por x. Se $y = 5$ quando $x = 2$, calcule y para $x = 6$.

130 Matemática Básica

4) A receita de vendas R de certo livro é diretamente proporcional à quantidade vendida x. Quando a quantidade vendida é 30 a receita é R\$ 1 200,00. Se a receita for de R\$ 2 200,00, calcule a quantidade vendida.

5) Dois amigos, Carlos e Alfredo, criaram uma pequena empresa com um capital de R\$ 40 000,00. Carlos participou com R\$ 18 000,00. Se em determinado ano o lucro de R\$ 25 000,00 for distribuído com valores diretamente proporcionais aos capitais investidos, quanto caberá a Carlos e a Alfredo?

6) Trabalhando 8 horas por dia, dois artesãos conseguem produzir 600 peças de artesanato em 5 dias. Se o número de artesãos for inversamente proporcional ao número de dias trabalhados para produzir as 600 peças, quantos trabalhadores serão necessários para ocorrer a mesma produção em 2 dias?

RESPOSTAS DOS EXERCÍCIOS

1) $a = 30$ e $b = 30$

2) $c = 4; d = 2; e = \dfrac{8}{7}$.

3) 45

4) 55

5) R\$ 11 250,00 e R\$ 13 750,00

6) 5 trabalhadores

5.4 Porcentagens

Uma forma habitual de utilização de razões é aquela em que o divisor é igual a 100. Tais razões são denominadas porcentagens e costumam ser indicadas utilizando-se o dividendo seguido do símbolo % (que se lê "por cento").

Exemplos:

a) $\dfrac{25}{100} = 25\%$, lê-se 25 por cento.

b) $\dfrac{3}{100} = 3\%$, lê-se 3 por cento.

c) $\dfrac{180}{100} = 180\%$, lê-se 180 por cento.

O exemplo *a* corresponde a algo que foi dividido em 100 partes iguais e foram consideradas 25 delas.

O exemplo *b* corresponde a algo que foi dividido em 100 partes iguais e foram consideradas 3 delas.

O exemplo *c* corresponde a algo que foi dividido em 100 partes iguais e foram consideradas 180 delas.

Quando se utilizam as porcentagens em alguma fórmula ou cálculo, é comum que elas sejam expressas em forma decimal, dividindo-se o dividendo por 100.

Exemplos:

a) $25\% = \dfrac{25}{100} = 0,25$

b) $3\% = \dfrac{3}{100} = 0,03$

c) $180\% = \dfrac{180}{100} = 1,80$

Inversamente, se quisermos transformar um número decimal em porcentagem, basta multiplicá-lo por $\dfrac{100}{100}$, que é igual a 1 e, portanto, não altera o decimal dado.

Exemplos:

a) $0,32 = (0,32)\dfrac{100}{100} = \dfrac{32}{100} = 32\%$

b) $0,07 = (0,07)\dfrac{100}{100} = \dfrac{7}{100} = 7\%$

c) $1,45 = (1,45)\dfrac{100}{100} = \dfrac{145}{100} = 145\%$

As razões podem ser transformadas facilmente em porcentagens equivalentes, bastando para isso aplicar a propriedade do produto cruzado das proporções.

Exemplos:

a) Qual a porcentagem correspondente à razão $\dfrac{3}{4}$?

Seja $\dfrac{x}{100}$ a porcentagem procurada. Então:

$$\frac{x}{100} = \frac{3}{4}$$

$$4x = 300$$

$$x = \frac{300}{4} = 75$$

Isto é, a porcentagem procurada é 75%.

b) Qual a porcentagem correspondente a $\frac{12}{19}$?

Seja $\frac{x}{100}$ a porcentagem procurada. Então:

$$\frac{x}{100} = \frac{12}{19}$$

$$19x = 1\ 200$$

$$x = \frac{1\ 200}{19} = 63,16 \text{ (arredondando o resultado para duas casas decimais)}.$$

Isto é, a porcentagem procurada é 63,16%.

Há situações em que se pretende calcular quanto vale uma porcentagem de algum valor. Por exemplo, quando se diz que uma família poupa 18% de sua renda mensal de R$ 12 000,00, significa que, se a renda for dividida em 100 partes iguais, a poupança será igual a 18 dessas partes, isto é:

$$18\% \text{ de } 12\ 000 \text{ é igual a } 18 \cdot \frac{12\ 000}{100} = 0,18 \cdot (12\ 000) = 2\ 160.$$

> De modo geral, calcular uma porcentagem de um valor consiste em multiplicar a porcentagem (em forma decimal) pelo valor.

Exemplos:

a) Um investidor aplicou R$ 28 000,00 por um ano e ganhou um rendimento igual a 9% do valor investido. Assim, o investidor ganhou $(0,09) \cdot 28\ 000 = 2\ 520$.

b) Uma loja anunciou que uma geladeira, cujo preço era de R$ 2 200,00, seria vendida, apenas no final de semana, com um desconto de 4,5% sobre o preço anunciado. Assim:

- O desconto de 4,5% corresponde a $(0,045) \cdot 2\ 200 = 99$ reais.
- Logo, o preço com desconto passa ser de $2\ 200 - 99 = 2\ 101$ reais.

> Um desconto sobre um preço é um abatimento sobre o preço anunciado dado pelo vendedor. Em geral é dado como porcentagem do preço anunciado.

c) Uma passagem aérea de R$ 560,00 sofreu um aumento de 14,2%. Qual o preço depois do aumento?

Temos:

- Valor do aumento: $(0,142) \cdot 560 = 79,52$
- Preço após o aumento: $560 + 79,52 = 639,52$

d) Em uma promoção do tipo "pague 2 e leve 3", qual o desconto porcentual em cada unidade comprada?

Admitindo que o preço anunciado por unidade é de R$ 100,00 (valor arbitrário), teremos:

- Preço de três unidades (pagando por duas): 200.
- Preço efetivamente pago por unidade: $\dfrac{200}{3} = 66,67$.
- Desconto por unidade, em reais: $100 - 66,67 = 33,33$.
- Desconto por unidade em relação ao preço anunciado: $\dfrac{33,33}{100} = 0,3333 = 33,33\%$.

Exemplo:

Base de cálculo (R$)	Alíquota (%)	Parcela a deduzir do IRPF (R$)
Até 1 903,98	–	–
De 1 903,99 até 2 826,65	7,5	142,80
De 2 826,66 até 3 751,05	15	354,80
De 3 751,06 até 4 664,68	22,5	636,13
Acima de 4 664,68	27,5	869,36

A tabela dada, obtida no *site* da Receita Federal, fornece as alíquotas de imposto de renda mensal de pessoa física vigentes no ano de 2019.

A primeira coluna fornece o valor da base de cálculo, que é a renda tributável.

- Quem recebe até 1 903,98 reais não paga imposto de renda (IR).
- A parte da renda entre 1 903,99 reais e 2 826,65 reais é tributada em 7,5%.

Por exemplo, quem ganha R$ 2 500,00 paga de IR $0,075(2\ 500 - 1\ 903,98) = 44,70$.

134 Matemática Básica

Observe que esse valor é igual a 7,5% de 2 500 menos a parcela a deduzir correspondente de 142,80, isto é:

$$0,075(2\ 500) - 142,80 = 44,70.$$

- A parte da renda entre 2 826,66 reais e 3 751,05 é tributada em 15%.

Por exemplo, quem ganha R\$ 3 500,00 paga de IR 0,15(3 500 – 2 826,65) + 0,075(2 826,66 – 1 903,98) = 170,20.

Observe que esse valor é igual a 15% de 3 500 menos a parcela a deduzir correspondente de 354,80, isto é:

$$0,15(3\ 500) - 142,80 = 170,20.$$

- A parte da renda entre 3 751,06 e 4 664,68 é tributada em 22,5%. As outras partes são tributadas pelas alíquotas anteriores.

Por exemplo, para quem ganha R\$ 4 000,00, o valor do IR é igual a 22,5% de 4 000 menos a parcela a deduzir correspondente de 636,13, isto é:

$$0,225(4\ 000) - 636,13 = 263,87.$$

- A parte da renda acima de 4 664,68 é tributada em 27,5%. As outras partes são tributadas pelas alíquotas anteriores.

Por exemplo, para quem ganha R\$ 7 000,00, o valor do IR é igual a 27,5% de 7 000 menos a parcela a deduzir correspondente de 869,36, isto é:

$$0,275(7\ 000) - 869,36 = 1\ 055,64.$$

Exemplo:

Um investidor aplicou o total de R\$ 50 000,00 em dois fundos de investimentos, A e B, sendo o fundo A um pouco mais arriscado que o B.

Ao final de um ano, o investidor recebeu um ganho total R\$ 3 720,00. Sabendo que o fundo A rendeu 8% e B rendeu 7%, quanto foi aplicado em cada fundo?

Chamando de x e y os valores aplicados em A e B respectivamente, temos o seguinte sistema de equações de acordo com os dados:

$$\begin{cases} x + y = 50\ 000\ \text{(I)} \\ 0,08x + 0,07y = 3\ 720\ \text{(II)} \end{cases}$$

- De (I), temos: $y = 50\ 000 - x$
- Substituindo em (II), temos:

$$0,08x + 0,07(50\ 000 - x) = 3\ 720$$
$$0,01x + 3\ 500 = 3\ 720$$
$$0,01x = 220$$
$$x = \frac{220}{0,01} = 22\ 000.$$

- Substituindo x por 22 000 em (I), resulta $y = 50\ 000 - 22\ 000 = 28\ 000$.
- Resposta: o investidor aplicou R$ 22 000,00 em A e R$ 28 000,00 em B.

EXERCÍCIOS

1) Expresse as porcentagens na forma decimal:

   a) 36%   b) 9%   c) 17,5%   d) 124%   e) 243,57%

2) Transforme cada número decimal em porcentagem:

   a) 0,68   b) 0,07   c) 0,0654   d) 2,48   e) 5,3578

3) Qual a porcentagem correspondente a cada uma das razões:

   a) $\dfrac{2}{5}$ b) $\dfrac{9}{10}$ c) $\dfrac{9}{4}$ d) $\dfrac{17}{20}$ e) $\dfrac{9}{40}$

4) Qual a porcentagem correspondente a cada uma das razões (aproxime a porcentagem para duas casas decimais; use uma calculadora, se possível):

   a) $\dfrac{2}{7}$ b) $\dfrac{5}{13}$ c) $\dfrac{4}{21}$ d) $\dfrac{1}{12}$ e) $\dfrac{1}{30}$

5) Quanto valem 18% de 600?

6) Quanto valem 17,2% de 5 500?

7) 460 são 20% de quanto?

8) 487,50 são 15% de quanto?

9) 72 estudantes do sexo masculino correspondem a 75% de uma classe. Quantos alunos há na classe?

10) A família Martins gasta 23% de sua renda com a prestação do apartamento e despesas de condomínio, 17% com alimentação, 8% com seguro-saúde e 31% com as demais despesas. Calcule o valor da renda mensal, sabendo que a família poupa R$ 2 940,00 todo mês.

136 Matemática Básica

11) Um corretor de imóveis cobrou uma comissão de 6% do preço de venda de apartamento e recebeu R$ 27 300,00. Qual foi o preço de venda do imóvel?

12) Um investidor aplicou R$ 12 000,00 por um ano e ganhou 8% do valor investido.
    a) Quanto ganhou?   **b)** Quanto recebeu no total?

13) Uma televisão, cujo preço à vista é de R$ 2 400,00, foi anunciada por uma loja com um desconto de 5% sobre o preço anunciado. Qual o preço após o desconto?

14) Um medicamento, cujo preço normal é de R$ 50,00 a caixa com 20 comprimidos, é anunciado em uma farmácia com um desconto de 8%. Qual o preço após o desconto?

15) Um comerciante efetuou uma grande compra, em um supermercado atacadista, no valor total de R$ 4 200,00. O supermercado ofereceu um desconto de 4% sobre o total da compra. O comerciante negociou e conseguiu um desconto adicional de 3% sobre o valor oferecido pelo supermercado. No final, qual o valor pago?

16) Um desconto de 7% seguido de outro desconto de 11% corresponde a que porcentagem total de desconto?

17) Uma calculadora, cujo preço original era de R$ 120,00, teve um desconto de 15% seguido de outro desconto de 9%. Qual o preço final após os descontos?

18) Um celular, cujo preço original era de R$ 650,00, foi vendido com três descontos sucessivos, de 12%, 8% e 5%.
    a)   Qual o preço final de venda?
    b)   Qual o desconto único, em porcentagem, equivalente aos três descontos sucessivos?

19) Um aumento de 20% seguido de um desconto de 20% corresponde a que porcentual de variação?

20) Uma promoção do tipo leve 4 e pague 3 corresponde a que desconto porcentual por unidade?

21) Uma promoção do tipo leve 5 e pague 4 corresponde a que desconto porcentual por unidade?

Capítulo 5 | Porcentagens 137

22) Uma promoção do tipo leve 5 e pague 3 corresponde a que desconto porcentual por unidade?

23) Um ingresso de teatro cujo preço era de R$ 60,00 sofreu um aumento de 8,5%. Qual o preço após o aumento?

24) Um produto que custava R$ 21,00 por quilograma sofreu em janeiro um aumento de 5%; em fevereiro sofreu novo aumento de 3,5%. Qual o preço após os dois aumentos?

25) Uma família comprometeu 22% de sua renda mensal no pagamento da prestação de seu apartamento. Se o valor da prestação era de R$ 3 700,00, qual o valor de sua renda mensal?

26) A família Tavares poupa 18% de sua renda mensal. Qual o valor dessa renda, sabendo que o valor poupado mensalmente é de R$ 3 600,00?

27) Utilizando a tabela de imposto de renda do exemplo mencionado, calcule o imposto de renda mensal de quem tem uma renda tributável de:
a) R$ 1 500,00.
d) R$ 4 300,00.
b) R$ 2 700,00.
e) R$ 8 000,00.
c) R$ 3 600,00.
f) R$ 16 000,00.

28) O Sr. Matos aplicou parte de sua poupança de R$ 250 000,00 em um fundo C conservador e parte em um fundo M moderadamente arriscado. Após 1 ano ele ganhou um total de R$ 17 100,00. Sabendo que o fundo conservador rendeu 6% e o moderado 9%, quanto ele aplicou em cada fundo?

29) O Sr. Mathias aplicou R$ 30 000,00 em um fundo de ações. No primeiro ano ele ganhou um porcentual sobre o valor aplicado. Em seguida, ele juntou os R$ 30 000,00 com o ganho auferido e reaplicou esta soma por mais um ano no mesmo fundo. Sabendo que no segundo ano o fundo rendeu um porcentual igual ao dobro do porcentual do primeiro ano, e que no final ele ficou com um total de R$ 34 650,00, calcule as taxas ganhas no primeiro e segundo anos.

RESPOSTAS DOS EXERCÍCIOS

1)   a) 0,36   b) 0,09   c) 0,175   d) 1,24   e) 2,4357

138 Matemática Básica

2) **a)** 68% **b)** 7% **c)** 6,54% **d)** 248% **e)** 535,78%

3) **a)** 40% **b)** 90% **c)** 225% **d)** 85% **e)** 22,5%

4) **a)** 28,57% **b)** 38,46% **c)** 19,05% **d)** 8,33% **e)** 3,33%

5) 108

6) 946

7) 2 300

8) 3 250

9) 96

10) R$ 14 000,00

11) R$ 455 000,00

12) **a)** R$ 960,00 **b)** R$ 12 960,00

13) R$ 2 280,00

14) R$ 46,00

15) R$ 3 911,04

16) 17,23%

17) R$ 92,82

18) R$ 499,93

19) Desconto de 4%.

20) 25%

21) 20%

22) 40%

23) R$ 65,10

24) R$ 22,82

25) R$ 16 818,18

26) R$ 20 000,00

27) **a)** 0 **b)** R$ 59,70 **c)** R$ 185,20
d) R$ 331,37 **e)** R$ 1 330,64 **f)** R$ 3 530,64

28) C: R$ 180 000,00; M: R$ 70 000,00

29) 5% e 10%

5.5 Custos e preços de venda

Na produção de um produto ou serviço, as empresas incorrem em dois tipos de gastos: os custos e despesas fixos e os custos e despesas variáveis. Os custos e despesas fixos são aqueles que não dependem da quantidade produzida, ao passo que os custos e despesas variáveis dependem da quantidade produzida.

A diferença entre custo e despesa é que o custo está vinculado diretamente ao processo produtivo, enquanto a despesa é um gasto vinculado à venda do produto. Assim, por exemplo, os gastos com aluguel e salários diretamente envolvidos com a produção são custos fixos, ao passo que salários de vendedores são uma despesa fixa. Os gastos com matéria-prima são custos variáveis, enquanto as comissões de vendedores são despesas variáveis.

Por simplificação, chamaremos os custos e despesas fixos apenas de *custos fixos*, e os custos e despesas variáveis apenas de *custos variáveis*.

A soma dos custos fixos e dos custos variáveis é denominada custo total. Utilizaremos a seguinte representação:

- Custo fixo: C_F.
- Custo variável: C_V.
- Custo total: C_T.

O custo médio por unidade produzida, indicado por C_{me}, é o quociente do custo total pela quantidade produzida.

Exemplo:

Uma empresa fabrica camisetas a um custo fixo mensal de R$ 10 000,00. O custo variável por camiseta produzida é de R$ 20,00. A empresa produz mensalmente 1 000 camisetas. Assim, temos:

$$C_F = 10\ 000 \text{ reais mensais}$$

$$C_V = 1\ 000 \cdot (20) = 20\ 000 \text{ reais por mês}$$

$$C_T = 10\ 000 + 20\ 000 = 30\ 000 \text{ reais por mês}$$

$$C_{me} = \frac{30\,000}{1\,000} = 30 \text{ por camiseta}$$

Observemos que o custo médio é superior ao custo variável, pois o primeiro engloba também parte do custo fixo. Quanto maior a produção, menor é o custo médio, até que a empresa produza o máximo de sua capacidade.

Exemplo:

Uma empresa fabrica determinada peça de automóveis a um custo fixo mensal de R\$ 150 000,00. O custo variável de produzir uma peça é de R\$ 120,00. Se x for a quantidade produzida, teremos:

$$C_F = 150\,000 \text{ reais por mês}$$

$$C_V = 120x \text{ reais}$$

$$C_T = 150\,000 + 120x \text{ reais por mês}$$

$$C_{me} = \frac{150\,000 + 120x}{x} = \frac{150\,000}{x} + 120$$

A determinação do preço de venda é importante atividade de uma empresa. Ela depende principalmente do grau de concorrência do produto e dos custos envolvidos na produção, entre outros fatores.

Uma das formas muito utilizadas consiste em adicionar ao custo certa margem que, muitas vezes, é designada por *markup*. Essa margem (ou *markup*) pode ser dada em reais ou como porcentagem do custo por unidade (variável ou médio), ou ainda, como porcentagem do preço de venda.

Exemplos:

a) O preço de venda de um tablete de chocolate dietético é de R\$ 18,00 e seu custo variável por unidade é de R\$ 10,00. Assim:

- O *markup* é de $18 - 10 = 8$ reais.
- O *markup* como porcentagem do custo variável por unidade é $\dfrac{8}{10} = 0{,}80 = 80\%$.
- O *markup* como porcentagem do preço de venda é $\dfrac{8}{18} = 0{,}4444 = 44{,}44\%$.

b) Um *markup* de 40% do custo variável por unidade corresponde a qual *markup* do preço de venda?

Tomemos arbitrariamente um custo variável por unidade igual a 100. Assim:

- O *markup* é igual a $(0{,}40) \cdot 100 = 40$.

Capítulo 5 | Porcentagens **141**

- Logo, o preço de venda é 100 + 40 = 140.

- E o *markup* sobre o preço de venda é $\dfrac{40}{140} = 0,2857 = 28,57\%$.

Observemos que, se no lugar do custo variável de 100 usássemos outro valor, a porcentagem final não mudaria.

EXERCÍCIOS

1) Uma empresa fabrica bermudas a um custo fixo mensal de R$ 8 000,00 e custo variável por unidade de R$ 25,00. A capacidade máxima de produção mensal é de 900 unidades.
   a) Qual o custo total e médio por unidade se forem fabricadas 550 bermudas por mês?
   b) Qual o custo total e médio por unidade se forem fabricadas 750 bermudas por mês?
   c) Qual o custo total e médio por unidade se a empresa trabalhar em sua capacidade máxima?

2) Uma empresa produz suco de frutas em embalagens de um litro. O custo fixo mensal é de R$ 35 000,00 e o custo variável por litro de suco é de R$ 8,00. Se são produzidas x unidades por mês, obtenha:
   a) A expressão do custo total mensal.
   b) O custo médio mensal por unidade.

3) Uma pizzaria fabrica pizzas de atum a um custo variável, por unidade, de R$ 18,00 e vende por R$ 45,00.
   a) Qual o *markup*?
   b) Qual o *markup* como porcentagem do custo variável por unidade?
   c) Qual o *markup* como porcentagem do preço de venda?

4) Resolva o exercício anterior considerando a pizza de muçarela, cujo custo variável por unidade é R$ 14,00 e cujo preço de venda é R$ 40,00.

5) Um supermercado vende toda linha de margarina com um *markup* de 22% do custo por unidade. Obtenha o preço de venda se o custo por unidade for:
   a) R$ 7,00   b) R$ 12,00   c) R$ 16,00

6) Um *markup* de 25% do custo variável por unidade corresponde a qual *markup* sobre o preço de venda?

142 Matemática Básica

7) Um *markup* de 30% sobre o preço de venda corresponde a qual *markup* sobre o custo variável por unidade?

8) Uma luminária tem um custo de R$ 90,00 e é vendida por R$ 145,00.
   a) Calcule o *markup* como porcentagem do custo.
   b) Calcule o *markup* como porcentagem do preço de venda.

9) Um fabricante de bijuterias tem um *markup* de R$ 48,00 em determinado artigo. Sabe-se que o *markup* sobre o custo é de 30%.
   a) Calcule o custo do artigo.
   b) Calcule o preço de venda do artigo.

10) Uma impressora a *laser* custa R$ 800,00 para ser fabricada e tem um *markup* sobre o custo de 25%.
    a) Calcule o total do *markup*.
    b) Calcule o preço de venda.
    c) Calcule o *markup* como porcentagem do preço de venda.

11) Uma calculadora financeira custa R$ 120,00 e é vendida por R$ 190,00.
    a) Calcule o *markup* como porcentagem do custo.
    b) Calcule o *markup* como porcentagem do preço de venda.

12) Um *notebook* é vendido com um *markup* de R$ 600,00. O *markup* como porcentagem do custo é 45%.
    a) Qual o custo do *notebook*?
    b) Qual o preço de venda do *notebook*?

13) Um brinco de ouro tem um custo de fabricação de R$ 1 200,00 e um *markup* de R$ 650,00.
    a) Qual o *markup* como porcentagem do custo?
    b) Qual o *markup* como porcentagem do preço de venda?

Para resolver os exercícios 14 a 17, atribua ao custo (ou ao preço de venda) um valor qualquer (arbitrário).

14) Se o *markup* sobre o custo for 15%, qual o *markup* sobre o preço de venda?

15) Se o *markup* sobre o custo for 32%, qual o *markup* sobre o preço de venda?

16) Se o *markup* sobre o preço de venda for 40%, qual o *markup* sobre o custo?

17) Se o *markup* sobre o preço de venda for 35%, qual o *markup* sobre o custo?

Capítulo 5 | Porcentagens **143**

RESPOSTAS DOS EXERCÍCIOS

1) **a)** R$ 21 750,00 e R$ 39,55
   b) R$ 26 750,00 e R$ 35,67
   c) R$ 30 500,00 e R$ 33,89

2) **a)** $35\,000 + 8x$ **b)** $\dfrac{35\,000}{x} + 8$

3) **a)** R$ 27,00   **b)** 150%   **c)** 60%

4) **a)** R$ 26,00   **b)** 185,71%   **c)** 65%

5) **a)** R$ 8,54   **b)** R$ 14,64   **c)** R$ 19,52

6) 20%

7) 42,86%

8) **a)** 61,11%   **b)** 37,93%

9) **a)** R$ 160,00   **b)** R$ 208,00

10) **a)** R$ 200,00   **b)** R$ 1 000,00   **c)** 20%

11) **a)** 58,33%   **b)** 36,84%

12) **a)** R$ 1 333,33   **b)** R$ 1 983,33

13) **a)** 54,17%   **b)** 35,14%

14) 13,04%

15) 24,24%

16) 66,67%

17) 53,85%

5.6 Capacidade instalada e capacidade utilizada

A *capacidade instalada* de uma empresa é o máximo que ela consegue produzir com os recursos disponíveis naquele momento. A *capacidade utilizada* é a porcentagem da capacidade instalada que é efetivamente utilizada. De modo geral, quanto maior a capacidade utilizada, menor é o custo médio por unidade produzida por maior diluição dos custos fixos, fazendo com que melhore a competitividade da empresa.

144 Matemática Básica

Denominamos *capacidade ociosa* a porcentagem da capacidade instalada que não é utilizada; portanto, a capacidade ociosa é igual a 100% menos a capacidade utilizada.

Exemplo:

Um hotel tem 80 quartos. Em determinado fim de semana, 72 quartos estão ocupados. A capacidade utilizada é $\dfrac{72}{80} = 0,90 = 90\%$. A capacidade ociosa é $\dfrac{8}{80} = 0,10 = 10\%$.

Exemplo:

Uma fábrica de malhas tem um custo fixo mensal de R$ 90 000,00 e tem uma capacidade máxima de produção mensal igual a 2 500 malhas. O custo variável por malha é de R$ 50,00.

- Em janeiro, a capacidade utilizada foi de 90%. Assim, ela produziu $(0,90) \cdot 2\,500 = 2\,250$ malhas a um custo médio dado por:

$$C_{me} = \frac{90\,000 + 2\,250 \cdot (50)}{2\,250} = 90,00.$$

- Em fevereiro, a capacidade utilizada foi de 70%. Assim, ela produziu $(0,70) \cdot 2\,500 = 1\,750$ malhas a um custo médio dado por:

$$C_{me} = \frac{90\,000 + 1\,750 \cdot (50)}{1\,750} = 101,43.$$

EXERCÍCIOS

1) Um hotel tem capacidade instalada de 120 quartos. Quando 96 quartos estão ocupados:
   a) Qual a capacidade utilizada?
   b) Qual a capacidade ociosa?

2) Uma fábrica de bicicletas tem capacidade instalada de 1 200 unidades por mês. A expressão do custo total mensal é $C = 120\,000 + 800x$. Se sua capacidade utilizada for de 76%, qual o custo médio de fabricação de cada bicicleta?

3) Resolva o exercício anterior considerando que a capacidade utilizada seja de 100%.

Capítulo 5 | Porcentagens **145**

4) Um fabricante de certa matéria-prima tem capacidade instalada de 800 toneladas por mês. Seu custo total mensal é $C = 240\ 000 + 2\ 500x$, em que x é a produção mensal em toneladas. Obtenha:
a) O custo médio de fabricação por tonelada se a capacidade utilizada for de 82%.
b) O custo médio de fabricação se a capacidade utilizada for de 100%.

5) Uma empresa produz determinada peça de precisão utilizada na indústria aeronáutica a um custo mensal $C = 500\ 000 + 10\ 200x$, em que x é a quantidade mensal de peças produzidas. Ao utilizar 100% da capacidade instalada, o custo médio por unidade é de R$ 15 200,00. Se a empresa estiver operando com 75% da capacidade instalada, qual o custo médio por peça?

6) Uma empresa de laticínios produz certo tipo de queijo a um custo mensal dado por $C = 9\ 000 + 25x$ por quilograma produzido. Ao utilizar 100% da capacidade instalada, o custo médio por quilograma é de R$ 50,00. Se a empresa estiver operando com 70% da capacidade instalada, qual o custo médio por quilograma produzido?

RESPOSTAS DOS EXERCÍCIOS

1) **a)** 80% **b)** 20%

2) 931,58

3) 900,00

4) **a)** 2 865,85 **b)** 2 800,00

5) R$ 16 866,67

6) R$ 60,71

5.7 Variação porcentual

Se uma pessoa que recebe um salário mensal de R$ 5 000,00 tiver um aumento e seu salário passar a ser de R$ 6 000,00, houve um aumento de R$ 1 000,00; essa diferença mede o aumento absoluto. O aumento relativo do salário é dado pelo quociente entre o aumento e o salário inicial, isto é, $\dfrac{1\ 000}{5\ 000} = 0,20 = 20\%$.

146 Matemática Básica

Esse aumento relativo no salário é denominado variação porcentual no salário, que, no exemplo, vale 20%.

De modo geral, se uma grandeza tiver um valor inicial a, e posteriormente o valor passar a ser b, chamamos de variação porcentual dessa grandeza, indicada por $\Delta\%$ o número dado por:

$$\Delta\% = \frac{b-a}{a} \text{ ou então } \Delta\% = \frac{b}{a} - 1$$

Exemplos:

1) Se o preço de um produto, que era de R\$ 54,00, passar a ser de R\$ 63,00, a variação porcentual no preço será $\Delta\% = \dfrac{63-54}{54} = \dfrac{9}{54} = 0,1667 = 16,67\%$.

2) O PIB (Produto Interno Bruto) de um país foi de 800 bilhões de dólares em um ano e, no ano seguinte, de 820 bilhões de dólares. A variação porcentual do PIB foi $\Delta\% = \dfrac{820-800}{800} = \dfrac{20}{800} = 0,025 = 2,5\%$.

3) O preço de uma ação em certo dia era de R\$ 25,00 e, no dia seguinte, R\$ 20,00. A variação porcentual no preço da ação foi $\Delta\% = \dfrac{20-25}{25} = \dfrac{-5}{25} = -0,20 = -20\%$.

4) O lucro de uma empresa em determinado ano foi de 24 milhões de reais. Se no ano seguinte houver um crescimento de 6,5% no lucro, qual será seu valor?

Chamando de b o lucro procurado, teremos:

$$\frac{b}{24} - 1 = 0,065$$

$$\frac{b}{24} = 1,065$$

$$b = 1,065 \cdot (24) = 25,56 \text{ milhões de reais}$$

Quando a variação porcentual é positiva, ela é denominada taxa porcentual de crescimento; quando negativa, seu valor absoluto é denominado taxa porcentual de decrescimento (desde que a e b sejam positivos). No caso dos exemplos 1 e 2, as taxas porcentuais foram de crescimento de 16,67% e 2,5%, e no exemplo 3, a taxa porcentual foi de decrescimento de 20%.

5.8 Variações porcentuais acumuladas

Consideremos os instantes sucessivos de tempo 0, 1, 2, 3, …, n expressos em certa unidade de tempo (dia, mês ou ano etc.). Chamemos de:

a o valor de uma grandeza na data 0

b_1 o valor da grandeza na data 1

b_2 o valor da grandeza na data 2

b_3 o valor da grandeza na data 3

....

b_n o valor da grandeza na data n

Sejam também:

- j_1 a variação porcentual da grandeza entre 0 e 1, isto é, $j_1 = \dfrac{b_1}{a} - 1$.

- j_2 a variação porcentual da grandeza entre 1 e 2, isto é, $j_2 = \dfrac{b_2}{b_1} - 1$.

- j_3 a variação porcentual da grandeza entre 2 e 3, isto é, $j_3 = \dfrac{b_3}{b_2} - 1$.

....

- j_n a variação porcentual da grandeza entre $(n-1)$ e n, isto é, $j_n = \dfrac{b_n}{b_{n-1}} - 1$.

Assim,

- Da 1ª relação, obtemos $b_1 = a(1 + j_1)$.
- Da 2ª relação, obtemos $b_2 = b_1(1 + j_2)$ e, portanto, $b_2 = a(1 + j_1)(1 + j_2)$.
- Da 3ª relação, obtemos $b_3 = b_2(1 + j_3)$ e, portanto, $b_3 = a(1 + j_1)(1 + j_2)(1 + j_3)$.

....

- Da enésima relação, obtemos $b_n = b_{n-1}(1 + j_n)$ e, portanto, $b_n = a(1 + j_1)(1 + j_2)...(1 + j_n)$.

A variação porcentual acumulada, indicada por j_{AC}, entre as datas 0 e n é definida pela variação porcentual entre o valor da grandeza na data inicial a e o valor da grandeza na data final b_n. Isto é, $j_{AC} = \dfrac{b_n}{a} - 1$.

Assim,

$$j_{AC} = \frac{a(1+j_1)(1+j_2)\ldots(1+j_n)}{a} - 1 \text{ e, finalmente,}$$

$$j_{AC} = (1 + j_1)(1 + j_2)\ldots(1 + j_n) - 1$$

Exemplos:

a) Em 1º de janeiro, o preço do quilograma de uva era de R$ 8,00. Entre 1º de janeiro e 1º de fevereiro, o preço cresceu 5%; entre 1º de fevereiro e 1º de março, o preço cresceu 6%; e entre 1º de março e 1º de abril, o preço decresceu 4%.

Temos:
- $a = 8$
- $j_1 = 5\%$
- $j_2 = 6\%$
- $j_3 = -4\%$

Portanto:
O preço em 1º de abril será:

$$b_3 = 8(1 + 0{,}05)(1 + 0{,}06)(1 - 0{,}04)$$
$$b_3 = 8(1{,}05)(1{,}06)(0{,}96)$$
$$b_3 = 8{,}5478$$

A variação porcentual acumulada do preço no período foi:

$$j_{AC} = \frac{8{,}5478}{8} - 1 = 0{,}0685 = 6{,}85\%.$$

Se usássemos a fórmula da taxa acumulada, teríamos:

$$j_{AC} = (1{,}05)(1{,}06)(0{,}96) - 1$$
$$j_{AC} = 0{,}0685 = 6{,}85\%$$

EXERCÍCIOS

1) Sandoval ganhava um salário mensal de R$ 4 800,00 até dezembro. Em janeiro do ano seguinte, seu salário passou para R$ 5 016,00. Qual seu aumento porcentual?

2) Em relação ao exercício anterior, caso o aumento fosse de 6,5%, qual seria o salário de janeiro?

3) No início de janeiro, o preço do quilograma do tomate era de R$ 5,00. Em janeiro, houve um aumento de 6% e, em fevereiro, outro aumento de 4,5%.
a) Qual o preço do quilograma de tomate no fim de fevereiro?
b) Qual a taxa de aumento acumulado no bimestre?

Capítulo 5 | Porcentagens **149**

4) Em relação ao exercício anterior, caso haja, em março, uma queda de 3,8% no seu preço, qual o preço do quilograma do tomate no final de março?

5) Em janeiro, fevereiro e março de certo ano, o preço de uma hortaliça teve aumento de 5%, aumento de 12% e queda de 4%, respectivamente. Qual o aumento porcentual acumulado no trimestre?

6) Um salário de R$ 7 000,00 foi reajustado em 10% em um mês e 15% no mês seguinte. Qual o salário após o reajuste?

7) Um eletrodoméstico, cujo preço era de R$ 1 450,00, teve um aumento de 7%, seguido de outro aumento de 8% e, finalmente, teve um desconto de 6,5%. Qual o preço após essas variações?

8) O salário de um executivo sofreu dois aumentos no período de dois anos, de forma que triplicou nesse período.
   a) Qual o porcentual de cada aumento, sabendo que os dois foram iguais?
   b) Qual o porcentual de cada aumento, sabendo que o segundo foi o dobro do primeiro?
   c) Qual o porcentual de cada aumento, sabendo que o segundo foi 50% superior ao primeiro?

RESPOSTAS DOS EXERCÍCIOS

1) 4,5%

2) R$ 5 112,00

3) **a)** R$ 5,54   **b)** 10,77%

4) R$ 5,33

5) 12,90%

6) R$ 8 855,00

7) R$ 1 566,70

8) **a)** 73,21%   **b)** 50% e 100%   **c)** 59% e 88,5%

150 Matemática Básica

5.9 Tamanho e participação de mercado

De modo geral, as empresas estão interessadas em saber qual o tamanho do mercado de determinado produto, para saber se entram ou não em certo mercado, ou ainda se suas vendas acompanham ou não o crescimento do mercado.

Em geral, são utilizadas duas formas de mensuração do tamanho de mercado: pela quantidade e por valor (total da receita de venda do produto) em certo período. A participação de mercado de uma empresa é a porcentagem da quantidade ou valor vendidos por ela em certo período, em relação ao correspondente tamanho de mercado.

Exemplo:

Em certo país, foram vendidos no ano passado 600 milhões de garrafas padronizadas em tamanho de cerveja, a um preço médio, por garrafa, igual a 5 U.M. (unidades monetárias do país).

- O tamanho do mercado no ano passado, em quantidade, foi de 600 milhões de garrafas.
- O tamanho do mercado no ano passado, em valor, foi 5 × 600 000 000 = 3 000 000 000 U.M.

A empresa líder do mercado vendeu 240 milhões de garrafas no ano passado.

- Sua participação de mercado foi $\dfrac{240}{600}$ = 0,4 = 40%, em quantidade e valor.

Exemplo:

Em relação ao exemplo anterior, caso neste ano sejam vendidos 620 milhões de garrafas a um preço médio de 5,2 U.M.:

- O tamanho do mercado este ano, em quantidade, será de 620 milhões de garrafas, com crescimento em relação ao ano anterior de $\dfrac{620}{600} - 1 = 3,33\%$.

- O tamanho do mercado este ano, em valor, será 5,2 × 620 000 000 = 3 224 000 000 U.M. com crescimento em relação ao ano anterior de $\dfrac{3\ 224\ 000\ 000}{3\ 000\ 000\ 000} - 1 = 7,47\%$.

Caso a empresa líder venda, neste ano, 241 milhões de garrafas, sua participação de mercado será $\dfrac{241}{620}$ = 38,87%, havendo, portanto, uma queda em relação à participação no ano anterior.

Capítulo 5 | Porcentagens **151**

EXERCÍCIOS

1) No ano passado, o tamanho de mercado de certo produto foi de 800 milhões de reais. A empresa líder do mercado vendeu 350 milhões de reais no ano passado. Se neste ano o tamanho de mercado crescer 3% e a empresa líder vender 371 milhões de reais, obtenha:
   a) A participação de mercado da empresa líder no ano passado.
   b) O tamanho de mercado neste ano.
   c) A participação de mercado da empresa líder neste ano.

2) O tamanho de mercado de certo refrigerante era de 720 milhões de unidades no ano passado e a empresa A tinha participação de 25% do mercado. Estima-se que, neste ano, o tamanho de mercado seja de 730 milhões de unidades e a participação de mercado da empresa A caia para 22%.
   a) Calcule a taxa anual de crescimento do mercado.
   b) Quantas unidades a empresa A vendeu no ano passado?
   c) Quantas unidades estima-se que a empresa A venda neste ano?

RESPOSTAS DOS EXERCÍCIOS

1)   a) 43,75%   b) 824 milhões de reais   c) 45,02%

2)   a) 1,39%   b) 180 milhões de unidades   c) 160,6 milhões de unidades

5.10 Taxas e índices de inflação

A *inflação* é o aumento contínuo e generalizado dos preços da economia, fazendo com que a moeda perca seu poder aquisitivo. Tal fenômeno ocasiona distorções na economia, principalmente quando os aumentos de preços são elevados com alterações de preços relativos.

Entre outras distorções provocadas pela inflação, podemos citar a perda do poder aquisitivo de quem recebe valores fixos, devido a prazos legais de reajuste como salários e aluguéis; como os aumentos de preços não são iguais para todos os produtos, ocorre uma *mudança de preços relativos*, o que acaba por afetar o setor empresarial em novos investimentos por imprevisibilidade em seus lucros.

Quando as taxas de inflação são superiores aos aumentos dos preços internacionais, há um encarecimento dos produtos do país que tende a provocar aumento das importações e queda nas exportações, causando a diminuição do saldo da balança comercial. Assim, o governo é obrigado a desvalorizar a moeda para estimular as exportações, e por outro lado há um aumento dos preços importados, o que acaba realimentando a inflação. Por esses efeitos adversos, as autoridades do governo procuram manter a inflação em valores relativamente baixos e razoavelmente previsíveis.

Entre outras formas de cálculo das taxas de inflação, uma das formas utilizadas consiste em definir uma cesta básica de produtos com quantidades bem determinadas. A taxa de inflação mensal é a variação porcentual do preço médio dessa cesta em um mês, em relação ao preço médio da cesta no mês anterior. O mês em que se inicia o cálculo do preço da cesta básica denomina-se *base*. Após determinado tempo, a composição da cesta pode se alterar em função da entrada de novos produtos e saída de outros que deixam de ser consumidos, ou ainda pode haver alteração nas quantidades da cesta; cria-se, assim, uma nova cesta e nova base em relação à qual as taxas de inflação são calculadas.

Por outro lado, o *índice de inflação* de um dado mês é definido como o preço médio da cesta neste mês dividido pelo preço médio da cesta no mês base.

Exemplo:

Suponhamos que, em determinado mês que consideraremos como base, o preço médio de determinada cesta básica seja de R$ 800,00. Digamos que esse mês seja janeiro de determinado ano. Suponhamos também que, em fevereiro, março e abril do mesmo ano, os preços médios da referida cesta básica sejam de R$ 808,00, R$ 815,00 e R$ 818,00, respectivamente.

Na Tabela 5.1 estão calculadas as taxas de inflação e índices de inflação de cada mês.

Tabela 5.1 Taxas e índices de inflação

Mês	Preço médio da cesta básica	Taxa de inflação	Índice de inflação
Janeiro	R$ 800,00	------------	$\dfrac{800}{800} = 1 = 100\%$
Fevereiro	R$ 808,00	$\dfrac{808}{800} - 1 = 1\%$	$\dfrac{808}{800} = 1,01 = 101\%$
Março	R$ 815,00	$\dfrac{815}{808} - 1 = 0,87\%$	$\dfrac{815}{800} = 1,01875 = 101,875\%$
Abril	R$ 818,00	$\dfrac{818}{815} - 1 = 0,37\%$	$\dfrac{818}{800} = 1,0225 = 102,25\%$

Observemos o seguinte:

- O índice de inflação do mês base é sempre 1 ou 100%, pois é a razão entre o preço do mês base por ele mesmo.
- É comum expressar o índice de inflação sob a forma de porcentagem, muitas vezes omitindo o símbolo %.
- A variação porcentual entre o índice de um mês e o do mês anterior é igual à taxa de inflação do mês em questão.

De fato, esta última observação se demonstra, chamando os meses de 1, 2, 3 e 4, as taxas de inflação de j_2, j_3 e j_4 e os índices de I_1, I_2, I_3 e I_4.

Por exemplo, a variação porcentual entre o índice de abril e o de março é igual à inflação de março:

$$\frac{I_4}{I_3} - 1 = \frac{\dfrac{p_4}{p_1}}{\dfrac{p_3}{p_1}} - 1 = \frac{p_4}{p_3} - 1 = j_4$$

Ou, numericamente:

$$\frac{102,25}{101,875} - 1 = 0,0037 = 0,37\% = j_4.$$

- Se tivermos taxas mensais sucessivas de inflação j_1, j_2, j_3, ..., j_n a taxa acumulada de inflação desses meses será dada por:

$$j_{AC} = (1 + j_1)(1 + j_2)(1 + j_3)...(1 + j_n) - 1$$

A demonstração é análoga à vista para taxas acumuladas da Seção 5.8.

Exemplo:

Em três meses sucessivos, as taxas de inflação foram 0,6%, 0,7% e 0,8%. Qual a taxa de inflação acumulada no trimestre?

Temos:

$$j_{AC} = (1 + 0,006)(1 + 0,007)(1 + 0,008) - 1 = 0,0211 = 2,11\%.$$

Exemplo:

Se a taxa mensal de inflação se mantiver constante em 0,65%, qual a taxa acumulada em 12 meses?

Temos:

$$j_{AC} = (1,0065)(1,0065)...(1,0065) - 1$$
$$j_{AC} = (1,0065)^{12} - 1 = 0,0808 = 8,08\%.$$

154 Matemática Básica

Exemplo:
Nos meses de janeiro, fevereiro e março, as taxas de inflação foram respectivamente 0,57%, 0,43% e –0,38%.

Uma taxa de inflação negativa (também chamada de deflação) significa queda no preço da cesta básica. É o caso do ocorrido em março.

Assim,

$$j_{AC} = (1 + 0,0057)(1 + 0,0043)(1 - 0,0038) - 1 = 0,0062 = 0,62\%.$$

5.10.1 Principais índices de inflação

- IPC – Índices de Preços ao Consumidor

São índices que calculam variações de preço de cestas de bens e serviços consumidos por famílias de certa região e calculados em diversas cidades brasileiras. Em São Paulo, destaca-se o da FIPE-USP (Fundação Instituto de Pesquisas da Universidade de São Paulo), que é uma medida de variação de preços de bens e serviços consumidos por famílias paulistanas com renda entre 1 e 20 salários mínimos.

Destacamos também o IPC (Índice de Preços ao Consumidor), calculado pela Fundação Getulio Vargas, que pesquisa preços de bens e serviços consumidos por famílias que recebem entre 1 e 33 salários mínimos com dados de diversas capitais do país.

- IPA – Índice de Preços no Atacado

É um índice (nacional e único) que pesquisa a evolução de preços de produtos comercializados no atacado, podendo ser ou não de consumo final (isto é, são considerados produtos comprados pelos consumidores finais e por empresas de modo geral).

O IPA é calculado pela Fundação Getulio Vargas, com base em centenas de produtos com dados coletados em diversas capitais brasileiras.

- INCC – Índice Nacional do Custo da Construção

É um índice que analisa a evolução dos preços dos materiais de construção, equipamentos e mão de obra utilizados na construção civil. É calculado pela Fundação Getulio Vargas com base em dezenas de itens em várias capitais brasileiras.

- IGP – Índice Geral de Preços

Este índice é uma média ponderada entre o IPC, da Fundação Getulio Vargas (com peso de 30%), IPA (com peso de 60%) e o INCC (com peso de 10%). Existem o IGP-OG (Índice Geral de Preços – conceito de Oferta Global) e o IGP-DI (Índice Geral de Preços – conceito de Disponibilidade Interna).

Capítulo 5 | Porcentagens **155**

O IGP-OG analisa todos os produtos incluindo os exportados e importados. O IGP-DI exclui da análise os bens e serviços exportados.

- INPC – Índice Nacional de Preços ao Consumidor

É um índice de preços ao consumidor calculado pelo IBGE (Instituto Brasileiro de Geografia e Estatística) com dados de várias capitais brasileiras. Existem o INPC restrito, baseado em produtos e serviços consumidos por famílias que ganham entre 1 e 8 salários mínimos, e o IPCA (Índice de Preços ao Consumidor Amplo), que se baseia em produtos e serviços consumidos por famílias que ganham entre 1 e 40 salários mínimos.

O IPCA é considerado o índice oficial de inflação do Brasil no que diz respeito à política de metas de inflação utilizada pelo governo brasileiro.

5.11 Correção monetária, poder aquisitivo e taxa real

Em fevereiro de 2009, Osvaldo ganhava um salário mensal de R$ 4 500,00. Em fevereiro de 2019, seu salário era de R$ 8 640,00. No mesmo período, a taxa de inflação foi de 75,8%. Será que Osvaldo está ganhando melhor em 2019 do que em 2009?

De fato, ele está ganhando mais, porém, será que isso não se deve à inflação que acabou elevando todos os preços?

Uma maneira de analisar esse tipo de situação pode ser começando por fazer a *correção monetária* do salário mais antigo. A correção monetária é feita aumentando seu salário de R$ 4 500,00 pela inflação do período, que foi 75,8%. Desse modo, temos:

- O salário corrigido pela inflação é: $4\,500 + 4\,500(0,758) = 4\,500(1 + 0,758) = 4\,500(1,758) = 7\,911$.
- O salário corrigido de R$ 7 911,00 compra, em fevereiro de 2019, a mesma quantidade de cestas básicas que o salário de R$ 4 500,00 comprava em fevereiro de 2009, pois, se o preço da cesta básica em fevereiro de 2009 era p, em fevereiro de 2019 ele será $p + p(0,758) = p(1,758)$.

- O salário de R$ 4 500,00 comprava $\dfrac{4\,500}{p}$ cestas básicas.
- O salário corrigido de R$ 7 911,00 ou $4\,500(1,758)$ comprará

$$\frac{4\,500(1,758)}{p(1,758)} = \frac{4\,500}{p}$$ cestas básicas, ou seja, o salário de R$ 4 500,00 e este mesmo salário corrigido pela inflação (R$ 7 911,00) compram a mesma quantidade de cestas básicas.
- Dizemos que o salário de R$ 4 500,00 e o de R$ 7 911,00 têm o *mesmo poder aquisitivo*.

156 Matemática Básica

- A diferença entre o que Osvaldo ganhava em fevereiro de 2019 e o salário de fevereiro de 2009 corrigido pela inflação é chamada de *ganho real*. Isto é,
- Ganho real: 8 640 – 7 911 = 729, que é o que Osvaldo efetivamente ganhou acima da inflação.
- Taxa real no período: $\dfrac{\text{ganho real}}{\text{salário corrigido pela inflação}} = \dfrac{729}{7\,911} = 9{,}22\%$.

De modo geral, supondo um valor monetário inicial x e um valor monetário final y, e ainda chamando de j a taxa de inflação no período considerado, teremos os seguintes conceitos:

- Valor inicial corrigido pela inflação: $x(1 + j)$.
- x e $x(1 + j)$ têm o mesmo poder aquisitivo.
- Ganho real: $y - x(1 + j)$.
- Taxa real: $\dfrac{y - x(1 + j)}{x(1 + j)}$.

O ganho real poderá ser positivo, nulo ou negativo. Em caso de ganho real negativo, dizemos que houve perda real.

As taxas de inflação e inflação acumulada e também os valores corrigidos por diversos índices de inflação podem ser encontrados no *site* do Banco Central do Brasil, no serviço Calculadora do Cidadão.

Exemplos:

Uma casa de praia foi adquirida no início de agosto de 1994 por R\$ 65 000,00, e vendida no início de março de 2019 por R\$ 300 000,00. A taxa de inflação do período foi de 462%.

a) Houve ganho ou perda real?

b) Qual a taxa real no período?

Temos:

- Preço de compra corrigido pela inflação: 65 000(1 + 4,62) = 365 300.
- Ganho real: 300 000 – 365 300 = –65 300.
- Portanto, houve uma perda real de R\$ 65 300,00.
- Taxa real: $\dfrac{-65\,300}{365\,300} = 0{,}1788 = -17{,}88\%$.

Um investidor realizou uma aplicação financeira de R\$ 36 000,00 pelo prazo de 2 anos. O valor final recebido na aplicação era o valor aplicado corrigido pela inflação

Capítulo 5 | Porcentagens **157**

mais um ganho real a uma taxa real, no período, de 1,5%. Qual o valor final recebido, sabendo-se que a taxa de inflação do período foi de 7,8%?

Temos:

- Valor aplicado corrigido pela inflação: 36 000(1,078) = 38 808.
- Ganho real: 0,015(38 808) = 582,12.
- Valor final recebido: 38 808 + 582,12 = 39 390,12.

5.12 Deflacionamento de uma série histórica de valores

Há situações em que temos uma série de valores monetários ao longo do tempo, com dados mensais, ou anuais ou de outra periodicidade, em que desejamos fazer comparações sem levar em conta o efeito inflacionário.

A ideia básica consiste em colocarmos os valores de todas as datas em valores equivalentes em uma outra data para efeito de comparação.

Dizemos que dois valores, um inicial indicado por x e outro final designado por y, são equivalentes no sentido de terem o mesmo poder aquisitivo quando o último for igual ao primeiro, corrigido monetariamente pela inflação j do período considerado. Isto é:

$$y = x(1 + j) \quad \text{ou ainda} \quad x = \frac{y}{(1+j)}$$

Quando utilizamos a primeira relação $y = x(1 + j)$, dizemos que estamos *inflacionando* os valores; quando usamos a segunda relação $x = \dfrac{y}{(1+j)}$ dizemos que estamos *deflacionando* os valores.

Observemos, ainda, que a expressão $(1 + j)$ é exatamente o índice de inflação da data final em relação à inicial.

Exemplo:

As receitas de vendas de uma empresa, expressas em milhares de reais ao final de cada mês, são dadas a seguir, juntamente com o correspondente índice de inflação com base em janeiro de certo ano.

Mês	Receita (em milhares de reais)	Índice de inflação
Janeiro	250	1,0000
Fevereiro	280	1,0100
Março	270	1,0180
Abril	295	1,0245

158 Matemática Básica

Se dividirmos cada valor pelo índice correspondente, estaremos deflacionando os valores para valores equivalentes de janeiro.

Dessa forma, teremos a nova tabela:

Mês	Receita (em milhares de reais)	Índice de inflação	Valores deflacionados para janeiro
Janeiro	250	1,000	250/1 = 250
Fevereiro	280	1,0100	280/1,01 = 277,23
Março	270	1,0180	270/1,018 = 265,23
Abril	295	1,0245	295/1,0245 = 287,95

Portanto, na última coluna temos os valores de cada mês expressos em poder aquisitivo de janeiro. Dizemos que os valores da última coluna estão sem o efeito da inflação, ou ainda, dizemos que estão expressos em termos reais.

Notamos que, de fevereiro para janeiro, houve um crescimento real de $\dfrac{277,23}{250} - 1 = 10,89\%$; de março em relação a fevereiro, uma variação real de $\dfrac{265,23}{277,23} - 1 = -4,33\%$ (queda real); e de abril em relação a março, um crescimento real de $\dfrac{287,95}{265,23} - 1 = 8,57\%$.

EXERCÍCIOS

1) Um aluguel mensal de um apartamento era de R$ 1 300,00, com cláusula de reajuste pela inflação após 1 ano. Qual o aluguel após o reajuste, se a taxa de inflação do período foi de 3,2%?

2) Um salário de R$ 3 650,00 deve ser reajustado após um ano pela taxa de inflação dos últimos 12 meses, que foi de 4,32%. Calcule o salário reajustado.

3) Uma prestadora de serviços de manutenção de elevadores cobrava R$ 5 400,00 mensais de uma empresa cliente. O contrato previa reajuste anual pela inflação acumulada dos últimos 12 meses. Se a taxa de inflação dos 12 meses foi de 5,42%, qual o valor da mensalidade reajustada?

4) Em outubro, novembro e dezembro de certo ano, as taxas de inflação foram de 0,43%, 0,51% e 0,25%. Qual a taxa acumulada de inflação no trimestre?

Capítulo 5 | Porcentagens **159**

5) Em três anos sucessivos, as taxas de inflação foram de 4,2%, 5,1% e 3,8%. Qual a taxa acumulada nos três anos?

6) Em relação ao exercício anterior, qual deverá ser a taxa de inflação do quarto ano para que o acumulado de inflação nos quatro anos seja de 16%?

7) Uma taxa mensal constante de inflação de 0,5% acumula qual taxa em 12 meses?

8) Uma taxa mensal constante de inflação de 3% acumula qual taxa em 24 meses?

9) Uma deflação mensal constante de 1% acumula qual deflação em 5 meses?

10) Em janeiro, a taxa de inflação foi de 1,5%. Qual deverá ser a taxa de inflação de fevereiro para que a taxa acumulada nos dois meses seja de 3%?

11) Em agosto, setembro e outubro de certo ano, as taxas de inflação foram 0,7%, 0,65% e 0,72%.
    a)   Qual a taxa acumulada de inflação no trimestre?
    b)   Qual deverá ser a taxa de inflação de novembro do mesmo ano, de modo que a taxa acumulada no quadrimestre seja de 3%?

12) No início de certo mês, uma pessoa recebia um salário de R$ 4 500,00 e, três anos depois, seu salário era de R$ 5 200,00. Se no mesmo período a taxa de inflação foi de 9,5%, calcule o ganho real no período, bem como a taxa real.

13) Resolva o exercício anterior supondo que o salário final seja de R$ 4 850,00.

14) Um imóvel foi adquirido por R$ 360 000,00 e, cinco anos depois, foi vendido por R$ 510 000,00. Calcule o ganho real e a taxa real no período, sabendo que a taxa acumulada de inflação no período foi de 35%.

15) Resolva o exercício anterior supondo que a taxa de inflação acumulada no período seja de 50%.

16) Resolva o exercício anterior supondo que o preço de venda seja igual ao de compra.

17) Em maio, junho, julho e agosto de certo ano, as receitas de um produto de uma empresa são dadas a seguir, juntamente com os correspondentes índices de inflação:

160 Matemática Básica

Mês	Receitas (em milhares de reais)	Índice de inflação
Maio	540	1,0000
Junho	530	1,0050
Julho	555	1,0160
Agosto	560	1,0235

a) Deflacione a série a valores de maio.
b) Qual a taxa real de variação da receita entre maio e agosto?

18) Resolva o exercício anterior considerando que as taxas de inflação de junho, julho e agosto sejam, respectivamente, de 1%, 1,5% e 2%.

19) Mensalmente, do final de janeiro até o final de dezembro de certo ano, um cidadão recebeu R$ 5 000,00. Supondo uma taxa mensal de inflação de 1%, calcule os salários deflacionados com base no final de janeiro e calcule a média desses salários reais.

20) Resolva o exercício anterior considerando que a taxa mensal de inflação seja de 5% ao mês.

RESPOSTAS DOS EXERCÍCIOS

1) R$ 1 341,60

2) R$ 3 807,68

3) R$ 5 692,68

4) 1,19%

5) 13,68%

6) 2,04%

7) 6,17%

8) 103,28%

9) 4,90%

10) 1,48%

11) a) 2,08%   b) 0,90%

Capítulo 5 | Porcentagens **161**

12) a) R$ 272,50 e 5,53%

13) –R$ 77,50 e –1,57%

14) R$ 24 000,00 e 4,94%

15) –R$ 30 000,00 e –5,56%

16) –R$ 180 000,00 e –33,33%

17) a)

Mês	Receita real (em milhares de reais)
Maio	540,00
Junho	527,36
Julho	546,26
Agosto	547,14

b) 1,32%

18) a)

Mês	Receita real (em milhares de reais)
Maio	540,00
Junho	524,75
Julho	541,36
Agosto	535,53

b) –0,83%

19) Salário médio real: R$ 4 736,51.

20) Salário médio real: R$ 3 887,67.

5.13 Operações cambiais

Chamamos de *operação cambial* qualquer operação de troca entre duas moedas. A taxa de câmbio é a quantidade de uma moeda que é trocada por unidade da outra. Assim, por exemplo, suponhamos que, em determinado momento, um dólar seja trocado por 4 reais; dizemos que a taxa de câmbio é de US$ 1,00 por R$ 4,00, em que o símbolo do dólar é US$.

Suponhamos que, na mesma data, 1 euro seja trocado por 4,45 reais; dizemos que a taxa de câmbio é de € 1,00 por R$ 4,45 e que € é o símbolo do euro.

162   Matemática Básica

Para facilitar a conversão, vamos utilizar a seguinte notação simplificada:

- Vamos indicar 1 real pelo símbolo $1r$ ou, simplesmente, por r.
- Vamos indicar 1 dólar pelo símbolo $1d$ ou, simplesmente, por d.
- Vamos indicar 1 euro pelo símbolo $1e$ ou, simplesmente, por e.
- Assim,
- A taxa de câmbio de 1 dólar por 4 reais será indicada por $d = 4r$.
- A taxa de câmbio de 1 euro por 4,45 reais será indicada por $e = 4,45r$.

Se no exemplo citado quisermos saber qual a taxa de câmbio de 1 real por dólar, procedemos da seguinte forma:

$$d = 4r \Rightarrow r = \frac{1}{4}d = 0,25d$$

Ou seja, a taxa de câmbio é de 1 real por 0,25 dólar.

Analogamente, se quisermos a taxa de 1 real por euro no exemplo, teremos:

$$e = 4,45r \Rightarrow r = \frac{1}{4,45}e = 0,2247e$$

Ou seja, a taxa de câmbio é de 1 real por 0,2247 euro.

De modo geral, em cada momento, as taxas de câmbio entre as moedas sofrem flutuações devido à oferta e procura dessas moedas. As compras de uma moeda externa são decorrentes das compras da moeda por empresas para pagamento de bens e serviços importados, remessa de juros, amortizações e dividendos remetidos por empresas estrangeiras, compra por turistas nacionais para pagamentos no exterior etc.

As vendas decorrem da troca de moeda estrangeira por nacional através das vendas das empresas exportadoras, investimentos externos por empresas de outros países, empréstimos bancários de bancos estrangeiros e venda de moeda por turistas estrangeiros etc.

Quando de um momento para outro há aumento da quantidade de uma moeda A para a compra de uma unidade da moeda B, dizemos que houve valorização da moeda B.

Quando há diminuição da quantidade da moeda A para a compra de uma unidade da moeda B, dizemos que houve desvalorização da moeda B.

Exemplo:

Uma casa de câmbio fornece a taxa de câmbio de 1 euro por 4,58 reais na venda de euros. Com R$ 10 000,00, quantos euros uma pessoa consegue comprar?

Temos:

$$1e = 4,58r \Rightarrow 1r = \frac{1}{4,58}e$$

- Logo, $10\,000r = 10\,000 \cdot 1r = 10\,000 \cdot \dfrac{1}{4,58}e = 2\,183,41e$

- Portanto, R\$ 10 000,00 compram 2 183,41 euros.

Exemplo:

Suponhamos que, em determinada data, $1d = 3,5r$; um ano depois, suponhamos que $1d = 4r$. Dizemos que houve uma valorização do dólar, pois para comprar 1 dólar eram necessários 3,5 reais inicialmente e, um ano depois, a quantidade aumentou para 4 reais. A taxa de valorização é dada pela variação porcentual entre a quantidade 3,5 reais e 4 reais, isto é:

A taxa de valorização do dólar foi de $\dfrac{4-3,5}{3,5} = \dfrac{4}{3,5} - 1 = 14,29\%$.

Como inicialmente $1d = 3,5r$, então $r = \dfrac{1}{3,5}d = 0,2857d$; um ano depois, $1d = 4r$, então $r = \dfrac{1}{4}d = 0,25d$, e dizemos que o real se desvalorizou em relação ao dólar, pois houve uma diminuição da quantidade de dólares para comprar 1 real. A taxa de desvalorização é dada pela variação porcentual entre a quantidade 0,2857 real e 0,25 real, tomada em valor absoluto, isto é:

A taxa de desvalorização do real foi de $\left| \dfrac{0,25-0,2857}{0,2857} \right| = 0,1250 = 12,50\%$.

O valor absoluto foi utilizado para que a variação porcentual, no caso de uma taxa de desvalorização, seja positiva.

Em resumo, no exemplo dado o dólar valorizou-se em 14,29% e o real desvalorizou-se em 12,5%. Observamos, então, que a taxa de desvalorização de uma moeda não é necessariamente igual à taxa de valorização da outra.

Exemplo:

Um investidor norte-americano decidiu aplicar 200 000 dólares no Brasil, por 1 ano, ganhando 6% do valor aplicado em reais. No dia da aplicação, o valor do dólar era de R\$ 4,00. Calcule seu ganho em dólares nas seguintes situações:

a) Valor do dólar daqui a 1 ano igual a R\$ 4,00.

b) Valor do dólar daqui a 1 ano igual a R\$ 4,24.

c) Valor do dólar daqui a 1 ano igual a R\$ 4,50.

d) Valor do dólar daqui a 1 ano igual a R\$ 3,80.

164 Matemática Básica

Temos:

- Valor aplicado em reais: 200 000 · (4,00) = 800 000.
- Ganho em reais na aplicação: (0,06)800 000 = 48 000.
- Valor final em reais daqui a 1 ano: 800 000 + 48 000 = 848 000.

a) Se o dólar valer 4,00, seu valor final em dólares será $\dfrac{848\,000}{4} = 212\,000.$

Seu ganho em dólares será de 212 000 − 200 000 = 12 000 dólares.

b) Se o dólar valer 4,24, seu valor final em dólares será $\dfrac{848\,000}{4,24} = 200\,000.$

Seu ganho em dólares será 200 000 − 200 000 = 0 dólar.

c) Se o dólar valer 4,50, seu valor final em dólares será $\dfrac{848\,000}{4,50} = 188\,444,44.$

Seu ganho em dólares será de 188 444,44 − 200 000 = −11 555,56 dólares (prejuízo de 11 555,56 dólares).

d) Se o dólar valer 3,80, seu valor final em dólares será $\dfrac{848\,000}{3,80} = 223\,157,89.$

Seu ganho em dólares será de 223 157,89 − 200 000 = 23 157,89 dólares.

Exemplo:

Um fabricante de calçados no Brasil exportou para os Estados Unidos um lote de 40 000 pares de sapatos a 50 dólares cada. Qual a sua receita em reais, sabendo que na época 1 dólar valia R$ 3,65?

Temos:

- Valor da exportação em dólares: (50)40 000 = 2 000 000 dólares.
- Valor da exportação em reais: (3,65)2 000 000 = 7 300 000 reais.

Exemplo:

Em relação ao exemplo anterior, suponha que 2 anos depois seja exportado o mesmo lote de 40 000 pares, só que o preço do sapato em dólares tenha subido para 51,25 dólares em decorrência da inflação norte-americana de 2,5% no período. No mesmo período, suponha que a taxa de inflação brasileira tenha sido de 10%.

a) Qual o valor da exportação em dólares?

b) Qual o valor da exportação em reais se a taxa de câmbio for 1 dólar por R$ 3,80?

c) Qual a taxa de câmbio, de modo que o valor da exportação em reais tenha o mesmo poder aquisitivo da exportação de 2 anos atrás?

Temos:

a) Valor da exportação em dólares: (51,25)40 000 = 2 050 000.

b) Valor da exportação em reais: (3,80) · 2 050 000 = 7 790 000.

c) Seja x o número de reais que podem ser trocados por 1 dólar nas condições pedidas:

- Valor da exportação em reais: $x \cdot 2\ 050\ 000 = 2\ 050\ 000x$.
- Deflacionando o valor anterior pela taxa de inflação de 10%, temos: $\dfrac{2\ 050\ 000x}{1,10}$ $= 1\ 863\ 636,36x$.

- Igualando com o valor em reais de 2 anos atrás:

$$1\ 863\ 636,36x = 7\ 300\ 000$$

$$x = \frac{7\ 300\ 000}{1\ 863\ 636,36} = 3,9171.$$

Portanto, à taxa de câmbio de 1 dólar igual a R\$ 3,9171, as exportações terão o mesmo poder aquisitivo (ou o mesmo valor em termos reais).

- Outra forma de resolver é considerar que o valor das exportações de agora seja igual ao valor das exportações de 2 anos atrás, corrigidas pela inflação de 10%. Isto é:

$$2\ 050\ 000x = 7\ 300\ 000(1,10)$$

$$x = \frac{8\ 030\ 000}{2\ 050\ 000} = 3,9171.$$

5.14 A paridade do poder de compra (PPC)

A *paridade do poder de compra* (PPC) é uma teoria elementar de determinação das taxas de câmbio. Tal teoria é embasada na *lei do preço único*, segundo a qual, se os custos de transporte forem relativamente baixos, no longo prazo o preço de um bem negociado internacionalmente deverá ser o mesmo em todos os países, desde que os preços nos vários países sejam convertidos para uma moeda comum.

Verifica-se que tal teoria é útil para a previsão de taxa de câmbio no longo prazo, principalmente para explicar a desvalorização da moeda em países sujeitos à alta da inflação. Entretanto, devido ao fato de nem todos os bens serem comercializáveis ou padronizados em todos os países, ou ainda o custo de transporte e a tributação serem elevados, tal teoria não funciona adequadamente para alguns produtos.

166 Matemática Básica

A revista inglesa *The Economist* publica os preços, em diversos países, de um produto-padrão vendido pela rede McDonald's em todo o mundo: o sanduíche Big Mac. Tendo o preço desse produto em vários países, é possível prever a taxa de câmbio dos países de acordo com a teoria da paridade do poder de compra.

Exemplo:

Os dados a seguir são meramente ilustrativos.

Suponhamos que em certa data o preço de um Big Mac seja de 5,50 dólares nos Estados Unidos e R$ 19,00 no Brasil. Qual a taxa de câmbio (1 dólar por x reais) "teórica" de acordo com a PPC?

Temos:

Seja x a taxa cambial do dólar em relação ao real. Então:

- Preço do Big Mac nos Estados Unidos, em reais: $5,50x$
- Preço do Big Mac no Brasil, em reais: 19,00

Logo:

$$5,50x = 19$$

$$x = \frac{19}{5,50} = 3,45.$$

Assim,

- Se no mercado 1 dólar estiver valendo 3,85 reais, significa que o valor do dólar está acima do valor teórico dado pela PPC.
- Se no mercado 1 dólar estiver valendo 3,12 reais, significa que o valor do dólar está abaixo do valor teórico dado pela PPC.

EXERCÍCIOS

1) Se um dólar vale 4,43 reais, quantos dólares equivalem a um real?

2) Se um euro vale 5,12 reais, quantos euros equivalem a um real?

3) Se um euro vale 1,21 dólar, quantos euros equivalem a um dólar?

4) Um viajante trocou R$ 8 000,00 por dólares, à taxa de câmbio de um dólar por 4,23 reais. Quantos dólares ele recebeu?

5) Um viajante trocou R$ 12 000,00 por euros, à taxa de câmbio de um euro por 4,68 reais. Quantos euros ele recebeu?

Capítulo 5 | Porcentagens **167**

6) Em certa data um dólar vale 4,00 reais; um ano depois, um dólar passou a valer 4,12 reais.
   a) Qual a taxa de valorização do dólar?
   b) Qual a taxa de desvalorização do real?

7) Em certa data um euro vale 4,65 reais; um ano depois, um euro está valendo 4,86 reais.
   a) Qual a taxa de valorização do euro?
   b) Qual a taxa de desvalorização do real?

8) Suponha que um euro compre 1,12 dólar; um ano depois, suponha que um euro compre 1,06 dólar.
   a) Qual a taxa de desvalorização do euro?
   b) Qual a taxa de valorização do dólar?

9) Um investidor norte-americano decidiu aplicar 150 000 dólares no Brasil, durante um ano, ganhando 7% do valor aplicado em reais. No dia da aplicação, o valor do dólar era de R$ 3,90. Calcule seu ganho ou perda em dólares nas seguintes situações:
   a) Valor do dólar daqui a 1 ano igual a R$ 3,90.
   b) Valor do dólar daqui a 1 ano igual a R$ 4,00.
   c) Valor do dólar daqui a 1 ano igual a R$ 3,80.
   d) Valor do dólar daqui a 1 ano igual a R$ 4,30.

10) Um fabricante de roupas no Brasil exportou para os Estados Unidos um lote de 30 000 calças a 30 dólares cada. Qual sua receita em reais sabendo-se que na época 1 dólar valia R$ 3,72?

11) Em relação ao exercício anterior, suponha que três anos depois seja exportado o mesmo lote de 30 000 calças, só que o preço da calça em dólares tenha subido para 30,90 dólares, em decorrência da inflação norte-americana de 3% no período. No mesmo período suponha que a taxa de inflação brasileira seja de 14%.
   a) Qual o valor da exportação em dólares?
   b) Qual o valor da exportação em reais se a taxa de câmbio for 1 dólar por R$ 3,80?
   c) Qual a taxa de câmbio, de modo que o valor da exportação em reais tenha o mesmo poder aquisitivo da exportação de 3 anos atrás?

168 Matemática Básica

RESPOSTAS DOS EXERCÍCIOS

1) 0,2257 dólar

2) 0,1953 euro

3) 0,8264 euro

4) 1 891,25 dólares

5) 2 564,10 euros

6) a) 3%   b) 2,92%

7) a) 4,52%   b) 4,32%

8) a) 5,36%   b) 5,66%

9) a) 10 000 dólares   b) 6 487,50 dólares   c) 14 723,68 dólares   d) –4 430,23 dólares

10) R$ 3 348 000,00

11) a) 927 000 dólares   b) R$ 3 522 600,00   c) 1 dólar = 4,1173 reais

TESTES DE REVISÃO DO CAPÍTULO

1) Dois sócios, André e Borba, formaram uma sociedade. André entrou com R$ 86 000,00 e Borba com R$ 43 000,00. Um ano depois, o negócio rendeu um lucro de R$ 21 000,00. Se os lucros forem proporcionais aos valores investidos, quanto de lucro coube a André?
a) R$ 12 000,00   d) R$ 18 000,00
b) R$ 14 000,00   e) R$ 20 000,00
c) R$ 16 000,00

2) 12 é que porcentagem de 80?
a) 9,6%   d) 14,6%
b) 12%   e) 15%
c) 13,6%

3) Silvana ganha $3\frac{1}{4}\%$ como comissão de suas vendas. Em um mês em que vendeu R$ 242 500,00, qual foi sua comissão?
a) R$ 7 100,00   d) R$ 7 881,25
b) R$ 7 344,75   e) R$ 8 102,50
c) R$ 7 546,50

Capítulo 5 | Porcentagens **169**

4) Um comerciante vende um tipo de malha por R$ 120,00. Qual o custo de fabricação da malha, sabendo-se que sua margem de contribuição sobre o custo é de 30%?
a) R$ 92,31
b) R$ 93,41
c) R$ 93,81
d) R$ 94,71
e) R$ 96,81

5) Uma padaria compra um refrigerante por R$ 2,40 a unidade e pretende vendê-lo com um *markup* de 60% sobre o preço de venda. Nessas condições, o preço de venda deve ser:
a) R$ 5,40
b) R$ 5,60
c) R$ 5,80
d) R$ 6,00
e) R$ 6,20

6) Uma taxa de inflação mensal de 1,7% acumula qual taxa em 10 meses?
a) 17%
b) 18,36%
c) 19,01%
d) 19,08%
e) 20,34%

7) Uma televisão, cujo preço era de R$ 2 200,00, foi anunciada com um desconto de 5%. Na semana seguinte, o mesmo produto foi anunciado com mais um desconto de 6% sobre o preço anterior, já com o primeiro desconto. Após os dois descontos, o preço passou a ser de:
a) R$ 1 958,00
b) R$ 1 954,60
c) R$ 1 946,80
d) R$ 1 964,60
e) R$ 1 974,20

8) A capacidade máxima mensal de produção de uma empresa de autopeças é de 2 300 unidades por mês e o custo mensal de produção é $300x + 78\,000$ em que x é a quantidade produzida. Em um mês em que a capacidade ociosa é de 15%, o custo médio de produção de uma peça é:
a) R$ 352,70
b) R$ 339,90
c) R$ 331,45
d) R$ 324,56
e) R$ 333,91

9) Em janeiro, um euro valia R$ 4,20 e, em dezembro, R$ 4,50. Podemos afirmar que o euro valorizou-se em relação ao real em:
a) 7,14%
b) 6,92%
c) 6,67%
d) 6,24%
e) 5,96%

170   Matemática Básica

10) Um sanduíche Big Mac custa R$ 14,50 no Brasil e US$ 4,20 nos Estados Unidos. Qual o valor teórico do dólar em relação ao real, de acordo com a teoria da paridade do poder de compra?

a) R$ 3,81

b) R$ 3,70

c) R$ 3,62

d) R$ 3,56

e) R$ 3,45

CAPÍTULO 6

Juros Simples e Descontos

6.1 Juros simples

De acordo com seus ganhos, planos e expectativas futuras, há pessoas e empresas que poupam dinheiro visando alcançar seus planos futuros. De outro lado, há pessoas, empresas e até o próprio governo que buscam empréstimos para satisfazer necessidades atuais, procurando meios de pagá-los no futuro.

O dinheiro poupado geralmente é emprestado àqueles que necessitam de empréstimos, mediante o pagamento de uma remuneração que é denominada *juro* (ou *juros*). De modo geral, essa remuneração visa cobrir as perdas pela inflação do período, a postergação do uso do dinheiro e, eventualmente, o risco de não pagamento por parte do tomador do empréstimo. As operações de empréstimo são geralmente intermediadas por uma instituição financeira, que capta de quem quer aplicar e empresta a quem necessita.

O valor emprestado é denominado *capital*, indicado por C, e o juro cobrado, por J.

Chamamos de taxa de juro, indicada por i, o valor do juro em uma unidade de tempo, e expressa por meio de uma porcentagem do valor emprestado.

Caso o empréstimo seja liquidado em um único pagamento, podemos realizar o cálculo dos juros de dois modos: utilizando o regime dos *juros simples* ou o regime dos *juros compostos*.

Veremos neste capítulo como é realizado o cálculo pelo regime dos *juros simples*. Consideremos um capital de R$ 5 000,00 que é emprestado a juros simples durante 4 meses, à taxa de 2% ao mês (indica-se 2% a.m.). Teremos:

- O juro do primeiro mês é 2% de 5 000, isto é: $5\ 000 \cdot (0{,}02) = 100$.
- No regime de juros simples, os juros dos demais meses são iguais aos do primeiro mês, isto é, 100.
- Portanto, o juro total após 4 meses é: $J = 100 + 100 + 100 + 100 = 400$.

De modo geral, se um capital C for emprestado a juros simples, à taxa i, durante n períodos de tempo (medido na unidade de tempo da taxa i), teremos:

172 Matemática Básica

- Juro do primeiro período: $C \cdot i$.
- Juros de cada um dos próximos períodos: $C \cdot i$.
- Juro total após n períodos: $J = C \cdot i + C \cdot i + C \cdot i + \ldots + C \cdot i = C \cdot i \cdot n$.

Em resumo, a fórmula dos juros simples é:

$$J = C \cdot i \cdot n$$

em que o tempo n é expresso na unidade de tempo da taxa.

O valor final a ser pago é denominado *montante* e indicado por M; isto é:

$$M = C + J$$

Exemplo:

Um capital de R$ 8 000,00 é emprestado a juros simples à taxa de 1,5% a.m. Calcule os juros e os montantes, se os prazos forem de:

a) 6 meses   b) 2 anos   c) 3 anos e meio

Temos:

a) $J = 8\,000 \cdot (0,015) \cdot 6 = 720$ e $M = 8\,000 + 720 = 8\,720$

b) $J = 8\,000 \cdot (0,015) \cdot 24 = 2\,880$ e $M = 8\,000 + 2\,880 = 10\,880$

c) $J = 8\,000 \cdot (0,015) \cdot 42 = 5\,040$ e $M = 8\,000 + 5\,040 = 13\,040$

A fórmula dos juros simples, embora tenha sido deduzida para prazos inteiros, é estendida também para prazos não inteiros.

Exemplo:

Um capital de R$ 9 000,00 é emprestado a juro simples, durante 18 dias, a uma taxa de juros de 3% a.m. Calcule o juro e o montante supondo um mês de 30 dias.

Como a taxa é mensal, devemos expressar o prazo n em meses, isto é, $n = \dfrac{18}{30} = 0,6$.

Portanto:

- $J = 9\,000 \cdot (0,03) \cdot 0,6 = 162$
- $M = 9\,000 + 162 = 9\,162$

Exemplo:

Qual o capital que, aplicado a juros simples a 12% ao ano (12% a.a.), durante 3 anos, resulta em um juro de R$ 12 000,00?

Seja C o capital aplicado. Então:

$$12\,000 = C \cdot (0,12) \cdot 3$$
$$12\,000 = 0,36 \cdot C$$
$$C = \frac{12\,000}{0,36} = 33\,333,33$$

Exemplo:

Durante quanto tempo um capital de R\$ 4 000,00 deve ser aplicado a juros simples, à taxa de juros de 1,8% a.m., para que dê um montante de R\$ 7 600,00?

Devemos achar o valor de n tal que $C + J = 7\,600$. Assim:

- $J = 7\,600 - 4\,000 = 3\,600$
- Como $J = Cin \Rightarrow 3\,600 = 4\,000 \cdot (0,018) \cdot n$
- Portanto, $72n = 3\,600$

$$n = \frac{3\,600}{72} = 50 \text{ meses.}$$

Exemplo:

Uma televisão é vendida, à vista, por R\$ 2 500,00 ou a prazo com 20% de entrada mais um pagamento de R\$ 2 100,00 após 3 meses. Qual a taxa mensal de juros simples do financiamento?

Temos:

- Entrada: $(0,20) \cdot 2\,500 = 500$
- Portanto, $C = 2\,500 - 500 = 2\,000$
- Como $M = 2\,100 \Rightarrow J = 2\,100 - 2\,000 = 100$
- Sendo $J = Cin \Rightarrow 100 = 2\,000 \cdot i \cdot 3$
- Assim, $6\,000i = 100$

$$i = \frac{100}{6\,000} = 0,0167 = 1,67\% \text{ am.}$$

Exemplo:

Qual o capital que, aplicado a juros simples, durante 5 meses, e à taxa de 2% a.m., dá um montante de R\$ 20 000,00?

Seja C o capital procurado.

Devemos ter:

$$C + J = 20\,000$$

Como $J = C \cdot (0,02) \cdot 5 = 0,1C$, então:

174 Matemática Básica

$$C + 0,1C = 20\,000$$

$$1,1C = 20\,000$$

$$C = \frac{20\,000}{1,1} = 18\,181,82.$$

EXERCÍCIOS

1) Calcule os juros simples pagos em cada um dos empréstimos:

	Capital	Taxa	Prazo
a)	6 000	2% a.m.	5 meses
b)	8 000	1,3% a.m.	2 anos
c)	5 000	4% a.t. (ao trimestre)	1 ano e meio

2) Qual o montante de uma aplicação de R$ 14 000,00, a juros simples, durante 2 anos, à taxa de 1,2% a.m.?

3) Qual o montante de um empréstimo de R$ 7 500,00, a juros simples, durante meio ano, à taxa de 2,4% a.m.?

4) Qual o capital que, aplicado a juros simples, durante 5 meses, à taxa de 1% a.m., rende um juro de R$ 12 000,00?

5) Qual o juro e qual o montante de uma aplicação de R$ 34 000,00, a juros simples, durante 18 dias, à taxa de 1,8% a.m.? (considere o mês de 30 dias)

6) Qual o capital que, aplicado a juros simples, durante 8 meses, à taxa de 2,2% a.m., rende um juro de R$ 4 500,00?

7) Qual o capital que, aplicado a juros simples, durante meio ano, à taxa de 3% a.t. (ao trimestre), dá um montante de R$ 8 000,00?

8) Durante quanto tempo um capital de R$ 4 000,00 deve ser aplicado a juros simples e à taxa de juros de 2,2% a.m. para dar um montante de R$ 5 320,00?

9) Um capital de R$ 5 400,00 foi aplicado a juros simples à taxa de juros de 2,4% a.m., resultando em um montante de R$ 7 344,00. Qual o prazo da aplicação?

10) Em qual prazo um capital aplicado a juros simples e à taxa de 4% a.t. resulta em um montante igual ao triplo do capital?

Capítulo 6 | Juros Simples e Descontos **175**

11) Uma geladeira é vendida à vista por R$ 2 800,00 ou a prazo com R$ 600,00 de entrada mais um pagamento de R$ 2 400,00 após 4 meses. Qual a taxa mensal de juros simples do financiamento?

12) Um terno, cujo preço à vista é de R$ 2 000,00, é vendido com 30% de entrada mais um pagamento de R$ 1 550,00 após 3 meses. Qual a taxa mensal de juros simples do financiamento?

13) Uma jaqueta é vendida por R$ 700,00 em dois pagamentos iguais, sem acréscimo, sendo um no ato da compra e outro um mês depois. Caso o pagamento seja feito à vista, há um desconto de 4% sobre os R$ 700,00. Qual a taxa mensal de juros simples implícita no pagamento a prazo?

14) Uma calculadora financeira é vendida por R$ 300,00 em dois pagamentos iguais, sem acréscimo, sendo um no ato da compra e outro após 3 meses. Se o pagamento for à vista haverá um desconto de 5% sobre os R$ 300,00. Qual a taxa mensal de juros simples implícita no pagamento a prazo?

RESPOSTAS DOS EXERCÍCIOS

1)   a) 600   b) 2 496   c) 1 200

2)   R$ 18 032,00

3)   R$ 8 580,00

4)   R$ 240 000,00

5)   R$ 367,20 e R$ 34 367,20

6)   R$ 25 568,18

7)   R$ 7 547,17

8)   15 meses

9)   15 meses

10)   50 trimestres

11)   2,27% a.m.

12)   3,57% a.m.

176 Matemática Básica

13) 8,70% a.m.

14) 3,70% a.m.

6.2 Juro exato e juro comercial

Quando uma operação é expressa em dias e a taxa de juros é dada ao mês ou ao ano, algumas considerações precisam ser feitas para se saber a que período de dias ela se refere. Em primeiro lugar, cada mês do calendário civil tem certo número de dias, que varia de 28 a 31; o ano civil tem 365 dias, ou 366 se o ano for bissexto.

Para contornar essa variabilidade, introduziu-se o chamado *calendário comercial*, em que uma taxa mensal refere-se sempre a um período de 30 dias, qualquer que seja o mês; consequentemente, o ano comercial tem 360 dias, e a taxa anual refere-se a um prazo de 360 dias.

Caso adotemos a fórmula dos juros simples utilizando o calendário civil, o resultado é denominado *juro exato*; caso utilizemos o calendário comercial, o resultado é chamado de *juro comercial*. Em geral, é utilizado o calendário comercial, e é o que faremos daqui para frente, salvo menção em contrário.

Exemplo:

Um empréstimo de R$ 24 000,00 foi feito a juros simples, por 90 dias, a uma taxa de juros de 18% a.a. Calcule o juro exato (ano não bissexto) e o juro comercial.

Temos:

- Juro exato: $J = 24\,000 \cdot (0,18) \cdot \dfrac{90}{365} = 1\,065,21$

- Juro comercial: $J = 24\,000 \cdot (0,18) \cdot \dfrac{90}{360} = 1\,080,00$.

Exemplo:

Um capital de R$ 12 000,00 é emprestado a juros simples, durante 125 dias, a uma taxa de juros de 30% a.a. Calcule o juro e o montante, supondo um ano de 365 dias (juro exato).

Como a taxa é anual, devemos expressar o prazo n em anos, isto é, $n = \dfrac{125}{365} = 0,3425$.

Portanto:

- $J = 12\,000 \cdot (0,30) \cdot 0,3425 = 1\,233$
- $M = 12\,000 + 1\,233 = 13\,233$

Capítulo 6 | Juros Simples e Descontos **177**

Caso tivéssemos aplicado diretamente a fórmula $J = 12\ 000(0,30)\dfrac{125}{365}$ e multiplicado os numeradores para, em seguida, dividirmos por 365, o valor encontrado seria 1 232,88. A diferença foi devida a arredondamentos.

Exemplo:

Um capital de R$ 12 000,00 é emprestado a juros simples, durante 125 dias, a uma taxa de juros de 30% a.a. Calcule o juro e o montante, supondo um ano de 360 dias (juro comercial).

Como a taxa é anual, devemos expressar o prazo n em anos, isto é, $n = \dfrac{125}{360} = 0{,}3472$.

Portanto:

- $J = 12\ 000 \cdot (0{,}30) \cdot 0{,}3472 = 1\ 249{,}92$
- $M = 12\ 000 + 1\ 249{,}72 = 13\ 249{,}72$

Caso tivéssemos aplicado diretamente a fórmula $J = 12\ 000(0,30)\dfrac{125}{360}$ e multiplicado os numeradores para, em seguida, dividirmos por 360, o valor encontrado seria 1 250. A diferença foi devida a arredondamentos.

EXERCÍCIOS

1) Qual o juro simples de um empréstimo de R$ 15 000,00, à taxa de 20% a.a., se os prazos forem de:
   a) 90 dias?　　　　b) 180 dias?　　　　c) 148 dias?

2) Qual o montante de uma aplicação de R$ 32 000,00, a juros simples, durante 169 dias, à taxa de 14% a.a.?

3) Qual o juro e qual o montante de uma aplicação de R$ 15 000,00, a juros simples, durante 72 dias, à taxa de 16% a.a.?

4) Qual o juro e qual o montante de uma aplicação de R$ 16 000,00, a juros simples, durante 86 dias, à taxa de 14% a.a.?

5) Qual o juro e qual o montante de uma aplicação de R$ 34 000,00, a juros simples, durante 428 dias, à taxa de 18% a.a.?

6) Durante quanto tempo um capital de R$ 36 000,00 deve ser aplicado a juros simples e à taxa de 12% a.a. para dar um juro de R$ 850,00?

7) Qual valor deve ser aplicado a juros simples, durante 125 dias, à taxa de 24% a.a., para dar um montante de R$ 15 600,00?

8) Em qual prazo um capital aplicado a juros simples e à taxa de 8% a.a. resulta em um montante igual ao dobro do capital?

9) Uma aplicação de R$ 12 000,00, a juros simples e à taxa de 14,5% a.a., resultou em um montante igual a R$ 12 275,50. Qual o prazo da operação em dias?

10) Um capital duplicou ao ser aplicado a juros simples pelo prazo de 936 dias. Qual a taxa anual de juros?

11) Ronaldo aplicou R$ 3 500,00, a juros simples, durante 8 meses, à taxa de 1,6% a.m. O montante resultante foi reaplicado a juros simples por mais 8 meses, à taxa de 14,2% a.a. Qual o montante final?

12) Regina tem duas opções para aplicar seu capital de R$ 24 000,00:
   - aplicá-lo por 1 ano, a juros simples, à taxa de 1,7% a.m.; ou
   - aplicar o mesmo capital, a juros simples, por 6 meses, à taxa de 1,6% a.m., e reaplicar o montante por mais 6 meses a juros simples.
   a) Qual taxa mensal deverá vigorar daqui a 6 meses para que os montantes das duas alternativas sejam iguais?
   b) Se daqui a 6 meses vigorar a taxa de 1,9% a.m., quanto Regina ganhará a mais caso tenha escolhido a melhor alternativa?

13) Empréstimos tipo *Hot Money* são aqueles de curtíssimo prazo (em geral, de 1 dia) feitos de bancos para empresas. A fórmula utilizada é a de juros simples. Qual o montante de um empréstimo tipo *Hot Money* de R$ 200 000,00 por 1 dia, à taxa de juros simples de 2,4% a.m.?

14) Um empréstimo tipo *Hot Money* de R$ 180 000,00 foi feito a uma empresa por 1 dia, à taxa de 2,2% a.m. No dia seguinte, o empréstimo foi renovado por mais 1 dia, à taxa de 2,3% a.m., com base no montante do empréstimo anterior. Qual o montante final?

15) Um empréstimo tipo *Hot Money* de R$ 230 000,00 foi feito a uma empresa por 1 dia, à taxa de 2% a.m. No dia seguinte, o empréstimo foi renovado por mais 1 dia, à taxa de 2,1% a.m., com base no montante do empréstimo anterior. Qual o montante final?

Capítulo 6 | Juros Simples e Descontos **179**

16) Um empréstimo tipo *Hot Money* de R$ 240 000,00 foi feito a uma empresa por 1 dia, à taxa de 2,1% a.m. O empréstimo foi renovado por mais 2 dias às taxas de 2,2% a.m. e 2% a.m. Qual o montante final?

17) Um empréstimo tipo *Hot Money* de R$ 300 000,00 foi feito a uma empresa por 1 dia, à taxa de 1,7% a.m. O empréstimo foi renovado por mais 2 dias às taxas de 1,8% a.m. e 1,9% a.m. Qual o montante final?

RESPOSTAS DOS EXERCÍCIOS

1) **a)** R$ 750,00   **b)** R$ 1 500,00   **c)** R$ 1 233,33

2) R$ 34 103,11

3) R$ 480,00 e R$ 15 480,00

4) R$ 535,11 e R$ 16 535,11

5) R$ 7 276,00 e R$ 41 276,00

6) 0,1968 ano

7) R$ 14 400,44

8) 12,5 anos

9) 57 dias

10) 38,46% a.a.

11) R$ 4 321,74

12) **a)** 1,64% a.m.   **b)** R$ 406,66

13) R$ 200 160,00

14) R$ 180 270,10

15) R$ 230 314,44

16) R$ 240 504,35

17) R$ 300 540,32

180 Matemática Básica

6.3 Descontos simples

Ao efetuar uma venda de um produto ou serviço a prazo, uma empresa pode utilizar diversos instrumentos para o recebimento dessa venda, como duplicatas, promissórias, cheques pré-datados ou cartões de crédito.

Ao atingir a data de pagamento, a empresa pode realizar a cobrança e, então, receber o valor devido da venda. Muitas vezes, a empresa, necessitando de recursos, pode antecipar esses recebimentos por meio de uma operação bancária denominada *desconto de títulos*, também chamada de antecipação de recebíveis.

O cálculo realizado nessa operação é o seguinte: seja N o valor do título na data de seu vencimento, d a *taxa de desconto* utilizada pelo banco e n o prazo até o vencimento do título (expresso na mesma unidade da taxa de desconto).

- O *desconto do título* é dado pela fórmula:

$$D = N \cdot d \cdot n$$

- O valor antecipado, recebido pela empresa, chamado de valor líquido do título, é dado por:

$$V_l = N - D$$

- Uma vez realizada a operação de desconto, o banco passa a ser o portador do direito ao recebimento do título.

Exemplo:

Uma empresa descontou, junto a um banco, uma duplicata de R$ 4 500,00 referente a uma venda realizada, com vencimento após 2 meses. O banco descontou a duplicata a uma taxa de desconto de 1,5% a.m.

Temos:

- Desconto da duplicata: $D = 4\,500 \cdot (0,015) \cdot 2 = 135$.
- Valor líquido recebido no ato pela empresa: $V_l = 4\,500 - 135 = 4\,365$.
- O banco ficou com direito a receber a duplicata (R$ 4 500,00) após 2 meses.

Exemplo:

Em relação ao exemplo anterior, qual a taxa mensal de juros simples que o banco recebeu na operação?

Temos:

- Capital emprestado pelo banco: 4 365.

Capítulo 6 | Juros Simples e Descontos **181**

- Montante recebido pelo banco: 4 500.
- Juro recebido pelo banco: 4 500 − 4 365 = 135.
- Como $J = Cin \Rightarrow 135 = 4\,365 \cdot i \cdot 2$.
- Logo, $8\,730 \cdot i = 135 \Rightarrow i = \dfrac{135}{8\,730} = 0,0155 = 1,55\%$ a.m.

Observemos que a taxa de juros difere da taxa de desconto. A primeira incide sobre o capital para dar os juros, e a segunda incide sobre o valor final para dar os juros.

Exemplo:

Um comerciante leva a um banco um cheque pré-datado de R$ 2 500,00 com vencimento após 96 dias para ser descontado. O banco cobra uma taxa de desconto de 2,2% a.m.

a) Qual o desconto?

b) Qual o valor líquido recebido pelo comerciante, sabendo-se que o banco cobra também uma taxa de serviço de R$ 40,00 que é paga no ato do recebimento por parte do comerciante?

Temos:

a) $D = 2\,500 \cdot (0,022) \cdot \dfrac{96}{30} = 176$

b) Valor líquido recebido: 2 500 − 176 − 40 = 2 284.

Exemplo:

Para reformar seu escritório de arquitetura, Clarisse precisou tomar um empréstimo bancário por meio da assinatura de uma nota promissória. O banco concedeu um prazo de 150 dias e uma taxa de desconto de 1,5% a.m. Se Clarisse precisava de R$ 24 000,00, qual o valor da promissória assinada?

Seja N o valor da promissória assinada. Tendo em conta que o prazo é de $\dfrac{150}{30} = 5$ meses, devemos ter:

$$N - N \cdot (0,015) \cdot 5 = 24\,000$$

$$N - 0,075 \cdot N = 24\,000$$

$$0,925 \cdot N = 24\,000$$

$$N = \frac{24\,000}{0,925} = 25\,945,95.$$

182 Matemática Básica

Em resumo, Clarisse recebeu, no ato, R$ 24 000,00 e ficou devendo para o banco R$ 25 945,95, valor a ser pago por meio da promissória após 5 meses (150 dias).

Exemplo:

Uma empresa leva a um banco duas duplicatas para serem descontadas, a primeira de R$ 4 500,00, com vencimento daqui a 3 meses, e outra de R$ 7 200,00, com vencimento daqui a 72 dias. Qual o valor líquido recebido pela empresa se a taxa de desconto cobrada pelo banco for 1,6% a.m.?

Temos:

$$\begin{cases} D_1 = 4\,500 \cdot (0,016) \cdot 3 = 216 \\ V_{I_1} = 4\,500 - 216 = 4\,284 \end{cases}$$

$$\begin{cases} D_2 = 7\,200 \cdot (0,016) \cdot \dfrac{72}{30} = 276,48 \\ V_{I_2} = 7\,200 - 276,48 = 6\,923,52 \end{cases}$$

Resposta: 4 284 + 6 923,52 = 11 207,52.

Exemplo:

Um cliente adquiriu em uma loja um terno de R$ 1 800,00 para pagamento com cartão de crédito em 3 parcelas iguais. Sabendo que os pagamentos serão após 30/60/90 dias, qual o valor líquido recebido pelo lojista caso ele antecipe esses recebíveis a uma taxa de desconto de 3% a.m.?

Temos:

- Valor de cada parcela: 1 800 ÷ 3 = 600.
- Valor líquido recebido pela 1ª parcela: 600 – 600(0,03) · 1 = 582.
- Valor líquido recebido pela 2ª parcela: 600 – 600(0,03) · 2 = 564.
- Valor líquido recebido pela 3ª parcela: 600 – 600(0,03) · 3 = 546.
- Valor líquido total recebido pela loja: 582 + 564 + 546 = 1 692.

EXERCÍCIOS

1) Uma empresa realizou uma venda de R$ 15 000,00, concedendo ao comprador um prazo de 3 meses para pagamento, emitindo uma duplicata com aquele valor. A empresa, necessitando de dinheiro, antecipou esse recebível em um banco, que cobrou a taxa de desconto de 1,8% a.m.

   a) Qual o desconto?

Capítulo 6 | Juros Simples e Descontos **183**

    b)   Qual o valor líquido recebido pela empresa?

    c)   Qual a taxa mensal de juros simples cobrada?

2)   Uma empresa descontou em um banco uma duplicata de R$ 7 200,00, com prazo de vencimento de 2 meses, a uma taxa de desconto de 2,3% a.m.

    a)   Qual o desconto?

    b)   Qual o valor líquido recebido pela empresa?

    c)   Qual a taxa mensal de juros simples cobrada pelo banco?

3)   Resolva o exercício anterior considerando que o prazo de vencimento da duplicata seja de 105 dias.

4)   Resolva o Exercício 2 considerando um prazo de 132 dias.

5)   Uma duplicata com prazo de vencimento de 3 meses foi descontada em um banco a uma taxa de desconto de 3,5% a.m. Qual a taxa mensal de juros simples cobrada?

6)   Uma duplicata com prazo de vencimento de 5 meses foi descontada em um banco a uma taxa de desconto de 3,5% a.m. Qual a taxa mensal de juros simples cobrada?

7)   Uma empresa levou a um banco uma duplicata de R$ 9 000,00, com prazo de vencimento de 72 dias, de modo a descontá-la para antecipar esse recebimento. Sabendo que o banco utiliza uma taxa de desconto de 2% a.m., pede-se:

    a)   O desconto.

    b)   O valor líquido recebido pela empresa, considerando que o banco cobra também uma taxa de serviço de R$ 60,00.

8)   Uma empresa levou a um banco uma promissória de R$ 6 000,00, com prazo de vencimento de 88 dias, de modo a descontá-la para antecipar esse recebimento. Sabendo que o banco utilizou uma taxa de desconto de 1,6% a.m., pede-se:

    a)   O desconto.

    b)   O valor líquido recebido pela empresa, considerando que o banco cobrou também uma taxa de serviço igual a 0,5% do valor do título.

    c)   Nas condições do item anterior, qual a taxa de juros simples cobrada pelo banco, levando-se em conta a taxa de serviço?

9) Precisando de dinheiro, uma empresa solicitou a um banco um empréstimo por 90 dias. O banco ofereceu a possibilidade de a empresa assinar uma promissória, com prazo de 90 dias, no valor de R$ 40 000,00. Após descontar a promissória a uma taxa de desconto de 2% a.m., o banco adiantou à empresa o valor líquido da promissória.
   a) Qual esse valor líquido?
   b) Qual a taxa mensal de juros simples efetivamente cobrada?

10) Em relação ao exercício anterior, qual deveria ser o valor da promissória caso a empresa necessitasse receber um valor líquido de R$ 40 000,00?

11) Para reformar sua casa, Ernesto precisou tomar um empréstimo bancário mediante a assinatura de uma nota promissória. O banco concedeu um prazo de 120 dias e uma taxa de desconto de 1,8% a.m. Se Ernesto precisava de R$ 15 000,00, qual o valor da promissória assinada?

12) Ao solicitar um empréstimo em um banco por 120 dias, uma empresa assinou uma nota promissória no valor de R$ 120 000,00 e recebeu um valor líquido de R$ 108 000,00. Qual a taxa de desconto utilizada pelo banco?

13) Ao descontar uma promissória de R$ 4 500,00 em um banco, com prazo de vencimento de 3 meses, uma empresa recebeu um valor líquido de R$ 4 230,00.
   a) Qual a taxa mensal de desconto utilizada pelo banco?
   b) Qual a taxa mensal de juros simples cobrada?

14) Um cheque pré-datado de R$ 2 500,00 foi descontado em um banco 72 dias antes do vencimento, resultando para a empresa portadora do cheque o valor líquido de R$ 2 370,00. Qual a taxa de desconto utilizada?

15) Uma duplicata de R$ 6 500,00 foi descontada por uma empresa, em um banco, a uma taxa de desconto de 2,4% a.m. Obtenha o prazo de vencimento do título, sabendo que o valor líquido recebido pela empresa foi de R$ 5 954,00.

16) Duas duplicatas de R$ 5 000,00 cada, vencíveis após 2 e 3 meses, foram descontadas em um banco por uma empresa. Qual o valor líquido recebido pela empresa, sabendo-se que o banco utilizou uma taxa de desconto de 2,2% a.m.?

17) Um comerciante entregou a um banco três cheques pré-datados, de R$ 1 400,00, R$ 2 500,00 e R$ 3 400,00, com prazos respectivos de 2 meses, 3 meses e 96 dias, para serem descontados. Qual o valor líquido recebido pelo comerciante, sabendo-se que o banco utiliza uma taxa de desconto de 1,6% a.m.?

18) A conta de almoço de uma família em um restaurante foi de R$ 180,00. O pagamento foi feito por cartão de crédito, em pagamento único, após 30 dias. Caso o restaurante antecipe o recebível, a uma taxa de desconto de 3% a.m., qual o valor líquido recebido?

19) Certa loja vendeu um terno de R$ 2 100,00 em três pagamentos iguais por cartão de crédito após um, dois e três meses da compra. Qual o valor líquido recebido pela loja, caso ela antecipe esses recebíveis a uma taxa de desconto de 2,6% a.m.?

20) Uma farmácia efetuou uma venda de R$ 360,00 em cartão de crédito para pagamentos iguais após um e dois meses. Qual o valor líquido recebido pela farmácia caso antecipe esses recebíveis a uma taxa de desconto de 2,4% a.m.?

21) Um cliente adquiriu, em uma loja, um *notebook* cujo preço era de R$ 3 000,00 para pagamento em cartão de crédito em quatro parcelas iguais. Sabendo-se que os pagamentos serão após 30/60/90/120 dias, qual o valor líquido recebido pelo lojista caso ele antecipe esses recebíveis a uma taxa de desconto de 3% a.m.?

22) Um consumidor comprou camisas, em uma loja, no valor total de R$ 1 500,00 para pagamento com cartão de crédito em dois pagamentos iguais após 20 e 50 dias. Caso o lojista antecipe esses recebíveis, qual o valor líquido recebido, sabendo-se que o banco utiliza uma taxa de desconto de 2% a.m.?

23) Uma loja vendeu uma impressora de R$ 450,00 em três pagamentos iguais pelo cartão de crédito após 25, 55 e 85 dias. Caso haja antecipação desse recebível, qual o valor recebido pela loja, sabendo-se que o banco utiliza uma taxa de desconto de 1,9% a.m.?

RESPOSTAS DOS EXERCÍCIOS

1) **a)** R$ 810,00   **b)** R$ 14 190,00   **c)** 1,90% a.m.

2) **a)** R$ 331,20   **b)** R$ 6 868,80   **c)** 2,41% a.m.

3) **a)** R$ 579,60   **b)** R$ 6 620,40   **c)** 2,5% a.m.

4) **a)** R$ 728,64   **b)** R$ 6 471,36   **c)** 2,56% a.m.

5) 3,91% a.m.

6) 4,24% a.m.

7) **a)** R$ 432,00   **b)** R$ 8 508,00

8) **a)** R$ 281,60   **b)** R$ 5 688,40   **c)** 1,87% a.m.

9) **a)** R$ 37 600,00   **b)** 2,13% a.m.

10) R$ 42 553,19

11) R$ 16 163,79

12) 2,5% a.m.

13) **a)** 2% a.m.   **b)** 2,13% a.m.

14) 2,17% a.m.

15) 3,5 meses ou 105 dias

16) R$ 9 450,00

17) R$ 6 961,12

18) R$ 174,60

19) R$ 1 990,80

20) R$ 374,04

21) R$ 2 775,00

22) R$ 1 465,00

23) R$ 434,33

Capítulo 6 | Juros Simples e Descontos **187**

TESTES DE REVISÃO DO CAPÍTULO

1) Um empréstimo de R$ 12 500,00 foi feito, a juros simples, pelo prazo de 1 ano e 3 meses, à taxa de juros de 1,5% ao mês. Qual o montante do empréstimo?
   a) R$ 12 858,75
   b) R$ 13 735,50
   c) R$ 14 208,25
   d) R$ 15 312,50
   e) R$ 16 112,25

2) Rafael comprou um terreno, cujo preço à vista era de R$ 80 000,00, pagando R$ 20 000,00 de entrada e o saldo em um único pagamento após 7 meses. Calcule o valor do pagamento, sabendo que o saldo foi pago com juros simples à taxa de 12% ao ano.
   a) R$ 62 400,00
   b) R$ 63 600,00
   c) R$ 64 200,00
   d) R$ 65 800,00
   e) R$ 66 000,00

3) Qual o valor que deve ser aplicado a juros simples, durante 5 meses, à taxa de juros de 1,2% ao mês, para gerar um montante de R$ 21 000,00?
   a) R$ 19 811,00 aproximadamente
   b) R$ 19 816,00 aproximadamente
   c) R$ 19 821,00 aproximadamente
   d) R$ 19 826,00 aproximadamente
   e) R$ 19 831,00 aproximadamente

4) Durante quanto tempo um capital deve ser aplicado a juros simples, e à taxa de 1,5% ao mês, para dar um montante 75% superior ao capital aplicado?
   a) 30 meses
   b) 35 meses
   c) 40 meses
   d) 45 meses
   e) 50 meses

5) Um eletrodoméstico é vendido à vista por R$ 800,00, ou a prazo com R$ 250,00 de entrada mais um pagamento de R$ 720,00 após 4 meses. A taxa mensal de juros simples do financiamento é:
   a) 8,73%
   b) 7,73%
   c) 6,73%
   d) 5,73%
   e) 4,73%

6) Um fogão é vendido à vista por R$ 1 800,00, ou a prazo com 20% de entrada mais um pagamento de R$ 1 520,00 após 3 meses. A taxa mensal de juros simples do financiamento é:
   a) 1,48%
   b) 1,56%
   c) 1,85%
   d) 1,66%
   e) 1,75%

188 Matemática Básica

7) Uma empresa descontou em um banco uma duplicata, com prazo de 2 meses até o vencimento, no valor de R$ 1 400,00. Qual o valor líquido recebido, se a taxa de desconto for de 2,1% ao mês?

a) R$ 1 341,20

b) R$ 1 381,20

c) R$ 1 362,34

d) R$ 1 377,60

e) R$ 1 340,00

8) Uma empresa descontou em um banco dois cheques de R$ 6 000,00 cada, pré-datados, com prazos de vencimento de 2 meses e 45 dias. Qual o valor líquido recebido se a taxa de desconto for de 1,8% ao mês?

a) R$ 11 322,00

b) R$ 11 422,00

c) R$ 11 522,00

d) R$ 11 622,00

e) R$ 11 722,00

9) Uma empresa antecipou o pagamento de uma venda de R$ 1 500,00 feito em cartão de crédito em dois pagamentos em 30 e 60 dias. Qual o valor líquido recebido se a taxa de desconto utilizada for de 2,5% ao mês?

a) R$ 1 403,12

b) R$ 1 424,90

c) R$ 1 432,56

d) R$ 1 443,75

e) R$ 1 448,90

10) Uma loja antecipou o pagamento de uma venda de R$ 2 700,00 feito em cartão de crédito em três pagamentos em 30, 60 e 90 dias. Qual o valor líquido recebido se a taxa de desconto utilizada for de 2% ao mês?

a) R$ 2 572,00

b) R$ 2 582,00

c) R$ 2 592,00

d) R$ 2 602,00

e) R$ 2 612,00

CAPÍTULO 7

Juros Compostos

7.1 Fórmula do montante

O regime de *juros compostos* é o adotado na maioria das aplicações, reservando-se o regime de juros simples para algumas operações de curto prazo.

Para explicar o regime de juros compostos, consideremos um empréstimo de R$ 5 000,00 a ser pago em uma única parcela após 3 anos, sendo cobrados juros compostos à taxa de 10% a.a.

Chamemos a data de hoje de 0, daqui a 1 ano de 1, daqui a 2 anos de 2, e daqui a 3 anos de 3.

- Juro gerado no $1^{\underline{o}}$ ano: $5\ 000 \cdot (0{,}10) = 500$.
- O juro gerado no $1^{\underline{o}}$ ano se incorpora ao capital gerando, na data 1, o montante $M_1 = 5\ 000 + 500 = 5\ 500$.
- O juro gerado no $2^{\underline{o}}$ ano é obtido multiplicando-se a taxa de 10% a.a. pelo montante M_1, isto é: $5\ 500 \cdot (0{,}10) = 550$.
- O juro gerado no $2^{\underline{o}}$ ano se incorpora ao montante M_1, gerando ao final do $2^{\underline{o}}$ ano o montante $M_2 = 5\ 500 + 550 = 6\ 050$.
- O juro gerado no $3^{\underline{o}}$ ano é obtido multiplicando-se a taxa de 10% a.a. pelo montante M_2, isto é: $6\ 050 \cdot (0\ 10) = 605$.
- O juro gerado no $3^{\underline{o}}$ ano se incorpora ao montante M_2, gerando ao final do $3^{\underline{o}}$ ano um montante final $M_3 = 6\ 050 + 605 = 6\ 655$.

De modo geral, vamos obter o montante de um empréstimo de um capital C, a ser pago de uma única vez após n períodos de tempo, sendo cobrados juros compostos à taxa i por período.

Chamemos a data de hoje de 0, daqui a 1 ano de 1, daqui a 2 anos de 2 e assim por diante até a data n daqui a n períodos de tempo.

Temos:

- $M_1 = C + C \cdot 1 = C(1 + i)$

190 Matemática Básica

- $M_2 = M_1 + M_1 \cdot i = M_1(1 + i) = C(1 + i)(1 + i) = C(1 + i)^2$
- $M_3 = M_2 + M_2 \cdot i = M_2(1 + i) = C(1 + i)^2(1 + i) = C(1 + i)^3$

Generalizando, podemos perceber que, na data n, o montante será dado por:

$$M_n = C(1 + i)^n$$

Isto é, o montante após n períodos de tempo será o produto do capital por 1 mais a taxa elevado ao prazo de pagamento, expresso na unidade de tempo da taxa.

Exemplo:

Um capital de R$ 4 000,00 é aplicado a juros compostos durante 6 meses à taxa de juros de 2% a.m. Qual o montante?

Como o prazo está expresso na unidade de tempo da taxa, teremos $n = 6$. Assim,

$$M = 4\ 000(1,02)^6 = 4\ 504,65$$

Nesse cálculo, em primeiro lugar, calculamos a potência $(1,02)^6$ utilizando a tecla de potenciação de uma calculadora e, em seguida, com o resultado no visor, multiplicamos por 4 000, obtendo o resultado final.

De modo geral, a tecla de potenciação das calculadoras é simbolizada por y^x ou ainda x^y .

Se tivéssemos calculado $(1,02)^6$ utilizando 4 casas decimais na calculadora e anotado o resultado, teríamos encontrado 1,1262. Ao multiplicarmos 4 000 por 1,1262, o resultado seria 4 504,80, que é ligeiramente diferente do anterior. Entretanto, ambos os resultados estão corretos, tratando-se de um problema de arredondamento. O leitor deve ter isto em mente, pois, ao resolver os exercícios, poderá encontrar essas pequenas diferenças devidas ao arredondamento. Recomendamos, todavia, que o leitor utilize no mínimo 4 casas decimais.

Exemplo:

Roberto aplicou R$ 8 000,00 a juros compostos por 2 anos, à taxa de juros de 1,5% a.m. Qual o montante recebido?

Como a taxa está ao mês, devemos expressar o prazo em meses. Portanto $n = 24$. Então,

$$M = 8\ 000(1,015)^{24} = 11\ 436,02$$

Eventualmente, o leitor pode pensar se não poderíamos transformar a taxa de 1,5% a.m. em taxa anual, por proporcionalidade, multiplicando-a por 12 obtendo 18% a.a.

e aplicando a fórmula do seguinte modo: $M = 8\ 000(1,18)^2$; nesse caso, obteríamos o resultado 11 139,20. O erro cometido foi achar que uma taxa de 1,5% a.m. aplicada sucessivamente em 12 meses daria uma taxa de 18% a.a., o que não é verdade, pois trata-se de regime de juros compostos ou de juros sobre juros.

Veremos na próxima seção como transformar uma taxa de 1,5% a.m. em taxa anual equivalente.

Exemplo:

Haroldo planeja efetuar 4 depósitos mensais de R$ 5 000,00, cada um em uma aplicação que rende 1% a.m., e não efetuar saques. Qual seu montante 2 meses após o último depósito?

Temos:

- O 1º depósito ficará aplicado por 5 meses.
- O 2º depósito ficará aplicado por 4 meses.
- O 3º depósito ficará aplicado por 3 meses.
- O 4º depósito ficará aplicado por 2 meses.

Veja a figura a seguir e suponha o 1º depósito na data 1, o 2º na data 2, o 3º na data 3 e o 4º na data 4. O montante será calculado na data 6.

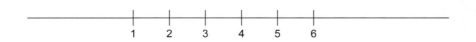

Chamando de M o montante final, teremos:

$$M = 5\ 000(1,01)^5 + 5\ 000(1,01)^4 + 5\ 000(1,01)^3 + 5\ 000(1,01)^2$$

$$M = 5\ 255,05 + 5\ 203,02 + 5\ 151,51 + 5\ 100,50$$

$$M = 20\ 710,08$$

Exemplo:

Silvio realizou uma aplicação de R$ 12 000,00 a juros compostos em um banco, pelo prazo de 144 dias. Calcule o montante sabendo que o banco remunerou a aplicação à taxa de juros de 8% a.a.

Como a taxa está ao ano, devemos expressar o prazo em anos. Nesse caso, 144 dias corresponde a uma fração do ano, isto é, $n = \dfrac{144}{360} = 0,4$, em que consideramos o ano comercial de 360 dias.

Assim:

$$M = 12\ 000(1,08)^{0,4} = 12\ 375,16$$

192 Matemática Básica

Exemplo:

Qual o capital que devemos aplicar, a juros compostos, pelo prazo de 180 dias e à taxa de 7,5% a.a., para recebermos um montante de R$ 15 000,00?

Como a taxa está ao ano, devemos expressar o prazo em anos. Portanto, $n = \dfrac{180}{360} = 0,5$.

Assim, chamando de C o capital procurado, temos:

$$15\ 000 = C(1,075)^{0,5} \text{ ou}$$

$$1,0368 \cdot C = 15\ 000$$

$$C = \frac{15\ 000}{1,0368} = 14\ 467,59.$$

Exemplo:

Luisa aplicou R$ 5 000,00 em um banco, a juros compostos, pelo prazo de 5 meses, e recebeu um montante de R$ 5 400,00. Qual a taxa mensal de juros recebida?

Seja i a taxa mensal procurada. Devemos ter:

$$5\ 400 = 5\ 000(1 + i)^5$$

$$(1 + i)^5 = 1,08$$

Elevando ambos os membros da equação a expoente $\dfrac{1}{5}$, temos:

$$[(1+i)^5]^{\frac{1}{5}} = [1,08]^{\frac{1}{5}}$$

$$[1+i]^{\frac{5}{5}} = [1,08]^{0,2}$$

$$[1 + i]^1 = 1,0155$$

$$1 + i = 1,0155$$

$$i = 1,0155 - 1$$

$$i = 0,0155 = 1,55\% \text{ a.m.}$$

Observemos que, se tivermos uma equação do tipo $(1 + i)^k = b$, a ferramenta básica consiste em elevarmos ambos os membros da equação ao inverso de k, isto é, $\dfrac{1}{k}$, pois, dessa forma, conseguiremos, por multiplicação dos expoentes, tornar o termo com a incógnita a ter expoente 1.

EXERCÍCIOS

1) Calcule o montante da aplicação de R$ 8 000,00 a juros compostos, à taxa de juros de 1% a.m., considerando os seguintes prazos:

a) 9 meses   b) 2 anos   c) 5 trimestres   d) 3 semestres

2) Calcule o montante da aplicação de R$ 12 000,00 a juros compostos, à taxa de 5% a.t. (ao trimestre), considerando os seguintes prazos:

a) 3 trimestres   b) 3 anos   c) 6 quadrimestres

3) Qual o juro de uma aplicação de R$ 15 000,00 a juros compostos, durante 2 anos, à taxa de 1,5% a.m.?

4) O Sr. Moura, ao se aposentar, retirou o saldo de seu Fundo de Garantia, no valor de R$ 260 000,00, e aplicou a juros compostos pelo prazo de 10 anos. Calcule o montante se a taxa de juros for:

a) 0,75% a.m.   b) 1,2% a.m.   c) 9% a.a.

5) Um executivo estrangeiro trouxe ao Brasil 150 000 dólares quando a taxa de câmbio era 1 dólar para 3,80 reais, converteu-os em reais e aplicou-os a juros compostos à taxa de 8% a.a., durante 4 anos. Ao receber o montante, converteu-o em dólares, à taxa de câmbio de 1 dólar por 4,10 reais.

a) Qual seu ganho em reais em 4 anos?

b) Qual seu ganho em dólares em 4 anos?

6) Um banco captou R$ 50 000 000,00 por 1 ano, pagando a taxa de juros de 6% a.a., e repassou esse valor emprestando-o a algumas empresas, por 1 ano, cobrando a taxa de 8% a.a. Qual seu ganho nessa operação?

7) Benjamim decidiu aplicar R$ 60 000,00 a juros compostos, à taxa de 7% a.a., por 3 anos. Quanto ganharia a mais em juros (porcentualmente) caso decidisse aplicar por 6 anos?

8) Em uma aplicação de R$ 300 000,00 por 6 meses, à taxa de 8% a.a., é melhor aplicar a juros simples ou juros compostos?

9) Um CDB (Certificado de Depósito Bancário) prefixado de 90 dias rende juros compostos à taxa de 9% a.a. Qual o montante de uma aplicação de R$ 21 000,00 nesse CDB?

194 Matemática Básica

10) Qual o montante de uma aplicação de R$ 14 000,00 em um CDB prefixado de 167 dias à taxa de 9,2% a.a.?

11) Um banco emprestou R$ 120 000,00 a uma empresa, para pagamento único após 210 dias. Sabendo que o empréstimo foi feito a juros compostos, à taxa de 14% a.a., calcule o montante a ser pago pela empresa.

12) Um fundo de investimento rende juros compostos à taxa de 0,8% a.m. Valdemar aplicou hoje nesse fundo R$ 5 000,00 e aplicará mais R$ 6 000,00 daqui a 2 meses e mais R$ 4 000,00 daqui a 3 meses. Qual seu montante daqui a 6 meses?

13) Otávio planeja fazer 4 aplicações mensais, de R$ 2 000,00 cada, em um fundo de investimentos que rende juros compostos à taxa de 0,7% a.m. Qual seu montante 3 meses após realizar o último depósito?

14) Qual o capital que aplicado a juros compostos, durante 10 meses, e à taxa de juros de 1,2% a.m., dá um montante de R$ 18 000,00?

15) Quanto devo aplicar em um CDB prefixado de 188 dias, que rende juros compostos à taxa de 9,4% a.a., para obter um montante de R$ 21 000,00?

16) Quanto devo aplicar hoje, a juros compostos, à taxa de 1% a.m., para receber R$ 450,00 de juros após 6 meses?

17) Renato aplicou x reais em um fundo de investimentos que rende juros compostos à taxa de 0,75% a.m., durante um ano e meio, e recebeu R$ 1 250,00 de juros. Calcule o valor x aplicado.

18) Um capital de R$ 8 000,00 foi aplicado a juros compostos durante 10 meses. Calcule a taxa mensal da aplicação, sabendo que o montante foi de R$ 8 600,00.

19) Um capital de R$ 16 000,00 foi aplicado a juros compostos durante 20 meses. Calcule a taxa mensal da aplicação, sabendo que o juro recebido foi de R$ 5 500,00.

20) Qual a taxa anual de rendimento de um investidor que aplicou R$ 35 000,00 a juros compostos em um CDB prefixado de 2 anos e recebeu um montante de R$ 42 000,00?

Capítulo 7 | Juros Compostos **195**

21) Em relação ao exercício anterior, calcule a taxa mensal de rendimento.

22) A que taxa mensal um capital deve ser aplicado a juros compostos, durante 50 meses, para que duplique?

23) A que taxa mensal um capital deve ser aplicado a juros compostos, durante 80 meses, para que triplique?

24) Uma televisão é vendida à vista por R$ 2 500,00, ou a prazo com R$ 500,00 de entrada mais uma prestação de R$ 2 150,00 após 4 meses. Qual a taxa mensal de juros compostos do financiamento?

25) Uma geladeira é vendida à vista por R$ 3 000,00, ou a prazo com 20% de entrada mais uma prestação de R$ 2 550,00 após 3 meses. Qual a taxa mensal de juros compostos do financiamento?

RESPOSTAS DOS EXERCÍCIOS

1) **a)** R$ 8 749,48   **b)** R$ 10 157,88   **c)** R$ 9 287,75   **d)** R$ 9 569,18

2) **a)** R$ 13 891,50   **b)** R$ 21 550,28   **c)** R$ 17 729,47

3) R$ 6 442,54

4) **a)** R$ 637 353,84   **b)** R$ 1 088 014,91   **c)** R$ 615 514,56

5) **a)** R$ 205 478,71   **b)** US$ 39 141,15

6) R$ 1 000 000,00

7) 122,5%

8) Juros simples

9) R$ 21 457,34

10) R$ 14 583,41

11) R$ 129 531,60

12) R$ 15 535,94

13) R$ 8 255,36

14) R$ 15 975,98

15) R$ 20 037,50

16) R$ 7 314,68

17) R$ 8 682,94

18) 0,73% a.m.

19) 1,49% a.m.

20) 9,54% a.a.

21) 0,76% a.m.

22) 1,4% a.m.

23) 1,38% a.m.

24) 1,82% a.m.

25) 2,04% a.m.

7.2 Taxas equivalentes

No regime de juros compostos, duas taxas em períodos de tempo diferentes se dizem *equivalentes* se forem aplicadas em um mesmo capital e se, durante um mesmo prazo, resultarem em montantes iguais. Em geral, adota-se um ano como mesmo prazo, podendo ser qualquer outro, e chegamos ao mesmo resultado.

Exemplo:

Em juros compostos, qual a taxa anual equivalente a 1,5% a.m.?

Seja i a taxa procurada. O montante com a taxa i deve ser igual ao montante com a taxa de 1,5% a.m. no prazo de um ano. Assim:

$$C(1 + i)^1 = C(1,015)^{12}$$
$$1 + i = (1,015)^{12}$$
$$1 + i = 1,1956$$
$$i = 0,1956 = 19,56\% \text{ a.a.}$$

Exemplo:

Em juros compostos, qual a taxa mensal equivalente a 30% a.a.?

Seja i a taxa procurada. O montante com a taxa i deve ser igual ao montante com a taxa de 30% a.a. no prazo de um ano. Assim:

$$C(1 + i)^{12} = C(1,30)^1$$
$$(1 + i)^{12} = (1,30)^1$$

Elevando ambos os membros a expoente $\dfrac{1}{12}$, temos:

$$[(1+i)^{12}]^{\frac{1}{12}} = [(1,30)^1]^{\frac{1}{12}}$$
$$(1 + i)^1 = (1,30)^{0,0833}$$
$$1 + i = 1,0221$$
$$i = 1,0221 - 1$$
$$i = 0,0221 = 2,21\% \text{ a.m.}$$

EXERCÍCIOS

1) Em juros compostos, qual a taxa anual equivalente a 2,5% a.m.?

2) Em juros compostos, qual a taxa anual equivalente a 5% a.b. (ao bimestre)?

3) Em juros compostos, qual a taxa anual equivalente a 6% a.t. (ao trimestre)?

4) Em juros compostos, qual a taxa anual equivalente a 8% a.s. (ao semestre)?

5) Em juros compostos, qual a taxa mensal equivalente a 22% a.a.?

6) Em juros compostos, qual a taxa mensal equivalente a 36% a.a.?

7) Em juros compostos, qual a taxa mensal equivalente a 6,5% a.t.?

8) Em juros compostos, qual a taxa diária equivalente a 85% a.a.?

9) Qual taxa trimestral que equivale, em juros compostos, a 9% a.q. (ao quadrimestre)?

10) Qual taxa quadrimestral que equivale, em juros compostos, a 7,5% a.t.?

11) O que é melhor em juros compostos: aplicar à taxa de 2% a.m. ou à taxa de 25,5% a.a.?

12) O que é melhor em juros compostos: aplicar à taxa de 36% a.a. ou 0,09% a.d. (ao dia)?

RESPOSTAS DOS EXERCÍCIOS

1) 34,49% a.a.

2) 34,01% a.a.

3) 26,25% a.a.

4) 16,64% a.a.

5) 1,67% a.m.

6) 2,60% a.m.

7) 2,12% a.m.

8) 0,17% a.d.

9) 6,68% a.t.

10) 10,12% a.q.

11) 2% a.m.

12) 0,09% a.d.

7.3 Valor atual de rendas futuras

Suponhamos que uma pessoa precise ter R$ 15 000,00 daqui a 3 meses, por exemplo, para pagar uma parcela da compra de um imóvel. Quanto ela precisará aplicar hoje, a juros compostos e à taxa de juros de 1% a.m., para atingir seu objetivo?

Ao valor procurado damos o nome de *valor atual* ou *valor presente*.

De modo geral, o valor atual, hoje, de uma renda futura R daqui a n períodos de tempo, é o valor que devemos aplicar hoje para termos o valor R na data n.

Assim, indicando por V o valor procurado, teremos:

$$V(1 + i)^n = R$$

E, portanto,

$$V = \frac{R}{(1+i)^n}$$

No exemplo, o valor atual de R$ 15 000,00 daqui a 3 meses à taxa de 1% a.m. é:

$$V = \frac{15\,000}{(1{,}01)^3} = \frac{15\,000}{1{,}0303} = 14\,558{,}87$$

Ou seja, se aplicarmos R$ 14 558,87 a juros compostos, à taxa de 1% a.m., teremos daqui a 3 meses R$ 15 000,00.

Caso tenhamos um conjunto de duas ou mais rendas futuras, o valor atual delas é o quanto devemos aplicar hoje para termos as rendas do conjunto. Portanto, o valor atual procurado é a soma dos valores atuais de cada renda futura.

Exemplo:

Uma pessoa possui uma dívida de R$ 9 000,00 vencível daqui a 1 mês e outra de R$ 14 000,00 vencível daqui a 4 meses. Quanto deverá aplicar hoje a juros compostos e à taxa de 1,2% a.m. para fazer frente a esses pagamentos?

Temos:

O que deve ser aplicado hoje é o valor atual de R$ 9 000,00 daqui a um mês, mais o valor atual de R$ 14 000,00 daqui a quatro meses.

- Valor atual de R$ 9 000,00: $V_1 = \dfrac{9\,000}{(1{,}012)^1} = 8\,893{,}28$

- Valor atual de R$ 14 000,00: $V_2 = \dfrac{14\,000}{(1{,}012)^4} + \dfrac{14\,000}{1{,}048871} = 13\,347{,}69$

- Valor total que deverá ser aplicado: $V_1 + V_2 = 8\,893{,}28 + 13\,347{,}69 = 22\,240{,}97$.

Observemos que não é necessário que haja duas aplicações separadas, uma de R$ 8 893,28 e outra de R$ 13 347,69.

Se for aplicado o total de R$ 22 240,97, depois de 1 mês a pessoa vai poder sacar R$ 9 000,00; aplicando-se o restante, ela terá, na data 4 (3 meses depois), o valor de R$ 14 000,00.

Exemplo:

Um automóvel usado é vendido a prazo em 4 prestações mensais de R$ 5 000,00 cada, começando daqui a um mês. Se o pagamento for à vista, o preço é de R$ 19 700,00. Se um comprador consegue aplicar seu dinheiro a 1% a.m., qual sua melhor opção?

Temos:

- Valor atual dos pagamentos a prazo:

$$V = \frac{5\,000}{(1,01)} + \frac{5\,000}{(1,01)^2} + \frac{5\,000}{(1,01)^3} + \frac{5\,000}{(1,01)^4}$$

$$V = 4950,50 + \frac{5\,000}{1,020100} + \frac{5\,000}{1,030301} + \frac{5\,000}{1,040604}$$

$$V = 4\,950,50 + 4\,901,48 + 4\,852,95 + 4\,804,90$$

$$V = 19\,509,83$$

- Como o valor atual das prestações é menor que o pagamento à vista, é melhor ele pagar a prazo pois, aplicando um valor menor que o preço à vista, ele conseguirá pagar as prestações.

Exemplo:

Um banco concede um empréstimo de R$ 9 000,00, a ser pago em 3 prestações mensais iguais começando daqui a um mês. Calcule o valor de cada prestação, sabendo que a taxa de juros cobrada pelo banco é de 2% a.m.

Seja x o valor procurado de cada prestação. Ao emprestar R$ 9 000,00 para receber 3 parcelas iguais a x daqui a 1, 2 e 3 meses, o banco está aplicando R$ 9 000,00 para receber 3 rendas futuras de x reais cada. Logo, 9 000 é o valor atual das prestações de valor x.

Assim,

$$9\,000 = \frac{x}{(1,02)^1} + \frac{x}{(1,02)^2} + \frac{x}{(1,02)^3}$$

$$9\,000 = \frac{x}{1,020000} + \frac{x}{1,040400} + \frac{x}{1,061208}$$

$$9\,000 = \frac{1}{1,020000}x + \frac{1}{1,040400}x + \frac{1}{1,061208}x$$

$$9\,000 = 0,980392x + 0,961169x + 0,942322x$$

$$9\,000 = 2,883883x$$

$$x = \frac{9\,000}{2,883883} = 3\,120,79$$

Exemplo:

Seja V o valor de um empréstimo, à taxa de juros i para n pagamentos, todos iguais a x, nas datas 1, 2, 3, ..., n.

Obter uma fórmula simplificada que relacione V com x.

Temos:

$$V = \frac{x}{(1+i)^1} + \frac{x}{(1+i)^2} + \frac{x}{(1+i)^3} + ... + \frac{x}{(1+i)^n} \quad (I)$$

Multiplicando ambos os membros da relação acima por $(1 + i)$, temos:

$$V(1+i) = x + \frac{x}{(1+i)^1} + \frac{x}{(1+i)^2} + ... + \frac{x}{(1+i)^{n-1}} \quad (II)$$

Subtraindo membro a membro a relação (I) da relação (II), e considerando que os termos do 2º ao penúltimo são todos cancelados na subtração, obtemos:

$$V(1+i) - V = x - \frac{x}{(1+i)^n}$$

$$V \cdot i = \frac{x(1+i)^n - x}{(1+i)^n} \quad \text{e, finalmente:}$$

$$V = x \cdot \left[\frac{(1+i)^n - 1}{(1+i)^n \cdot i} \right]$$

A fórmula anterior também pode ser aplicada no contexto em que V é o valor aplicado para gerar n rendas periódicas, nas datas 1, 2, 3, ..., n, de x reais cada.

Exemplo:

Utilizando a fórmula do exemplo anterior, calcule o valor de cada prestação na compra de um carro cujo preço à vista é de R$ 50 000,00, a ser pago financiado em 24 prestações mensais iguais, sem entrada. Considere a taxa de juros de 2% a.m.

Seja x o valor de cada prestação.

Temos:

$$V = 50\ 000 \qquad\qquad i = 2\%\ \text{a.m.} \qquad\qquad n = 24$$

Aplicando a fórmula do exemplo anterior, teremos:

$$50\ 000 = x \left[\frac{(1,02)^{24} - 1}{(1,02)^{24} \cdot 0,02} \right]$$

$$50\,000 = x \cdot \left[\frac{0,608437}{0,032169} \right]$$

$$50\,000 = x(18,913768)$$

$$x = \frac{50\,000}{18,913768} = 2\,643,58.$$

Observemos que o resultado pode variar ligeiramente dependendo do arredondamento feito.

Exemplo:

Carlos pretende ter uma renda mensal de R$ 3 000,00, durante 20 meses, começando daqui a um mês. Quanto deverá aplicar hoje, à taxa de 1% a.m., para atingir seu objetivo?

$$x = 3\,000 \qquad\qquad i = 1\% \text{ a.m.} \qquad\qquad n = 20.$$

$$V = 3\,000 \cdot \left[\frac{(1,01)^{20} - 1}{(1,01)^{20} \cdot 0,01} \right]$$

$$V = 3\,000 \cdot \left[\frac{0,220190}{0,012202} \right]$$

$$V = 3\,000[18,045402] = 54\,136,21$$

Assim, se ele aplicar R$ 54 136,21 a 1% a.m., poderá sacar R$ 3 000,00 por mês, durante 20 meses.

Exemplo:

Um automóvel é vendido à vista pelo preço de R$ 45 000,00, ou a prazo em 24 prestações mensais de R$ 2 250,00 cada, sendo a primeira um mês após a compra.

Qual a melhor alternativa de pagamento de um investidor que consegue aplicar seu dinheiro a 0,6% a.m.?

Temos:

- Valor atual das prestações à taxa de 0,6% a.m.:

$$V = 2\,250 \left[\frac{(1,006)^{24} - 1}{(1,006)^{24} \cdot 0,006} \right]$$

$$V = 2\,250 \left[\frac{0,154387}{0,006926} \right]$$

Capítulo 7 | Juros Compostos **203**

$$V = 2\ 250[22{,}290933]$$

$$V = 50\ 154{,}60$$

- Como o preço à vista é menor que o valor que precisa ser aplicado para gerar as rendas de R$ 2 250,00, é melhor pagar à vista.

Exemplo:

Na compra de um apartamento, cujo preço à vista era de R$ 650 000,00, Rubens deu uma entrada de R$ 150 000,00 e financiou o restante em 240 prestações mensais iguais. Calcule o valor de cada prestação, sabendo que a taxa cobrada pelo banco foi de 0,8% a.m.

Temos:

- O valor emprestado pelo banco foi 650 000 − 150 000 = 500 000, pois houve uma entrada de R$ 150 000,00.
- Como o banco cobra a taxa de 0,8% a.m., os R$ 500 000,00 correspondem ao valor atual das prestações.
- Seja x o valor de cada prestação.
- Então:

$$500\ 000 = R\left[\frac{(1{,}008)^{240}-1}{(1{,}008)^{240}\cdot 0{,}008}\right]$$

$$500\ 000 = R\cdot\left[\frac{5{,}769050}{0{,}054152}\right]$$

$$500\ 000 = R\cdot[106{,}534385]$$

$$R = \frac{500\ 000}{106{,}534385} = 4\ 693{,}32.$$

EXERCÍCIOS

Nos exercícios a seguir, é imprescindível a utilização de uma calculadora, preferencialmente com 6 casas decimais.

1) Ana deve R$ 15 000,00, valor que deve ser pago daqui a 6 meses. Quanto deverá aplicar hoje, à taxa de 0,75% a.m., para poder pagar a dívida?

2) Estela tem uma dívida de R$ 8 000,00 vencível daqui a 1 mês e outra dívida de R$ 12 000 vencível daqui a 2 meses. Quanto deverá aplicar hoje, à taxa de 0,9% a.m., para fazer frente a essas dívidas?

204 Matemática Básica

3) Álvaro tem que pagar R$ 4 000,00 daqui a 1 mês, R$ 6 000,00 daqui a 2 meses e R$ 8 000,00 daqui a 5 meses. Quanto deverá aplicar hoje, à taxa de 0,8% a.m., para efetuar os pagamentos?

4) Eduardo é aposentado e pretende retirar R$ 50 000,00 por ano, durante 4 anos, começando daqui a 1 ano. Quanto deverá aplicar hoje, a juros compostos e à taxa de 7% a.a., para atingir seu objetivo?

5) Resolva o exercício anterior supondo que a primeira retirada seja daqui a 3 anos.

6) Um banco concede um empréstimo de R$ 24 000,00 a ser pago em duas prestações mensais iguais, daqui a 1 e 2 meses. Qual o valor de cada prestação se a taxa de juros cobrada for de 2% a.m.?

7) Resolva o exercício anterior supondo que a segunda prestação seja o dobro da primeira.

8) Uma geladeira, cujo preço à vista é de R$ 2 500,00, é vendida a prazo em 3 prestações mensais, sem entrada. Calcule o valor de cada prestação sabendo que a segunda prestação é o dobro da primeira, e a terceira é o triplo da primeira. A taxa de juros cobrada é de 3% a.m.

9) Resolva o exercício anterior supondo que haja uma entrada de R$ 400,00.

10) Um empréstimo bancário de R$ 45 000,00 é feito a uma empresa, para ser pago em 10 prestações mensais iguais, começando 1 mês após a concessão do empréstimo. Calcule o valor de cada prestação, sabendo que o banco cobra uma taxa de juros de 1,8% a.m.

11) Um automóvel, cujo preço à vista é de R$ 55 000,00, é vendido em 36 prestações mensais iguais, sem entrada. Calcule o valor de cada prestação, considerando que a taxa de juros cobrada é de 2,1% a.m.

12) Resolva o exercício anterior, supondo que haja uma entrada igual a 20% do preço à vista.

13) Um terreno, cujo preço à vista é de R$ 120 000,00, é vendido a prazo, com uma entrada de R$ 25 000,00, mais 40 prestações mensais iguais. Qual o valor de cada prestação, sabendo que a taxa de juros cobrada é de 1,7% a.m.?

14) Resolva o exercício anterior supondo que haja, junto com a 40ª prestação, um pagamento adicional de R$ 20 000,00.

Capítulo 7 | Juros Compostos **205**

RESPOSTAS DOS EXERCÍCIOS

1) R$ 14 342,37

2) R$ 19 715,52

3) R$ 17 560,93

4) R$ 169 360,56

5) R$ 147 926,07

6) R$ 12 361,19

7) R$ 8 268,08 e R$ 16 536,16

8) R$ 446,31; R$ 892,62; R$ 1 338,93

9) R$ 374,90; R$ 749,80; R$ 1 124,70

10) R$ 4 957,42

11) R$ 2 192,61

12) R$ 1 754,09

13) R$ 3 292,70

14) R$ 2 939,50

TESTES DE REVISÃO DO CAPÍTULO

1) Manuel aplicou R$ 14 000,00 a juros compostos durante um ano e meio. Quanto ganhou de juros sabendo-se que a taxa mensal da aplicação foi de 0,8%?
a) R$ 2 159,12
b) R$ 2 135,76
c) R$ 2 122,34
d) R$ 2 108,88
e) R$ 2 098,45

2) José Carlos aplicou um capital, a juros compostos, durante 120 dias, à taxa de juros de 8,6% ao ano (ano comercial de 360 dias). Qual o valor aplicado (arredondando os centavos), sabendo-se que o montante resultante foi de R$ 16 000,00?
a) R$ 15 502,00
b) R$ 15 524,00
c) R$ 15 566,00
d) R$ 15 654,00
e) R$ 15 674,00

206 Matemática Básica

3) Um carro usado é vendido à vista por R$ 18 000,00, ou a prazo com R$ 5 000,00 de entrada mais um pagamento de R$ 13 650,00 após 4 meses. A taxa mensal de juros do financiamento foi:
a) 1,19%
d) 1,22%
b) 1,20%
e) 1,23%
c) 1,21%

4) Aplicando-se R$ 8 000,00 ao mês, a juros compostos e à taxa de 1% ao mês, durante 3 meses, obtém-se, dois meses após o terceiro depósito, um montante igual a:
a) R$ 24 328,00 aproximadamente
d) R$ 24 628,00 aproximadamente
b) R$ 24 428,00 aproximadamente
e) R$ 24 728,00 aproximadamente
c) R$ 24 528,00 aproximadamente

5) Em juros compostos, a taxa anual equivalente a 1,5% ao mês é:
a) 18%
d) 19,56%
b) 18,24%
e) 19,77%
c) 18,97%

6) Em juros compostos, a taxa mensal equivalente a 23,5% ao ano é:
a) 1,66%
d) 1,99%
b) 1,77%
e) 2,04%
c) 1,88%

7) Quanto deve-se aplicar hoje, a juros compostos e à taxa de juros de 1% ao mês, para gerar uma renda de R$ 12 000 daqui a 2 meses e outra de R$ 14 000,00 daqui a 5 meses?
a) R$ 24 864,00 aproximadamente
d) R$ 25 084,00 aproximadamente
b) R$ 24 993,00 aproximadamente
e) R$ 25 146,00 aproximadamente
c) R$ 25 022,00 aproximadamente

8) O preço à vista de um carro é de R$ 50 000,00. Tal valor pode ser financiado a juros compostos durante 24 meses, sem entrada, à taxa de juros de 2% ao mês. O valor total das prestações a serem pagas é:
a) R$ 63 245,00 aproximadamente
d) R$ 63 545,00 aproximadamente
b) R$ 63 345,00 aproximadamente
e) R$ 63 645,00 aproximadamente
c) R$ 63 445,00 aproximadamente

9) Em relação ao teste anterior, caso haja uma entrada de R$ 10 000,00, o total das prestações mais a entrada será igual a:
a) R$ 60 756,00 aproximadamente
d) R$ 60 456,00 aproximadamente
b) R$ 60 656,00 aproximadamente
e) R$ 60 356,00 aproximadamente
c) R$ 60 556,00 aproximadamente

Capítulo 7 | Juros Compostos **207**

10) Patrícia planeja ter uma renda mensal de R$ 5 000,00, durante 42 meses, começando daqui a um mês. Quanto deverá aplicar hoje, a juros compostos e à taxa de juros de 0,7% ao mês, para atingir seu objetivo?

a) R$ 184 400,00 aproximadamente

b) R$ 183 400,00 aproximadamente

c) R$ 182 400,00 aproximadamente

d) R$ 181 400,00 aproximadamente

e) R$ 180 400,00 aproximadamente

CAPÍTULO 8

Funções e Suas Aplicações

8.1 Introdução

No cotidiano, dizemos que alguma coisa é função de outra quando a primeira depende da segunda. De modo geral, dizemos, em Matemática, que uma grandeza é *função* de outra (ou outras) quando um valor da primeira grandeza puder ser determinado por um valor de outra (ou por um valor de cada uma das outras).

Quando uma grandeza depende somente de outra, dizemos tratar-se de *função de uma variável*; quando uma grandeza depende de outras, dizemos tratar-se de *função de várias variáveis*.

Neste livro, trataremos apenas de funções de uma variável, com valores reais no domínio e contradomínio.

Dados dois conjuntos não vazios D e E, chamamos de *função* de D em E toda regra que associa a cada elemento de D um único elemento em E.

Tal regra é geralmente demonstrada por uma expressão algébrica, ou fórmula, em que x representa um elemento de D e y representa um elemento de E. Eventualmente, utilizam-se outras letras no lugar de x e y.

O conjunto D é chamado de *domínio* e E, de *contradomínio*. O elemento y recebe o nome de imagem e também pode ser representado por $f(x)$ (lê-se "f de x"), ou eventualmente outra letra no lugar de f. O conjunto de todas as imagens é denominado *conjunto imagem* e representado por Im.

Costuma-se também dizer que x é a variável independente, e y é a variável dependente.

Exemplo:

Sejam os conjuntos $D = \{1, 2, 3, 4\}$ e $E = \{2, 4, 6, 8, 9, 10\}$ e a função dada pela fórmula $y = 2x$; ou seja, a função associa a cada elemento x do domínio um valor y igual ao dobro de x. Assim:

- Ao número 1 está associado o número $y = 2 \cdot 1 = 2$.

- Ao número 2 está associado o número y = 2 · 2 = 4.
- Ao número 3 está associado o número y = 2 · 3 = 6.
- Ao número 4 está associado o número y = 2 · 4 = 8.

Tal associação pode ser feita por meio do diagrama de flechas dado na Figura 8.1, em que a cada elemento do conjunto *D* da esquerda se associa um único elemento do conjunto *E* da direita.

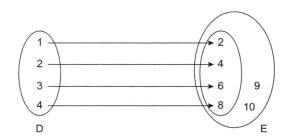

Figura 8.1 Diagrama de flechas de uma função.

Observemos que, no conjunto *D*, não sobram elementos sem associação, pois a definição de função exige que todo elemento do domínio tenha um correspondente em *E*. Por outro lado, é permitido que sobrem elementos sem associação no conjunto *E*.

Observemos, também, que o conjunto imagem é Im = {2, 4, 6, 8}, que é uma parte ou subconjunto de *E*.

Exemplo:
Determinada empresa produz peças em quantidades inteiras, sendo 800 peças por mês sua capacidade máxima de produção. O custo mensal de produção *C* é em função da quantidade produzida *x*, sendo a fórmula dada por *C* = 50 000 + 100*x*. Assim:

- O custo de produção de 400 unidades por mês é *C* = 50 000 + 100 · 400 = 90 000.
- O custo de produção de 620 unidades por mês é *C* = 50 000 + 100 · 620 = 112 000.
- O custo de produção de 0 unidade por mês é *C* = 50 000 + 100 · 0 = 50 000.
- O custo máximo de produção mensal é *C* = 50 000 + 100 · 800 = 130 000.
- O domínio da função é *D* = {0, 1, 2, ..., 800}.

Exemplo:
Quando não for especificado qual o domínio da função, convenciona-se que ele seja formado por todos os números reais, de modo que seja possível calcular suas imagens.

Assim, por exemplo, na função $f(x) = \dfrac{5}{x-4}$, o domínio é formado por todos os números reais, exceto o 4, pois ele tornaria o denominador nulo, e não seria possível dividir 5 por 0.

Da mesma forma, na função $g(x) = \sqrt{x-2}$ o domínio seria formado por todos os números reais maiores ou iguais a 2, pois do contrário teríamos que calcular a raiz quadrada de um número negativo, o que é impossível no campo real.

8.2 Gráfico de função de uma variável

Em uma função de uma variável, a cada valor x do domínio está associada uma imagem y. Simbolicamente, indicamos por meio de um par ordenado (x, y) os valores que estão associados, sendo o primeiro elemento do par ordenado o elemento do domínio, e o segundo sua correspondente imagem.

A representação gráfica de um par ordenado é feita no plano cartesiano, em que dois eixos perpendiculares entre si interceptam-se em um ponto, chamado origem, que representa o número 0 em ambos os eixos. O eixo horizontal é chamado eixo das abscissas, e o vertical, o eixo das ordenadas.

O valor x do par ordenado é representado no eixo das abscissas e o valor y, no eixo das ordenadas. Traçando-se uma vertical pelo ponto x e uma horizontal pelo ponto y, a intersecção dessas duas retas é o ponto P, chamado de representação gráfica do par ordenado (x, y). Veja a Figura 8.2. O par ordenado (x, y) é chamado de coordenadas do ponto P.

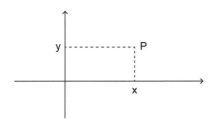

Figura 8.2 Representação gráfica de um par ordenado de números.

O gráfico de uma função de uma variável é o conjunto dos pontos que representam os pares ordenados da função.

Exemplo:

Consideremos a função dada pela fórmula $y = x + 2$, sendo o domínio o conjunto $D = \{1, 2, 3\}$ e contradomínio o conjunto R dos números reais.

A tabela a seguir representa os pares ordenados (x, y) da função.

x	y
1	3
2	4
3	5

O gráfico da função é o conjunto dos 4 pontos representados na Figura 8.3.

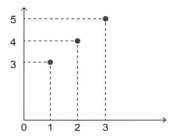

Figura 8.3 Representação gráfica da função $y = x + 2$ no domínio formado por 1, 2 e 3.

Caso o domínio da função seja o conjunto dos números reais, então a tabela dos pares ordenados teria infinitos valores, como $(4,6), (8,10), (\frac{3}{2}, \frac{7}{2})$ etc.

Nesse caso, o gráfico seria uma reta passando pelos 3 pontos do gráfico anterior (Figura 8.4).

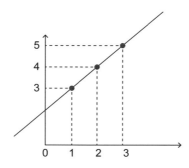

Figura 8.4 Representação gráfica da função $y = x + 2$ no domínio real.

As principais funções elementares possuem gráficos formados por figuras-padrão (retas, parábolas etc). É o que veremos nas próximas seções.

8.3 Funções crescentes e decrescentes

Dizemos que uma função é *crescente* em um intervalo do domínio se, à medida que os valores de x desse intervalo x aumentam, aumentam também suas imagens.

Analogamente, dizemos que uma função é *decrescente* em um intervalo do domínio se, à medida que os valores de x desse intervalo aumentam, diminuem suas imagens.

Na Figura 8.5, temos uma função crescente no intervalo que vai de a até b.

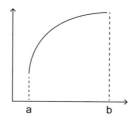

Figura 8.5 Função crescente.

Na Figura 8.6, temos uma função decrescente no intervalo que vai de a até b.

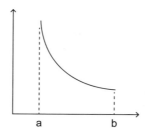

Figura 8.6 Função decrescente.

Na Figura 8.7, temos uma função crescente no intervalo que vai de a até k e decrescente de k até b.

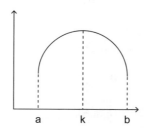

Figura 8.7 Função crescente no intervalo que vai de a até k e decrescente de k até b.

Um ponto x_M do domínio é denominado *ponto de máximo relativo* (ou simplesmente *ponto de máximo*) de uma função $f(x)$ se existir um intervalo centrado em x_M de modo que a imagem de x_M é maior ou igual à imagem de qualquer outro valor do domínio pertencente a esse intervalo. A imagem $f(x_M)$ é chamada de valor máximo da função.

Um ponto x_m do domínio é denominado *ponto de mínimo relativo* (ou simplesmente *ponto de mínimo*) de uma função $f(x)$ se existir um intervalo centrado em x_m de modo que a imagem de x_m é menor ou igual à imagem de qualquer outro valor do domínio pertencente a esse intervalo. A imagem $f(x_m)$ é chamada de valor mínimo da função.

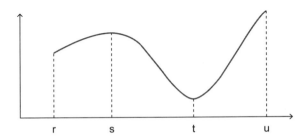

Figura 8.8 Pontos de máximo e de mínimo.

Na Figura 8.8, temos:

- Pontos de máximo: *s* e *u*.
- Pontos de mínimo: *r* e *t*.

EXERCÍCIOS

1) A função $f(x) = 2x+3$ *tem* o domínio dado pelo conjunto $D = \{1, 2, 3, 4, 5\}$ e contradomínio dado pelo conjunto dos números reais. Qual seu conjunto imagem?

2) Dada a função $f(x) = 5x - 1$, calcule:

   a) $f(1)$ b) $f(-3)$ c) $f(0)$ d) $f(\frac{1}{2})$

3) Dada a função $f(x) = x^2 - 2x$, calcule:

   a) $f(4)$ b) $f(-3)$ c) $f(-5)$ d) $f(\frac{3}{2})$

Capítulo 8 | Funções e Suas Aplicações **215**

4) Para fabricar x toneladas de um produto, uma empresa tem um custo mensal em reais dado por $C(x) = 300\ 000 + 1\ 800x$. A capacidade máxima de produção é de 100 toneladas por mês.
   a) Calcule o custo de produção de 55 toneladas por mês.
   b) Qual a quantidade produzida em um mês em que o custo foi de R$ 435 000,00?
   c) Qual o custo máximo mensal de produção?

5) Chama-se custo médio de produção o custo total dividido pela quantidade produzida. Em relação ao exercício anterior, calcule:
   a) O custo médio de produção de 30 toneladas.
   b) O custo médio de produção de 60 toneladas.
   c) O custo médio de produção de 100 toneladas.

6) Uma lanchonete vende cafés a R$ 4,00 a xícara. Seja x a quantidade de xícaras vendidas.
   a) Obtenha a função receita de cafés $R\,(x)$.
   b) Calcule $R\,(800)$.
   c) Em determinada semana, a receita de cafés foi de R$ 2 760,00. Obtenha a quantidade vendida nessa semana.

7) Qual o domínio de cada função a seguir?

   a) $y = \dfrac{4}{x-8}$ b) $y = \dfrac{2}{x+7}$ c) $y = \dfrac{2x}{x+9}$ d) $y = \dfrac{5}{x}$

8) Qual o domínio de cada função a seguir?

   a) $f(x) = \sqrt{x-8}$ b) $f(x) = \sqrt{3x-48}$

   c) $f(x) = \sqrt{1-2x}$ d) $f(x) = \dfrac{2}{\sqrt{4-2x}}$

9) Obtenha o ponto de intersecção do gráfico da função $y = 2x - 20$:
   a) Com o eixo x.   b) Com o eixo y.

10) Obtenha o ponto de intersecção do gráfico da função $y = 15 - 3x$:
   a) Com o eixo x.   b) Com o eixo y.

11) Obtenha o ponto de intersecção do gráfico da função $y = x^2 - 4x + 3$:
   a) Com o eixo x.   b) Com o eixo y.

216 Matemática Básica

12) Obtenha o ponto de intersecção do gráfico da função $y = -x^2 + 8x - 7$:
a) Com o eixo x.   b) Com o eixo y.

13) Um empreendedor abriu uma pequena fábrica de malhas adquirindo uma instalação e comprando um certo número de máquinas. Inicialmente, a produção era de 80 unidades por mês com apenas dois empregados. Percebendo o aumento da demanda, contratou algum tempo depois mais um empregado, aumentando a produção para 130 unidades por mês. Procedendo dessa forma, foi aumentando o número de empregados até 7, observando as respectivas produções dadas pela tabela a seguir:

Empregados	2	3	4	5	6	7
Produção	80	130	190	250	300	340

a)   Calcule a produtividade média por empregado, para o número de empregados variando de 2 a 7. A produtividade média é igual à produção dividida pelo número de empregados.

b)   Faça o gráfico da função obtida no item anterior, colocando no eixo x o número de empregados e no eixo y a produtividade média.
Observe que, inicialmente, pela divisão do trabalho, a produtividade média aumenta, depois se estabiliza e, com o último empregado, ela declina ligeiramente.

RESPOSTAS DOS EXERCÍCIOS

1)   Im = $\{5, 7, 9, 11, 13\}$

2)   a) 4   b) -16 c) -1 d) $\dfrac{3}{2}$

3)   a) 8   b) 15   c) 35   d) $-\dfrac{3}{4}$

4)   a) R$ 399 000,00   b) 75 toneladas   c) R$ 480 000,00

5)   a) R$ 11 800,00   b) R$ 6 800,00   c) R$ 4 800,00

6)   a) $R(x) = 4x$ b) R$ 3 200,00   c) 690

7)   a) $x \neq 8$ b) $x \neq -7$ c) $x \neq -9$ d) $x \neq 0$

8) a) $x \geq 8$ b) $x \geq 16$ c) $x \leq \frac{1}{2}$ d) $x < 2$

9) a) $(10, 0)$ b) $(0, -20)$

10) a) $(5, 0)$ b) $(0, 15)$

11) a) $(1, 0)$ e $(3, 0)$ b) $(0, 3)$

12) a) $(1, 0)$ e $(7, 0)$ b) $(0, -7)$

13)

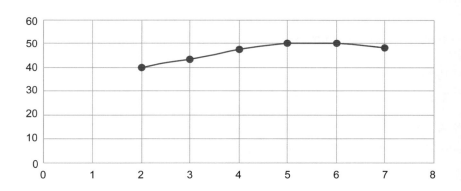

8.4 Principais funções elementares e suas aplicações

8.4.1 Função constante

Chamamos de *função constante* aquela cujas imagens são sempre iguais, qualquer que seja o valor x do domínio.

No caso de o domínio ser o conjunto dos números reais, o gráfico da função constante é uma reta horizontal passando pelo ponto de ordenada constante.

Exemplo:

O gráfico da função $f(x) = 5$ é dado pela Figura 8.9.

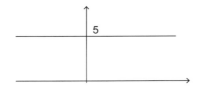

Figura 8.9 Função constante y = 5.

8.4.2 Função do primeiro grau

Chamamos de *função do primeiro grau* toda função do tipo $f(x) = m \cdot x + n$ ou, simplesmente, $y = m \cdot x + n$, em que m e n são números reais dados e m é diferente de zero para garantir que o grau da expressão $m \cdot x + n$ seja 1.

Prova-se que o gráfico da função do primeiro grau é uma reta quando seu domínio é o conjunto dos números reais.

Assim, para obtermos o gráfico de uma função do primeiro grau, basta obtermos dois pontos da reta, pois uma reta fica sempre determinada por dois pontos distintos.

Exemplo:

Construir o gráfico da função $y = \dfrac{1}{2}x + 3$

Atribuindo dois valores arbitrários para x, podemos calcular os correspondentes valores de y, e assim, determinando 2 pontos do gráfico. Por exemplo:

- $x = 0 \implies y = \dfrac{1}{2}.0 + 3 = 3$, de forma que temos o ponto (0, 3).
- $x = 2 \implies y = \dfrac{1}{2}.2 + 3 = 4$, de forma que temos o ponto (2, 4).
- Em seguida, representamos os pontos (0, 3) e (2, 4) no plano cartesiano.
- Finalmente, desenhamos a reta que passa pelos dois pontos, obtendo a Figura 8.10.

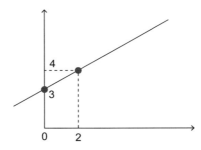

Figura 8.10 Função do primeiro grau y = 0,5x + 3.

Exemplo:
Encontre o ponto de intersecção dos gráficos das funções do 1º grau: $y = 2x + 1$ e $-x + 3y = 8$.

Como o ponto de intersecção das retas dos gráficos pertence às duas retas, suas coordenadas (x, y) devem satisfazer simultaneamente a ambas as equações, ou seja, ao sistema de equações formado por elas:

$$\begin{cases} y = 2x + 1 \, (I) \\ -x + 3y = 8 \, (II) \end{cases}$$

De (I), obtemos $y = 2x + 1$. Substituindo em (II):

$$-x + 3(2x + 1) = 8$$
$$-x + 6x + 3 = 8$$
$$5x - 5 = 0$$
$$5x = 5$$
$$x = \frac{5}{5} = 1$$

Substituindo x por 1 na equação (I), obtemos:

$$y = 2 \cdot 1 + 1 = 3$$

Portanto, o ponto de intersecção das retas dos gráficos tem coordenadas $x = 1$ e $y = 3$ (Figura 8.11).

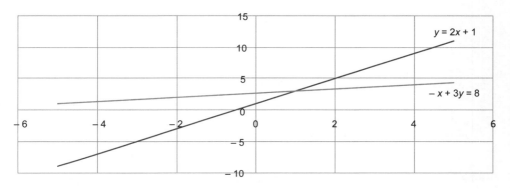

Figura 8.11 Intersecção das retas $y = 2x + 1$ e $-x + 3y = 8$.

Note que, às vezes, para simplificar o desenho, utilizamos escalas diferentes nos eixos x e y.

Algumas considerações sobre a função do primeiro grau $y = m \cdot x + n$:

- A constante *n* é chamada de *coeficiente linear* da reta e representa a ordenada do ponto de intersecção da reta com o eixo das ordenadas (Figura 8.12).

De fato, a intersecção da reta com o eixo das ordenadas (vertical) é um ponto em que $x = 0$. Ao substituirmos x por 0 na função, obteremos, $y = 0 \cdot m + n = n$, o que justifica a afirmação.

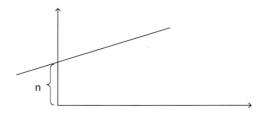

Figura 8.12 Coeficiente linear da reta.

- A constante *m* da função é denominada *coeficiente angular* da reta e representa a variação sofrida pela imagem *y*, representada por Δy, quando *x* aumenta uma unidade a partir de qualquer ponto da reta.

Além disso, quando $m > 0$, a variação sofrida por *y* é positiva ($\Delta y > 0$) e a reta é crescente (Figura 8.13).

Quando $m < 0$, a variação sofrida por *y* é negativa ($\Delta y < 0$) e a reta é decrescente (Figura 8.14).

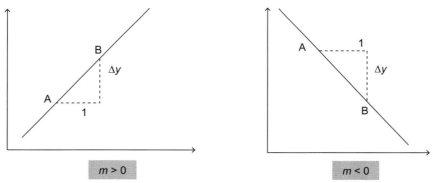

Figura 8.13 Coeficiente angular $m > 0$. **Figura 8.14** Coeficiente angular $m < 0$.

A justificativa é a seguinte:

Sejam *A* e *B* dois pontos da reta, de modo que a diferença entre suas abscissas seja 1, ou seja, a abscissa de *A* é *x* e a de *B* é $x + 1$; a ordenada de *A* é y_A e a de *B* é y_B. Assim:

$$y_A = mx + n \text{ (I)}$$
$$y_B = m(x+1) + n \text{ (II)}$$

Subtraindo membro a membro a relação I da relação II, teremos:

$$y_B - y_A = m, \text{ ou seja,}$$
$$m = \Delta y$$

o que justifica o fato de que, quando x aumenta uma unidade, a variação correspondente de y é igual a m.

- Dados dois pontos quaisquer distintos P e Q de uma reta da função $y = mx + n$, em que as coordenadas de P são (x_1, y_1) e as de Q são (x_2, y_2), então:

$$m = \frac{y_2 - y_1}{x_2 - x_1} = \frac{\Delta y}{\Delta x}$$

A justificativa é a seguinte: como ambos os pontos pertencem à reta de equação $y = mx + n$, as coordenadas desses pontos satisfazem à equação. Ou seja:

$$y_1 = mx_1 + n \text{ (I)}$$
$$y_2 = mx_2 + n \text{ (II)}$$

Subtraindo membro a membro a relação (I) da (II), teremos:

$$y_2 - y_1 = m(x_2 - x_1)$$
$$m = \frac{y_2 - y_1}{x_2 - x_1} = \frac{\Delta y}{\Delta x}$$

- Uma função do primeiro grau pode ser obtida conhecendo-se um ponto de seu gráfico e o coeficiente angular da reta de seu gráfico.

Seja o ponto P de coordenadas (x_0, y_0) o ponto conhecido da reta e seja m seu coeficiente angular. Dado um ponto Q genérico da reta, de coordenadas genéricas (x, y), e distinto de P, podemos escrever:

$$m = \frac{y - y_0}{x - x_0} \text{ e, portanto:}$$

$$y - y_0 = m(x - x_0)$$

que é a expressão da função do primeiro grau, bastando que se isole y no primeiro membro.

Observemos também que, no caso de Q coincidir com P, a equação anterior, em destaque, também é satisfeita.

Exemplo:

Obtenha a função do 1º grau cujo gráfico passa pelo ponto de coordenadas (1, 3) e cujo coeficiente angular é 2.

Temos, utilizando a fórmula da equação da reta dada por um ponto e pelo coeficiente angular:

$$y - 3 = 2(x - 1)$$
$$y - 3 = 2x - 2$$
$$y = 2x - 2 + 3$$
$$y = 2x + 1$$

- Duas retas que têm o mesmo coeficiente angular são paralelas, pois têm a mesma inclinação.

Exemplo:

Obtenha a função do 1º grau cujo gráfico é dado na Figura 8.15.

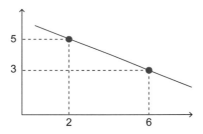

Figura 8.15 Função do 1º grau que passa por (2, 5) e (6, 3).

Os pontos conhecidos têm coordenadas (2, 5) e (6, 3).

- O coeficiente angular da reta é $m = \dfrac{\Delta y}{\Delta x} = \dfrac{3-5}{6-2} = \dfrac{-2}{4} = -\dfrac{1}{2}$.

- Considerando o ponto (2, 5) como (x_0, y_0), teremos, usando a fórmula da função dada por ponto e coeficiente angular:

$$y - 5 = -\dfrac{1}{2}(x - 5)$$

$$y - 5 = -\dfrac{1}{2}x + \dfrac{5}{2}$$

$$y = -0{,}5x + 2{,}5 + 5$$
$$y = -0{,}5x + 7{,}5$$

Exemplo:

Obtenha a reta que passa pelo ponto P de coordenadas (1, 4) e é paralela à reta de equação $y = 2x + 6$.

Temos:

- A reta dada tem coeficiente angular igual a 2.
- Como a reta procurada é paralela à reta dada, elas têm o mesmo coeficiente angular, ou seja, o coeficiente angular da reta procurada é $m = 2$.
- Como a reta procurada passa pelo ponto P de coordenadas (1, 4) e tem coeficiente angular igual a 2, sua equação é:

$$y - 4 = 2(x - 1)$$
$$y = 2x - 2 + 4$$
$$y = 2x + 2$$

8.4.3 Retas que não são funções

Existem retas no plano cartesiano que, embora não representem funções, acabam tendo algum significado em certas aplicações: são as retas verticais.

As retas verticais não representam funções, pois para um mesmo valor de x existe, em correspondência, uma infinidade de valores de y. A equação de uma reta vertical é dada por $x = k$, em que k é a abscissa do ponto de intersecção da reta com o eixo x.

Exemplo:

Esboce os gráficos das retas $x = 2$ e $x = 6$ (Figura 8.16).

Figura 8.16 Retas verticais $x = 2$ e $x = 6$.

224 Matemática Básica

Observe que pertencem à reta $x = 2$ os pontos: $(2,0), (2,5), (2,15), (2,\frac{1}{3}), (2,-6)$ etc.

E que pertencem à reta $x = 6$ os pontos: $(6,0), (6,4), (6,\frac{3}{7}), (6,\sqrt{11}), (6,-9)$ etc.

EXERCÍCIOS

1) Faça o gráfico das seguintes funções constantes:
   a) $y = 4$ b) $y = -3$

2) Obtenha a função constante que passa pelo ponto de coordenadas $(3, 8)$.

3) Obtenha a função constante que passa pelo ponto de coordenadas $(3, -2)$.

4) Faça o gráfico das seguintes funções do 1° grau:
   a) $y = 2x + 1$ b) $y = -x + 3$ c) $y = x$ d) $y = 3x + 3$ e) $y = -2x$

5) Represente graficamente as funções (I) $y = 2x + 4$, (II) $y = 3x + 4$ e (III) $y = -x + 4$ e diga o que os gráficos têm em comum.

6) Represente graficamente as funções (I) $y = 3x + 2$, (II) $y = 3x + 5$ e (III) $y = 3x - 1$ e diga o que os gráficos têm em comum.

7) Obtenha o ponto de intersecção dos gráficos das funções $y = 3x - 1$ e $2x + 3y = 19$.

8) As retas dos gráficos das funções $y = 3x + 1$ e $y = 3x + 2$ se interceptam? Por quê?

9) Obtenha os gráficos das retas $x = 1$ e $x = 3$.

10) Qual o ponto de intersecção das retas $x + 2y = 10$ e $x = 2$?

11) Qual o ponto de intersecção das retas $x = -1$ e $3x - 4y = 13$?

12) As retas dadas pelas equações $x = 4$ e $y = 3$ interceptam-se em que ponto?

13) As retas de equações $x = 1$ e $x = -1$ interceptam-se?

14) Obtenha o coeficiente angular da reta que passa pelos pontos $A(1, 3)$ e $B(2, 9)$.

15) Obtenha o coeficiente angular da reta que passa pelos pontos C(2, 5) e D(1, 8).

16) Obtenha o coeficiente angular da reta que passa pelos pontos R(−2, 4) e S(5, −3).

17) Obtenha o coeficiente angular da reta que passa pela origem e pelo ponto $P(\frac{1}{2}, 2)$

18) Obtenha a função do 1º grau que passa pelo ponto P(2, 5) e tem coeficiente angular igual a 3.

19) Obtenha a equação da reta (função do 1º grau) que passa pelo ponto P(−1, 3) e tem coeficiente angular igual a −2.

20) Obtenha a equação da reta (função do 1º grau) que passa pela origem e tem coeficiente angular igual a $\frac{1}{3}$.

21) Obtenha a equação da reta que passa pelos pontos A(0, 1) e B(2, 5).

22) Obtenha a equação da reta que passa pelos pontos C(−2, 3) e D(0, −4).

23) Obtenha a reta que passa pelo ponto de coordenadas (2, 5) e é paralela à reta de equação y = 3x − 1.

24) Obtenha a reta que passa pelo ponto de coordenadas (−1, 3) e é paralela à reta de equação 4x + y = 7.

25) Obtenha a equação da reta de cada figura:
a)

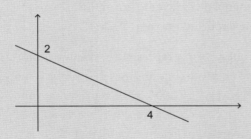

b)

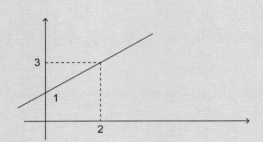

26) Para cada função do 1º grau a seguir, determine o coeficiente angular, o coeficiente linear e o ponto de intersecção com o eixo x.
    a) $y = 5x + 6$ b) $2x + 4y = 15$ c) $3x - 2y - 6 = 0$

27) O gráfico de uma função do 1º grau que passa pelos pontos (1, 5) e (2, 9) intercepta o eixo das abscissas em qual ponto?

28) O gráfico de uma função do 1º grau passa pela origem e pelo ponto de coordenadas (−1, 4) intercepta a reta de equação $y = 2x + 12$ em qual ponto?

29) Obtenha o ponto de intersecção das retas cujas equações são $2x + 3y = 5$ e $x = 4$.

30) Obtenha o ponto de intersecção das retas cujas equações são $3x + 4y = -1$ e $x = -3$.

31) A função $y = 80 + 1,2x$, em que $x \leq 20$, y representa o volume exportado de um produto de uma empresa (em milhões de reais) e x representa o tempo (em que $x = 0$ representa o ano 2005, $x = 1$ representa o ano 2006 e assim por diante).
    a) O que representa praticamente o coeficiente angular 1,2?
    b) O que representa praticamente o coeficiente linear 80?
    c) Qual a previsão do volume exportado no ano 2021?

32) A função $y = 120 - 1,4x$, em que $x \leq 20$, y representa o volume importado de certa matéria-prima por uma empresa (em milhões de reais) e x representa o tempo (em que $x = 0$ representa o ano 2005, $x = 1$ representa o ano 2006 e assim por diante).
    a) O que representa praticamente o coeficiente angular −1,4?

b) O que representa praticamente o coeficiente linear 120?
c) Qual a previsão do volume importado no ano 2021?

33) No ano de 2019, uma cidade tinha 56 000 habitantes. Estima-se que haja um declínio de 600 pessoas por ano na cidade.
   a) Obtenha a estimativa de número de habitantes daqui a x anos.
   b) Em que ano a população estimada será de 42 800 habitantes?

34) Devido à depreciação, o preço em reais de um automóvel t anos após a venda com 0 km é dado pela função $V(t) = 50\,000 - 2\,500t$, em que $0 \le t \le 20$.
   a) Quanto foi pago pelo automóvel 0 km?
   b) Quanto o automóvel se deprecia por ano?

RESPOSTAS DOS EXERCÍCIOS

1)
   a)

   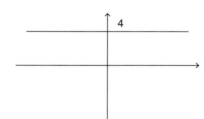

   b)

   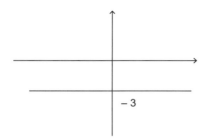

2) $y = 8$

3) $y = -2$

4)

a)

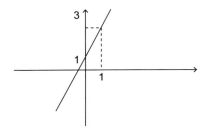

b)

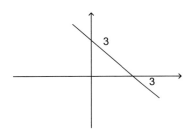

c)

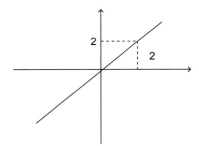

d)

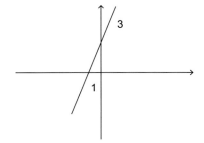

e)

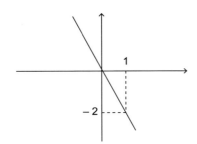

5) Mesmo coeficiente linear (intersecção com eixo y).

6) Mesmo coeficiente angular (mesma inclinação com eixo x).

7) $x = 2$ e $y = 5$

8) Não, pois são paralelas.

9)

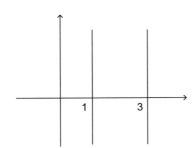

10) Ponto (2, 4).

11) (−1, −4)

12) (4, 3)

13) Não. São verticais (paralelas).

14) 6

15) −3

16) −1

230 Matemática Básica

17) 4

18) $y = 3x - 1$

19) $y = -2x + 1$

20) $y = \dfrac{1}{3}x$

21) $y = 2x + 1$

22) $y = -\dfrac{7}{2}x - 4$

23) $y = 3x - 1$

24) $y = -4x - 1$

25) a) $x + 2y = 4$ b) $-x + y = 1$

26) a) $m = 5$ e $n = 6$

   b) $m = -\dfrac{1}{2}$ e $n = \dfrac{15}{4}$

   c) $m = \dfrac{3}{2}$ e $n = -3$

27) $\left(-\dfrac{1}{4}, 0\right)$

28) $(-2, 8)$

29) $(4, -1)$

30) $(-3, 2)$

31) a) Aumento da exportação por ano (em milhões de reais).
   b) Exportação de 2005 (em milhões de reais).
   c) 99,2 milhões de reais.

32) a) 1,4 milhão de reais é a queda anual de importação.
   b) Importação em 2005 (em milhões de reais).
   c) 97,6 milhões de reais.

33) a) $56\,000 - 600x$ b) 2 041

34) a) R$ 50 000,00   b) R$ 2 500,00

Capítulo 8 | Funções e Suas Aplicações **231**

8.4.4 *Funções receita, custo e lucro do primeiro grau*

No curto prazo ou em mercados em que haja muita concorrência, o preço de venda de um produto de uma empresa é, em geral, mantido fixo durante um tempo e determinado pelas forças de mercado. Chamemos tal preço de venda por unidade de p. Seja x a quantidade vendida de um produto em certo intervalo de tempo. A *função receita* é igual ao preço de venda por unidade vezes a quantidade vendida x em certo período e é dada por:

$$R(x) = p \cdot x$$

A *função custo* é dada por uma parte fixa, que não depende da quantidade produzida, e é chamada de *custo fixo*, mais uma parte que depende da quantidade produzida e que é chamada de *custo variável*.

Para quantidades produzidas, que não ultrapassem a capacidade produtiva de uma empresa (curto prazo), o custo variável por unidade produzida é em geral constante; chamemos de c esse custo. Assim, indicando o custo fixo por C_F, e a quantidade produzida por x, a função custo é dada por:

$$C(x) = C_F + c \cdot x$$

A *função lucro* $L(x)$ é a diferença entre a função receita e a função custo. Portanto:

$$L(x) = R(x) - C(x)$$

Vamos admitir, por simplicidade, a menos que se diga o contrário, que as quantidades x possam assumir valores reais, inteiros ou não; ou seja, admitiremos que os produtos são divisíveis.

Ao desenharmos em um mesmo sistema de eixos as funções receita e custo, constatamos que:

- O gráfico da função receita passa pela origem, pois o coeficiente linear é nulo.
- Como, em geral, o preço de venda é maior que o custo variável por unidade, o gráfico da função custo é menos inclinado do que o da função receita.
- Como consequência, os gráficos se interceptam em um ponto, cuja abscissa x^* é denominada *ponto de nivelamento* ou *break even point*.
- Quando a quantidade produzida e vendida for maior que o ponto de nivelamento, a receita é maior que o custo, havendo um *lucro positivo*. Quando a quantidade produzida e vendida for menor que o ponto de nivelamento, a

receita é menor que o custo, havendo um *lucro negativo* ou *prejuízo*. Veja a Figura 8.17.

- Chamamos de *margem de contribuição por unidade* a diferença entre o preço de venda e o custo variável por unidade. Isto é, $p - c$.

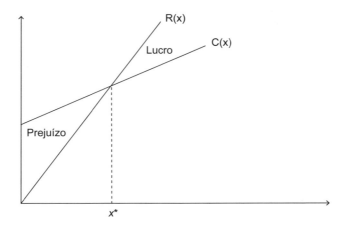

Figura 8.17 Gráfico das funções receita e custo.

Exemplo:

Um fabricante de autopeças tem um custo fixo mensal de R$ 72 000,00 e um custo variável por peça igual a R$ 180,00. Sabendo que cada unidade é vendida por R$ 300,00, obtenha:

a) A função receita.
b) A função custo.
c) O ponto de nivelamento (*break even point*).
d) A função lucro.
e) A quantidade mínima que deve ser produzida e vendida para não haver prejuízo.
f) A margem de contribuição por unidade.

Temos:

a) $R(x) = 300x$
b) $C(x) = 72\,000 + 180x$
c) No ponto de nivelamento devemos ter $R(x) = C(x)$. Portanto:

$$300x = 72\,000 + 180x$$
$$120x = 72\,000$$

$$x = \frac{72\,000}{120} = 600$$

Ou seja, ao serem produzidas 600 unidades por mês, não haverá lucro positivo nem prejuízo.

d) A função lucro é dada por:

$$L(x) = 300x - (72\,000 + 180x)$$
$$L(x) = 300x - 72\,000 - 180x$$
$$L(x) = 120x - 72\,000$$

Observemos que o gráfico da função lucro é uma reta que intercepta o eixo das ordenadas no ponto de ordenada – 72 000 (coeficiente linear), e o eixo das abscissas no ponto de abscissa 600. Veja a Figura 8.18.

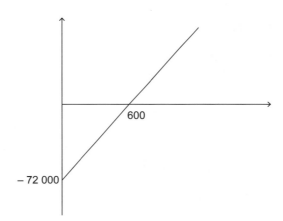

Figura 8.18 Gráfico da função lucro: $L(x) = 120x - 72\,000$.

e) Devemos ter $L(x) \geq 0$. Logo,

$$120x - 72\,000 \geq 0$$
$$120x \geq 72\,000$$
$$x \geq \frac{72\,000}{120}$$
$$x \geq 600$$

Portanto, a quantidade mínima a ser produzida e vendida para não haver prejuízo é de 600 unidades, que é o próprio ponto de nivelamento.

f) A margem de contribuição por unidade é 300 – 180 = 120.

234 Matemática Básica

EXERCÍCIOS

1) O preço de venda de um produto é R$ 25,00, o custo fixo mensal de fabricação é R$ 12 000,00 e o custo variável por unidade é R$ 15,00.
a) Obtenha a função receita.   b) Obtenha a função custo.

2) Obtenha o ponto de nivelamento de um produto cuja função receita é $R(x) = 90x$ e a função custo anual é $C(x) = 21\,000 + 60x$.

3) Obtenha o ponto de nivelamento de um produto cuja função receita é $R(x) = 150x$ e cuja função custo mensal é $C(x) = 27\,000 + 90x$.

4) O ponto de nivelamento de um produto é igual a 500 unidades por mês e a função receita é $R(x) = 40x$. Sabendo que o custo variável por unidade é R$ 30,00, obtenha o custo fixo mensal.

5) A função custo mensal de um produto é $C(x) = 6\,000 + 12x$ e a função receita é $R(x) = 20x$. Obtenha a função lucro e os valores de x que o tornam positivo.

6) A função receita de um produto é $R(x) = 1\,200x$ e o custo mensal é $C(x) = 250\,000 + 1\,000x$. Obtenha a função lucro e as quantidades que devem ser produzidas e vendidas para que o lucro seja positivo.

7) O custo fixo mensal de um produto é R$ 24 000,00. O custo variável por unidade é R$ 75,00 e o preço de venda é R$ 100,00.
a) Qual a margem de contribuição por unidade?
b) Qual o ponto de nivelamento?

8) O custo variável por unidade é R$ 12,00 e a margem de contribuição por unidade é R$ 6,00.
a) Obtenha a função receita.
b) Obtenha a função custo sabendo que o custo fixo mensal é R$ 5 400,00.
c) Obtenha o ponto de nivelamento.
d) Obtenha a função lucro.

9) Repita o exercício anterior considerando um custo variável por unidade igual a R$ 65,00 e margem de contribuição por unidade igual a R$ 20,00.

Capítulo 8 | Funções e Suas Aplicações **235**

10) Ao lançar um novo cereal matinal, uma empresa estima vender 50 000 pacotes por mês. Se o custo fixo mensal do produto for R$ 120 000,00 e o custo variável por pacote for R$ 5,00, qual o preço mínimo que deverá cobrar por pacote para não ter prejuízo?

11) Em relação ao exercício anterior, qual o preço que a empresa deverá cobrar para ter um lucro mensal de R$ 14 000,00?

12) Ao produzir 10 toneladas, por mês, de certa matéria-prima, o custo mensal de uma empresa é R$ 240 000,00; ao produzir 15 toneladas por mês, o custo mensal é R$ 300 000,00. Obtenha a função custo supondo que ela seja função do 1º grau.

13) O custo fixo mensal de uma fábrica de pijamas é R$ 35 000,00. Quando são produzidas 1 000 unidades por mês, o custo é R$ 95 000,00. Obtenha a função custo supondo que ela seja função do 1º grau.

14) Em relação ao exercício anterior, qual o ponto de nivelamento se o preço de venda por pijama for R$ 80,00?

15) O preço de venda de um tipo de camisa fabricado por uma empresa é R$ 200,00. Se a margem de contribuição por unidade for 25% do preço de venda, e o custo fixo mensal for R$ 30 000,00, obtenha o lucro (ou o prejuízo) ao serem produzidas e vendidas 400 unidades por mês.

16) Quando determinada empresa fabricante de certa matéria-prima produz mensalmente 20 toneladas, seu custo mensal é de R$ 140 000,00; quando a empresa produz 40 toneladas, o custo é de R$ 180 000,00. Admitindo que a função custo seja função do 1º grau, obtenha:
a) O custo variável por tonelada produzida.
b) O custo fixo.
c) A função custo.

17) Um eletricista cobra, por x horas de trabalho, um valor dado em reais pela função $C(x) = 150 + 75x$.
a) Quanto ele cobra somente por visita?
b) Quanto ele cobra por hora de trabalho?

236 Matemática Básica

RESPOSTAS DOS EXERCÍCIOS

1)   **a)** $R(x) = 25x$ **b)** $C(x) = 12\,000 + 15x$

2)   700

3)   450

4)   R$ 5 000,00

5) $L(x) = 8x - 6\,000$ e $x > 750$

6) $L(x) = 200x - 250\,000$ e $x > 1\,250$

7)   **a)** R$ 25,00   **b)** 960

8)   **a)** $R(x) = 18x$ **b)** $C(x) = 5\,400 + 12x$ **c)** 900   **d)** $L(x) = 6x - 5\,400$

9)   **a)** $R(x) = 85x$ **b)** $C(x) = 5\,400 + 65x$ **c)** 270   **d)** $L(x) = 20x - 5\,400$

10) R$ 7,40

11) R$ 7,68

12) $C(x) = 12\,000x + 120\,000$

13) $C(x) = 35\,000 + 60x$

14) 1 750

15) Prejuízo de R$ 10 000,00.

16) **a)** R$ 2 000,00 por tonelada   **b)** R$ 100 000,00   **c)** $C(x) = 100\,000 + 2\,000x$

17) **a)** R$ 150,00   **b)** R$ 75,00

8.4.5 *Funções demanda e oferta do primeiro grau*

Chamamos de *demanda* ou *procura* de determinado bem ou serviço a quantidade desse bem ou serviço que os consumidores pretendem comprar em determinado período de tempo.

A demanda é função de diversas variáveis, tais como gostos pessoais, preços do produto, preço de bens substitutos, renda do consumidor etc.

Uma das variáveis relevantes na demanda é o preço do produto. Assim, na suposição de que no período considerado as outras variáveis permaneçam constantes, a demanda será em função do preço do produto. Chamando de *p* o preço unitário do produto e *x* a quantidade demandada desse produto, a relação entre *p* e *x* é chamada de *função de demanda* do produto.

Temos a demanda individual para um consumidor e para um conjunto de consumidores. No caso de um conjunto de consumidores, a quantidade *x* é a quantidade total demandada por essas pessoas para cada nível de preço. A demanda de um conjunto de consumidores é denominada *demanda de mercado* e é o que adotaremos daqui em diante, salvo menção em contrário.

O gráfico da função de demanda é, em geral, o de uma função decrescente, pois, quanto maior o preço, menor é a quantidade demandada. Neste capítulo, consideraremos a função de demanda como uma função do primeiro grau, isto é, $p = mx + n$.

Observemos que cada função de demanda é construída em determinada configuração das outras variáveis (renda, preços de outros bens etc). Mudando-se a configuração dessas outras variáveis, muda-se a função de demanda.

Exemplo:

Em uma cidade A, o número de pizzas de muçarela demandadas semanalmente (*x*) é em função de seu preço unitário de acordo com a relação $p = -0,1x + 120$. Assim, se atribuirmos a *x* um valor qualquer, poderemos calcular *p* e vice-versa.

- Se $x = 700$, então $p = -0,1 \cdot (700) + 120 = 50$; isto é, se o preço for R$ 50,00 por pizza, a demanda será de 700 unidades por semana.
- Se $p = 60$, então $60 = -0,1x + 120 \rightarrow x = 600$; isto é, se o preço for R$ 60,00 por pizza, a demanda semanal será de 600 pizzas.

Com os dois pontos obtidos podemos construir o gráfico da função, conforme a Figura 8.19.

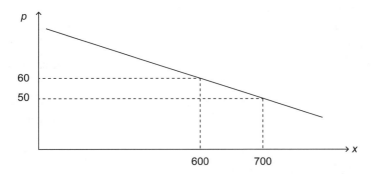

Figura 8.19 Gráfico da função $p = -0,1x + 120$.

238 Matemática Básica

Observemos que, em aplicações práticas, as escalas utilizadas nos eixos das abscissas e das ordenadas podem ser diferentes.

Habitualmente o preço é representado no eixo das ordenadas, e a quantidade demandada no eixo das abscissas.

Exemplo:

Em outra cidade, B, suponhamos que a função de demanda seja também do 1° grau e que:

Para $x = 500$, tenhamos $p = 80$

Para $x = 700$, tenhamos $p = 60$.

Obter, a partir desses dados, a função de demanda.

Temos, observando que nesse caso p faz o papel de y:

- O coeficiente angular da reta é $m = \dfrac{60-80}{700-500} = \dfrac{-20}{200} = -0,1$
- Tomando como referência o ponto $x = 500$ e $y = 80$, teremos:

$$p - 80 = -0,1(x - 500)$$
$$p - 80 = -0,1x + 50$$
$$p = -0,1x + 130.$$

A demanda é algo que depende dos consumidores. De outro lado temos a *oferta* que é algo que depende dos produtores.

Chamamos de *oferta* de determinado produto ou serviço a quantidade desses produtos ou serviços que os produtores desejam oferecer ao mercado em determinado período de tempo.

A oferta depende de várias variáveis, tais como preço do produto, preço da matéria-prima e mão de obra utilizadas, tecnologia utilizada etc.

Se forem mantidos em valores constantes os valores de todas as variáveis, exceto seu preço, chamamos de *função de oferta* a relação entre o preço do bem p e a quantidade ofertada x em certo intervalo de tempo. Em geral, tal função é crescente, pois quanto maior o preço, maior a quantidade ofertada. Admitiremos aqui que a função oferta é do primeiro grau.

Além disso, observemos que há uma função de oferta para cada configuração das variáveis que são mantidas constantes.

Eventualmente, podemos ter uma relação de demanda e preço ou de oferta e preço que não seja uma função, por exemplo, quando o gráfico for uma reta vertical.

Exemplo:

Considerando a cidade A, mencionada em um exemplo anterior, suponhamos que a função de oferta semanal de pizzas de muçarela seja dada pela função $p = 20 + 0,025x$.

- Para $x = 100$, teremos $p = 20 + 0{,}025 \cdot (100) = 22{,}5$; ou seja, ao preço de R$ 22,50 são ofertadas semanalmente 100 pizzas.
- Para $x = 400$, teremos $p = 20 + 0{,}025 \cdot (400) = 30$; ou seja, ao preço de R$ 30,00 são ofertadas semanalmente 400 pizzas.

O chamado *ponto de equilíbrio de mercado* é o ponto de intersecção entre a função de demanda e a de oferta de um bem. Portanto, há um preço e uma quantidade de equilíbrio.

Exemplo:

Consideremos a função de demanda de pizzas de muçarela da cidade A, $p = -0{,}1x + 120$ e a função de oferta correspondente $p = 20 + 0{,}025x$.

No ponto de equilíbrio, o preço é o mesmo na demanda e na oferta, assim como a quantidade é a mesma, pois o ponto de equilíbrio é a intersecção das duas retas. Veja a Figura 8.20.

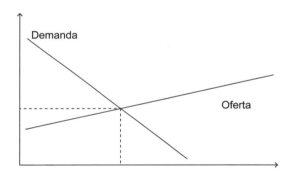

Figura 8.20 Ponto de equilíbrio entre demanda $p = -0{,}1x + 120$ e oferta $p = 20 + 0{,}025x$.

Assim:
$$20 + 0{,}025x = -0{,}1x + 120$$
$$0{,}125x = 100$$
$$x = \frac{100}{0{,}125} = 800$$

Substituindo x por 800 na função de demanda (ou de oferta), teremos:
$$p = -0{,}1 \cdot (800) + 120 = 40.$$

Em resumo, no equilíbrio serão vendidas 800 pizzas por semana na cidade A, ao preço de R$ 40,00 cada.

240 Matemática Básica

O nome equilíbrio decorre do fato de que, se o preço for maior do que o de equilíbrio, haverá excesso de oferta em relação à demanda, fazendo com que haja uma tendência de queda no preço.

Por outro lado, se o preço for menor que o de equilíbrio, haverá excesso de demanda em relação à oferta, forçando o preço para cima.

EXERCÍCIOS

1) Quando o preço de ingresso por pessoa em um museu é R$ 60,00, o número diário de frequentadores é 200; quando o preço é R$ 45,00, o número de frequentadores é 240. Admitindo que a função de demanda seja do 1º grau, obtenha essa função.

2) O preço de uma diária de um hotel em uma praia é R$ 250,00 por quarto nos fins de semana; nessa situação, 15 quartos são ocupados. O proprietário acredita que um desconto de 10% na diária aumentaria o número de quartos ocupados para 20. Admitindo que a função de demanda seja do 1º grau, obtenha sua equação.

3) Em um *show* musical, o preço de ingresso p relaciona-se com o número x de frequentadores pela equação $p = 500 - 0,2x$.
   a) Qual o significado do termo 500?
   b) Qual o significado do coeficiente angular –0,2?

4) Em uma peça teatral, o preço de ingresso p relaciona-se com o número x de frequentadores pela equação $p = 400 - 2x$.
   a) Qual o significado do termo 400?
   b) Qual o significado do coeficiente angular –2?

5) Em uma cidade, a oferta de sorvetes, com tamanho padrão, produzidos por uma rede de sorveterias depende de seu preço; quando o preço por unidade é R$ 6,00, são ofertadas 1 500 unidades por semana e, quando o preço por unidade é R$ 10,00, são ofertadas 4 200 unidades por semana. Obtenha a função de oferta supondo-a função do 1º grau.

6) A função de demanda semanal de sorvetes em uma cidade é dada por $p = 20 - 0,005x$ e a função de oferta semanal é $p = 5 + 0,0025x$. Calcule o preço e a quantidade semanal de equilíbrio.

Capítulo 8 | Funções e Suas Aplicações **241**

7) A função de demanda de ingressos para um jogo de futebol é $p = 200 - 0,025x$ e a função de oferta é 6 000 lugares, qualquer que seja o preço. Calcule o preço e a quantidade de ingressos de equilíbrio.

8) Obtenha o ponto de equilíbrio de mercado para as seguintes funções de oferta e demanda:
Oferta: $p = 24 + 2x$
Demanda: $p + x = 96$

9) Obtenha o ponto de equilíbrio de mercado para as seguintes funções de oferta e demanda:

Oferta: $-\dfrac{x}{3} + \dfrac{p}{2} = 1$

Demanda: $\dfrac{x}{24} + \dfrac{p}{12} = 1$

RESPOSTAS DOS EXERCÍCIOS

1) $p = -0,375x + 135$

2) $p = -5x + 325$

3) a) Se $p = 500$, não haverá frequentadores ($x = 0$).
b) Para que haja aumento de 1 frequentador, o preço deve cair R$ 0,20.

4) a) Se $p = 400$, não haverá frequentadores ($x = 0$).
b) Para que haja aumento de 1 frequentador, o preço deve cair R$ 2,00.

5) $p = 0,0015x + 3,75$

6) $x = 2\ 000$ e $p = 10$

7) $x = 6\ 000$ e $p = 50$

8) $x = 24$ e $p = 72$

9) $x = \dfrac{54}{7}$ e $p = \dfrac{60}{7}$

8.4.6 Função quadrática

Chamamos de *função quadrática* toda função do tipo $f(x) = ax^2 + bx + c$ ou simplesmente $y = ax^2 + bx + c$, em que a, b e c são números reais com $a \neq 0$. Assim, por exemplo, são funções quadráticas:

- $y = x^2 - 6x + 7$, sendo $a = 1$, $b = -6$ e $c = 7$
- $y = -3x^2 + 9x - 1$, sendo $a = -3$, $b = 9$ e $c = -1$
- $y = x^2 + 7$, sendo $a = 1$, $b = 0$ (pois não comparece o termo em x) e $c = 7$
- $y = 2x^2$, sendo $a = 2$, $b = 0$ e $c = 0$

O gráfico de uma função quadrática é uma curva denominada *parábola*, que é uma curva com um dos aspectos a seguir: o da Figura 8.21 é aquele quando $a > 0$ e dizemos que a parábola tem *concavidade voltada para cima*; o da Figura 8.22 é aquele quando $a < 0$ e dizemos que a parábola tem *concavidade voltada para baixo*.

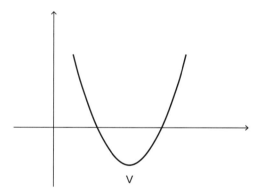

Figura 8.21 Parábola com concavidade para cima.

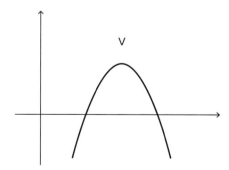

Figura 8.22 Parábola com concavidade para baixo.

O ponto mais baixo do gráfico da Figura 8.21 é chamado de *vértice* e indicado por *V*, e sua abscissa é chamada de *ponto de mínimo* da função; o ponto mais alto da Figura 8.22 também é chamado de *vértice* e indicado por *V*, e sua abscissa é chamada de *ponto de máximo* da função.

A elaboração do gráfico da parábola não é tão simples como o desenho da função do primeiro grau, que é uma reta. Entretanto, quatro elementos são fundamentais para a construção do gráfico:

- A concavidade, que pode ser para cima, se $a > 0$, ou para baixo, se $a < 0$.
- As intersecções com o eixo das abscissas (eixo x), que são obtidas fazendo $y = 0$, pois todo ponto de eixo x tem a ordenada y igual a 0.

Assim procedendo, obtemos uma equação do 2° grau $ax^2 + bx + c = 0$ cujas raízes podem ser obtidas pela fórmula:

$$x = \frac{-b \pm \sqrt{b^2 - 4ac}}{2a}$$

Ao utilizarmos o sinal +, obtemos uma raiz e, ao utilizarmos o sinal −, obtemos a outra raiz.

- A intersecção com o eixo das ordenadas (eixo y), que é feita fazendo $x = 0$, pois todo ponto do eixo y tem a abscissa x igual a 0.

- O vértice V da parábola, cuja abscissa é dada por $x_V = \dfrac{-b}{2a}$ e cuja ordenada é a imagem de x_V, isto é, $y = f(x_V)$. A justificativa dessa fórmula se encontra no final desta seção.

Exemplo:

Vamos construir o gráfico da função $y = x^2 - 6x + 5$.

- Como $a = 1$, a concavidade é voltada para cima.
- As intersecções com o eixo x são obtidas resolvendo-se a equação:

$x^2 - 6x + 5 = 0$; portanto,

$$x = \frac{-(-6) \pm \sqrt{(-6)^2 - 4.1.5}}{2.1}$$

$$x = \frac{6 \pm \sqrt{36 - 20}}{2}$$

$$x = \frac{6 \pm \sqrt{16}}{2}$$

$$x = \frac{6 \pm 4}{2}$$

Fazendo os cálculos pelo sinal +, temos: $x = \frac{6+4}{2} = 5$.

Fazendo os cálculos pelo sinal −, temos: $x = \frac{6-4}{2} = 1$.

- A intersecção com o eixo y é obtida fazendo-se na função $x = 0$.

Portanto, $y = 0^2 - 6 \cdot 0 + 5 = 5$.

- A abscissa do vértice é $x_V = \frac{-(-6)}{2.1} = 3$ e a sua ordenada é $y_V = f(3) = 3^2 - 6 \cdot 3 + 5 = -4$.

Reunindo as informações dadas, obtemos o gráfico da função na Figura 8.23.

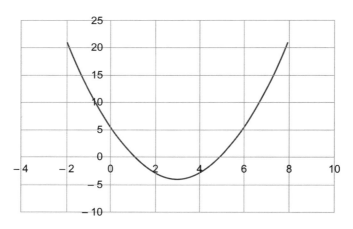

Figura 8.23 Gráfico da função $y = x^2 - 6x + 5$.

Exemplo:

Vamos construir o gráfico da função $y = -x^2 + 4x$.
Temos:

- Concavidade voltada para baixo, pois $a = -1$.
- Intersecções com eixo x: $-x^2 + 4x = 0$. Resolvendo a equação:

$$x = \frac{-4 \pm \sqrt{4^2 - 4.(-1).0}}{2.(-1)}$$

$$x = \frac{-4 \pm 4}{-2}$$

Raízes: $x = \dfrac{-4+4}{-2} = 0$ ou $x = \dfrac{-4-4}{-2} = 4$

- Intersecção com eixo y. Fazemos $x = 0$. Temos

$$y = -0^2 + 4 \cdot 0 = 0.$$

- Vértice: $x_V = \dfrac{-4}{2.(-1)} = 2$; $y_V = f(2) = -2^2 + 4 \cdot 2 = 4$.

Com as informações dadas, podemos construir o gráfico (Figura 8.24).

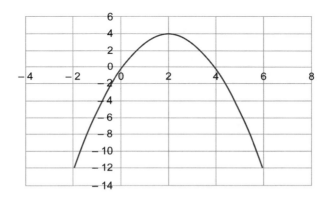

Figura 8.24 Gráfico da função $y = -x^2 + 4x$.

Exemplo:

Construir o gráfico da função $y = x^2 - 2x + 1$.
Temos:

- Concavidade voltada para cima, pois $a = 1$
- Intersecções com eixo x

$$x^2 - 2x + 1 = 0$$

$$x = \dfrac{-(-2) \pm \sqrt{(-2)^2 - 4.1.1}}{2}$$

$$x = \dfrac{2 \pm \sqrt{0}}{2}$$

Fazendo os cálculos pelo sinal +, temos: $x = \dfrac{2+0}{2} = 1$.

Fazendo os cálculos pelo sinal –, temos: $x = \dfrac{2-0}{2} = 1$.

Como só existe uma raiz (ou as duas raízes são iguais), concluímos que a parábola intercepta o eixo x em apenas um ponto: (1, 0).

- Intersecção com eixo y. Fazendo $x = 0$, temos:
$$y = 0^2 - 2 \cdot 0 + 1 = 1$$
- Vértice: $x_V = \dfrac{-(-2)}{2.1} = 1$ e $y_V = f(1) = 1^2 - 2 \cdot 1 + 1 = 0$

Com as informações dadas, podemos construir o gráfico da Figura 8.25:

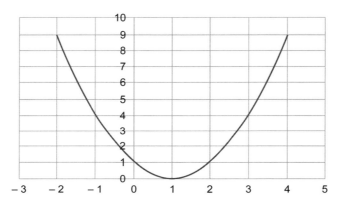

Figura 8.25 Gráfico da função $y = x^2 - 2x + 1$.

Exemplo:

Construir o gráfico da função $y = x^2 + 2$.

Temos:

- Concavidade voltada para cima, pois $a = 1$.
- Intersecções com eixo x

$$x^2 + 2 = 0$$

$$x = \frac{0 \pm \sqrt{0^2 - 4.1.2}}{2}$$

$$x = \frac{0 \pm \sqrt{-8}}{2}$$

Como não existe raiz quadrada de número negativo (– 8) no campo real, concluímos que a equação não tem raízes reais. Logo, a parábola não cruza o eixo x.

- Intersecção com eixo y. Fazendo $x = 0$, temos:
$$y = 0^2 + 2 = 2$$

- Vértice: $x_V = \dfrac{-0}{2.1} = 0$ e $y_V = f(0) = 2$

Com as informações dadas, podemos construir o gráfico da Figura 8.26:

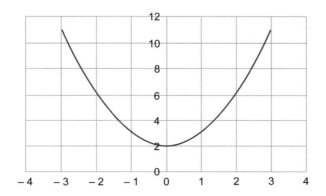

Figura 8.26 Gráfico da função $y = x^2 + 2$.

Exemplo:
Estudar o sinal da função $y = x^2 - 4x + 3$.

Estudar o *sinal de uma função* significa determinar os valores de x que têm imagens positivas e os valores de x que têm imagens negativas. Os valores de x que têm imagem nula são os que obedecem à equação $x^2 - 4x + 3 = 0$.

Podemos notar que as imagens y são positivas quando o gráfico está acima do eixo x, e que as imagens são negativas quando o gráfico está abaixo do eixo x.

No caso do exemplo, não precisamos fazer o gráfico completo da função, mas apenas saber sua concavidade e em que pontos ela cruza o eixo x.

- Como $a = 1$, a concavidade está voltada para cima.
- Para obtermos as intersecções com o eixo x, devemos resolver a equação $x^2 - 4x + 3 = 0$.

$$x = \dfrac{-(-4) \pm \sqrt{(-4)^2 - 4.1.3}}{2.1}$$

$$x = \dfrac{4 \pm \sqrt{4}}{2}$$

$$x = \dfrac{4 \pm 2}{2}$$

Portanto, $x = 1$ ou $x = 3$. O aspecto da parábola é o seguinte:

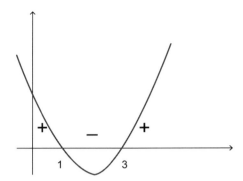

A região que tem imagens positivas é destacada com sinal +, e a que tem imagens negativas, com sinal –.

Assim,

- y será positivo para $x < 1$ ou $x > 3$; e
- y será negativo para x entre 1 e 3, isto é, para $1 < x < 3$.

Exemplo:
Uma empresa que opera em um mercado pouco competitivo pode alterar o preço de um produto que fabrica, de acordo com a função de demanda $p = 50 - x$, em que p é o preço de venda e x a quantidade diária vendida. Sua função custo diário é $C = 20x + 200$.

a) Obtenha a função lucro diário.
b) Obtenha os valores de x de modo que o lucro seja positivo.
c) Obtenha o preço que deve ser cobrado para maximizar o lucro.

Temos:

a) A função lucro é a diferença entre a receita e o custo, isto é:
$$L(x) = R(x) - C(x)$$
$$L(x) = x \cdot p - (20x + 200)$$
$$L(x) = x(50 - x) - 20x - 200$$
$$L(x) = -x^2 + 50x - 20x - 200$$
$$L(x) = -x^2 + 30x - 200$$

b) As raízes de $-x^2 + 30x - 200 = 0$ são dadas por:
$$x = \frac{-30 \pm \sqrt{30^2 - 4 \cdot (-1) \cdot (-200)}}{-2}$$

$$x = \frac{-30 \pm 10}{-2}$$

Portanto, as raízes são 10 e 20.
Fazendo o estudo do sinal da função, temos:

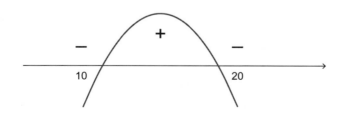

Logo, o lucro será positivo quando a quantidade vendida estiver entre 10 e 20. Observando a função de demanda, notamos que isso ocorre quando o preço está entre 30 e 40.

c) O lucro será máximo quando x for igual ao x do vértice. Ou seja: $x_V = \dfrac{-30}{2(-1)} = 15$, e consequentemente, pela função de demanda, o preço será $p = 50 - 15 = 35$.

8.4.6.1 Justificativa da fórmula do vértice da parábola

A justificativa de que a abscissa do vértice é dada por $x_v = \dfrac{-b}{2a}$ é feita da seguinte forma:

Seja $y = ax^2 + bx + c$.
Colocando a em evidência, temos:

$$y = a\left[x^2 + \frac{b}{a}x + \frac{c}{a}\right] = a\left[x^2 + 2.\frac{b}{2a}x + \frac{c}{a}\right]$$

Somando e subtraindo $\dfrac{b^2}{4a^2}$ na expressão entre colchetes, resulta:

$$y = a\left[x^2 + 2.\frac{b}{2a}x + \frac{b^2}{4a^2} - \frac{b^2}{4a^2} + \frac{c}{a}\right]$$

Notando que os 3 primeiros termos da expressão entre colchetes é um trinômio quadrado perfeito, $(x + \dfrac{b}{2a})^2$, obtemos a seguinte expressão:

$$y = a\left[(x + \frac{b}{2a})^2 - \frac{b^2}{4a^2} + \frac{c}{a}\right]$$

250 Matemática Básica

A expressão só depende de x. Como $x + \dfrac{b}{2a}$ está elevada ao quadrado, ela não pode ser negativa e seu menor valor ocorrerá quando $x + \dfrac{b}{2a}$ for zero, ou seja, quando $x = -\dfrac{b}{2a}$. Assim:

- Quando $a > 0$, a concavidade da parábola será para cima e ela terá ponto de mínimo; isso sucede quando a expressão ao quadrado, $(x + \dfrac{b}{2a})^2$, for mínima; no caso, igual a 0. Portanto, para $x = -\dfrac{b}{2a}$, a parábola terá um ponto de mínimo que será justamente a abscissa do vértice.

- Quando $a < 0$, a concavidade da parábola será para baixo e ela terá ponto de máximo; isso sucede quando a expressão ao quadrado, $(x + \dfrac{b}{2a})^2$, for mínima; no caso, igual a 0. Portanto, para $x = -\dfrac{b}{2a}$, a parábola terá um ponto de máximo que será justamente a abscissa do vértice.

EXERCÍCIOS

1) Esboce o gráfico da função quadrática $y = x^2 - 8x + 12$.

2) Esboce o gráfico da função quadrática $y = x^2 + 4$.

3) Esboce o gráfico da função quadrática $y = x^2 - 4x + 4$.

4) Quais os valores de x que fazem com que a função $y = x^2 - 3x + 2$ tenha imagens positivas?

5) Quais os valores de x que fazem com que a função $f(x) = x^2 - 15x$ tenha imagens negativas?

6) Qual o valor de x que maximiza a função $y = -x^2 + 8x + 3$?

7) Qual o valor de x que minimiza a função $y = 2x^2 + 6x - 9$?

8) Dada a função quadrática $y = x^2 - 10x + 9$:
   a) Indique o intervalo aberto em que a função é crescente.
   b) Indique o intervalo aberto em que a função é decrescente.

Capítulo 8 | Funções e Suas Aplicações **251**

9) Dada a função $y = 8x - x^2$:
   a) Indique o intervalo aberto em que a função é crescente.
   b) Indique o intervalo aberto em que a função é decrescente.

10) Considere a função $y = x^2 - 2x - 3$, cujo domínio é o intervalo $[0, 4]$. Esboce seu gráfico e determine:
   a) O ponto de máximo.
   b) O ponto de mínimo.

11) Considere a função $y = 6x - x^2$ cujo domínio é o intervalo $[0, 5]$. Esboce seu gráfico e determine:
   a) O ponto de máximo.
   b) O ponto de mínimo.

12) Dada a função de demanda mensal de um produto, $p = 80 - 4x$, indique:
   a) A função receita.
   b) O valor de x que maximiza a receita.
   c) O preço que deve ser cobrado para maximizar a receita.

13) A função demanda mensal de um produto é $p = 40 - x$ e o correspondente custo mensal é $C = 4x + 31,5$. Obtenha:
   a) A função lucro mensal.
   b) O valor de x que maximiza o lucro mensal.
   c) O lucro mensal máximo.
   d) O preço que deve ser cobrado para maximizar o lucro.

14) Em relação ao exercício anterior, obtenha:
   a) Os valores de x que tornam o lucro positivo.
   b) Os valores do preço que devem ser cobrados de modo que o lucro seja positivo.

15) A função de demanda mensal de um produto é dada por $p = 25 - \dfrac{1}{2}x$, em que p é o preço por unidade do produto e x a quantidade vendida mensalmente.
   a) Obtenha a função receita $R(x)$.
   b) Obtenha o valor de x que maximiza a receita.
   c) Obtenha o preço que deve ser cobrado para maximizar a receita mensal.

16) Um monopolista produz, mensalmente, x unidades de um produto, a um custo mensal dado por $C = 30\ 000 + 200x$. A função de demanda mensal do produto é $p = 550 - \dfrac{1}{2}x$, em que p é o preço de venda por unidade do produto.

a) Qual a função receita $R(x)$?
b) Qual a função lucro $L(x)$?
c) Obtenha o valor de x e o preço que maximizam a receita.
d) Obtenha o valor de x e o preço que maximizam o lucro.

17) Em relação ao exercício anterior, obtenha o preço que deve ser cobrado para maximizar o lucro, caso o governo cobre um imposto de 20 reais por unidade vendida, cobrada junto ao produtor.

RESPOSTAS DOS EXERCÍCIOS

1)

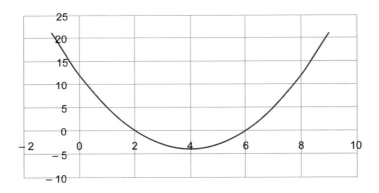

2)

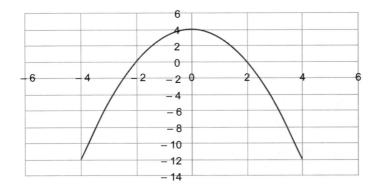

3)

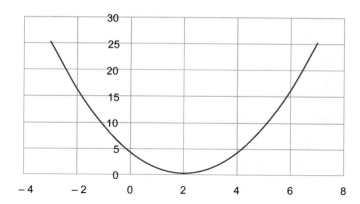

4) $x < 1$ ou $x > 2$

5) $0 < x < 15$

6) $x = 4$

7) $x = -\dfrac{3}{2}$

8) a) $x > 5$ \qquad b) $x < 5$

9) a) $x < 4$ \qquad b) $x > 4$

10) a) $x = 4$ \qquad b) $x = 1$

11) a) $x = 3$ \qquad b) $x = 0$

12) a) $R(x) = -4x^2 + 80x$ \qquad b) $x = 10$ \qquad c) $p = 40$

13) a) $L(x) = -x^2 + 36x - 31{,}5$ \qquad b) $x = 18$ \qquad c) 292,50 \qquad d) 22

14) $0{,}90 < x < 35{,}11$ \qquad b) $4{,}89 < p < 39{,}10$

15) a) $R(x) = -\dfrac{1}{2}x^2 + 25x$ \qquad b) $x = 25$ \quad c) $p = 12{,}5$

16) a) $R(x) = -\dfrac{1}{2}x^2 + 550x$

   b) $L(x) = -\dfrac{1}{2}x^2 + 350x - 30\,000$
   c) 550
   d) 350

17) 385

254 Matemática Básica

8.4.7 *Crescimento exponencial e função exponencial*

Suponhamos que a receita de uma empresa, neste ano, seja de 80 milhões de reais e que, a cada ano, cresça 20% em relação ao ano anterior. Dessa forma:

- Daqui a 1 ano, sua receita será:

$$y_1 = 80 + (0,20) \cdot 80 = 80(1 + 0,20) = 80(1,20)$$

- Daqui a 2 anos, sua receita será:

$$y_2 = y_1 + 0,2\, y_1 = y_1(1,20) = 80(1,20)(1,20) = 80(1,20)^2$$

- Daqui a 3 anos, sua receita será:

$$y_3 = y_2 + 0,20\, y_2 = y_2(1,20) = 80(1,20)^2(1,20) = 80(1,20)^3$$

Analogamente, deduzimos que a receita daqui a x anos será $y = 80(1,20)^x$.

De modo geral, dizemos que uma grandeza tem *crescimento exponencial* quando cresce com o tempo a uma taxa k constante por período, e com valor inicial (data 0) igual a A. Seu valor após x períodos de tempo é dado pela fórmula:

$$y = A(1 + k)^x$$

Embora essa fórmula tenha sido justificada para x inteiro, verificamos que, sob condições bastante gerais, ela é válida também para valores não inteiros. A justificativa geral é feita utilizando-se de conhecimentos de Cálculo Diferencial e Integral.

A expressão também é conhecida como *função exponencial*. Admitindo A como valor positivo:

- Se tivermos $k > 0$, teremos uma *taxa de crescimento positiva* e a base da potência sendo maior que 1, e a função será crescente.
- Caso $-1 < k < 0$, teremos uma *taxa de crescimento negativa* e seu valor absoluto é chamado de *taxa de decrescimento*. Nesse caso, a base da potência será menor que 1, e a função será decrescente.

O gráfico da função exponencial intercepta o eixo y ponto de ordenada A, e pode ser feito atribuindo-se alguns valores para x.

Exemplo:

Construir o gráfico da função exponencial $y = 4 \cdot (1,20)^x$.

Atribuindo os seguintes valores para x e calculando y, teremos o gráfico da Figura 8.27.

x	−4	−3	−2	−1	0	1	2	3	4
y	1,9290	2,3148	2,7778	3,3333	4,0000	4,8000	5,7600	6,9120	8,2944

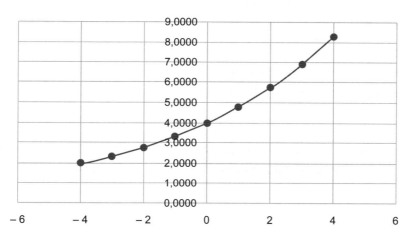

Figura 8.27 Gráfico da função $y = 4 \cdot (1,20)^x$.

Exemplo:

Construir o gráfico da função exponencial $y = 2 \cdot (0,6)^x$.

Atribuindo os seguintes valores para x e calculando y, teremos o gráfico da Figura 8.28.

x	−4	−3	−2	−1	0	1	2	3	4
y	15,4321	9,2593	5,5556	3,3333	2,0000	1,2000	0,7200	0,4320	0,2592

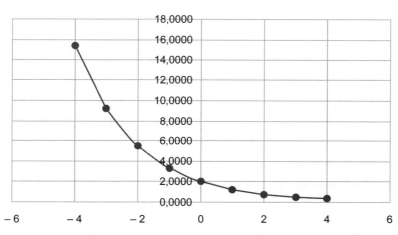

Figura 8.28 Gráfico da função $y = 2 \cdot (0,6)^x$.

256 Matemática Básica

Exemplo:
Uma população tem hoje 50 000 habitantes e cresce à taxa de 2% a.a.

a) Qual sua população daqui a 5 anos?

b) Qual sua população daqui a 20 anos?

Temos:

a) $y = 50\ 000(1,02)^5 = 55\ 204$ habitantes

b) $y = 50\ 000(1,02)^{20} = 74\ 297$ habitantes

Exemplo:
Um país tem, neste ano, um PIB de 800 bilhões de dólares. Há 5 anos, seu PIB era de 700 bilhões de dólares. Qual a taxa média anual de crescimento do PIB?

Temos:

$$800 = 700(1 + k)^5$$
$$(1 + k)^5 = 1,1429$$
$$\left[(1+k)^5\right]^{\frac{1}{5}} = \left[1,1429\right]^{\frac{1}{5}}$$
$$(1 + k)^1 = [1,1429]^{0,2}$$
$$1 + k = 1,0271$$
$$k = 0,0271 = 2,71\% \text{ a.a.}$$

EXERCÍCIOS

Nos exercícios a seguir, as respostas podem variar ligeiramente em função dos arredondamentos utilizados.

1) Uma empresa tem, neste ano, uma receita de 12 milhões de reais. Estiman-do-se que ela cresça a uma taxa de 15% a.a., qual a receita estimada:
a) Daqui a 2 anos?   b) Daqui a 8 anos?

2) Uma população tem um crescimento exponencial dado por $y = 60\ 000 \cdot (1,04)^x$, em que x é o tempo medido em anos e y é o número de habitantes.
a) Qual a população inicial?
b) Qual a taxa anual de crescimento da população?

3) Uma população tem um crescimento exponencial dado por $y = 4\ 000 \cdot 3^x$, em que x é o tempo medido em anos e y é o número de habitantes.

a) Qual a população inicial?

b) Qual a taxa anual de crescimento da população?

4) O número de habitantes de uma cidade é hoje de 120 000 pessoas e cresce à taxa de 4% a.a. Qual será o número de habitantes:

    a) Daqui a 5 anos?   **b)** Daqui a 20 anos?

5) O PIB de um país cresce à taxa de 5% a.a. Neste ano, o PIB é de 750 bilhões de dólares. Qual será o PIB daqui a 6 anos?

6) O PIB de um país é, neste ano, de 600 bilhões de dólares e cresce à taxa de 3% a.a. A população hoje é de 50 milhões de pessoas.

    Nota: o PIB *per capita* é o PIB dividido pelo número de habitantes.

    a) Qual o PIB *per capita* neste ano?

    b) Se a população crescer à taxa de 4% a.a., qual o PIB *per capita* daqui a 10 anos?

7) O PIB de um país cresce 2% ao ano e a população cresce 1% a.a. Qual será o crescimento do PIB *per capita* daqui a 20 anos em relação ao de hoje?

8) Em relação ao exercício anterior, qual será a variação do PIB *per capita* caso a população cresça 3% ao ano?

9) De 2014 a 2019, o PIB de um país cresceu 2,6% a.a. Em 2019, o PIB foi de 1,235 trilhão de dólares. Qual foi o PIB de 2014?

10) Uma população tem um crescimento exponencial dado por $y = 20\ 000 \cdot (0,95)^x$, em que x é o tempo medido em anos e y o número de habitantes.

    a) Qual a população inicial?

    b) Qual a taxa anual de crescimento da população?

11) Um automóvel vale hoje R$ 50 000,00 e seu valor decresce à taxa de 10% a.a. Qual será seu valor daqui a 6 anos?

12) O PIB *per capita* de um país decresce à taxa de 0,5% a.a. Neste ano, ele vale 20 000 dólares por habitante. Quanto valerá daqui a 10 anos?

13) Uma cidade tem hoje 200 000 habitantes e cresce exponencialmente com o tempo. Estima-se que daqui a 10 anos ela tenha 250 000 habitantes. Qual a taxa anual de crescimento?

258 Matemática Básica

14) A receita anual de uma empresa, neste ano, é de 120 milhões de reais e cresce exponencialmente com o tempo. Se a empresa projeta o dobro da receita anual deste ano para daqui a 10 anos, qual deverá ser a taxa anual de crescimento?

15) Uma máquina vale hoje R$ 250 000,00 e seu valor decresce exponencialmente com o tempo e estima-se que atinja a metade do valor de hoje para daqui a 12 anos. Qual a taxa anual de decrescimento?

16) Estima-se que em cada um dos próximos 4 anos o PIB de um país cresça 5% a.a. e nos 4 anos seguintes cresça a uma taxa anual constante de x%. Qual o valor de x para que o PIB dobre nesses 8 anos?

17) Determine quais das funções exponenciais a seguir são crescentes e quais são decrescentes:

a) $y = 120 \cdot (1,80)^x$ b) $y = 24(0,80)^x$ c) $y = 500(2)^x$

d) $y = 3(\frac{1}{4})^x$ e) $y = 30(\sqrt{3} - \sqrt{2})^x$

18) Qual o ponto do plano cartesiano comum aos três gráficos a seguir?
$y = 25(1,4)^x$ (I) $y = 25(2,7)^x$ (II) $y = 25(0,92)^x$

19) Em 1798, o economista britânico Thomas Robert Malthus publicou um artigo em que afirmava:

- A Grã-Bretanha possuía 7 000 000 de habitantes e crescia à taxa de 2,8% a.a.
- Na época, havia uma produção de alimentos suficiente para toda a população, ou seja, a produção de alimentos era de 7 000 000 unidades de alimentação (U.A.).
- Ele previu que a produção de alimentos cresceria em 280 000 U.A. por ano. Dados extraídos de *Explorations in College Algebra* (KIME; CLARK; MICHAEL, 2005).

a) Faça o gráfico do tamanho da população y_1 em função do tempo, fazendo $x = 0$ o ano 1798, $x = 1$ o ano 1799 e assim por diante.

b) Faça o gráfico da produção de alimentos y_2 em função do tempo, fazendo $x = 0$ o ano 1798, $x = 1$ o ano 1799 e assim por diante.

c) Verifique graficamente que, após mais ou menos 25 anos, a população seria maior que a quantidade de alimentos necessária para alimentá-la.

d) Pesquise para saber por que essa teoria mostrou-se inadequada para explicar a realidade.

Obs.: use preferencialmente algum aplicativo para gráficos.

RESPOSTAS DOS EXERCÍCIOS

1)   **a)** 15,87 milhões   **b)** 36,71 milhões

2)   **a)** 60 000 habitantes   **b)** 4%

3)   **a)** 4 000   **b)** 200%

4)   **a)** 145 998 habitantes   **b)** 262 935 habitantes

5)   1 005,07 bilhões

6)   **a)** 12 000 dólares   **b)** 10 894,82 dólares

7)   21,78%

8)   –17,73%

9)   1,0863 trilhão de dólares

10) **a)** 20 000 habitantes   **b)** –5% a.a.

11) R$ 26 572,05

12) 19 022,20 dólares

13) 2,26%

14) 7,18%

15) Decrescimento de 5,61% (ou crescimento de –5,61%).

16) 13,26% a.a.

17) Crescentes: a, c   Decrescentes: b, d, e

18) (0, 25)

19) Demonstração

8.4.8 *Logaritmos*

A origem dos logaritmos remonta ao século XVI, com os trabalhos dos matemáticos John Napier (escocês) e Henry Briggs (inglês), envolvendo a simplificação de trabalhosas operações aritméticas. Até um tempo atrás, os logaritmos eram calculados por meio de extensas tabelas com o uso dos conceitos de *característica* e *mantissa*.

260 Matemática Básica

Hoje em dia, com o desenvolvimento de programas envolvendo Cálculo Diferencial e Integral, os logaritmos podem ser calculados com a utilização de programas existentes em calculadoras ou computadores.

> Chamamos de *logaritmo* de x na base b, e o indicamos por $\log_b x$ o expoente y que devemos atribuir a b, para dar o valor x.

Assim,

$$\log_b x = y \qquad \text{em que} \qquad b^y = x$$

As bases comumente utilizadas são a base 10 e a base e (número de Euler, cujo valor aproximado é 2,7183), que é uma importante constante matemática, frequente em Cálculo Diferencial e Integral. Os logaritmos na base 10 são chamados de decimais e indicados sem se escrever a base, isto é, indicados por $\log x$. Os logaritmos de base e são chamados de logaritmos neperianos, ou logaritmos naturais, e indicados por $\ln(x)$ ou $LN(x)$, isto é, $\ln(x) = \log_e x$.

Exemplos:

a) $\log_2 8 = 3$ pois $2^3 = 8$

b) $\log_5 25 = 2$ pois $5^2 = 25$

c) $\log 1\,000 = 3$ pois $10^3 = 1\,000$

d) $\log_8 1 = 0$ pois $8^0 = 1$

e) $\log_7 7 = 1$ pois $7^1 = 7$

f) $\log 0{,}1 = -1$ pois $10^{-1} = \dfrac{1}{10} = 0{,}1$

g) $\ln e^t = t$ pois $e^t = e^t$

Muitos logaritmos não são exatos, mas podem ser calculados aproximadamente utilizando-se uma calculadora ou computador (teclas *Log* ou *Ln*); por exemplo, $\log 15 = 1{,}176091$ e $\ln 375 = 5{,}926926$.

Uma importante aplicação dos logaritmos é a resolução de equações exponenciais (aquelas cuja incógnita comparece no expoente).

Por exemplo, para resolver a equação exponencial $2^x = 32$, podemos perceber facilmente que x deve ser igual a 5; ou ainda que, na equação $3^x = 81$, o valor de x deve ser 4.

Ao tentarmos resolver a equação exponencial $2^x = 14$, percebemos que o resultado não é exato; notamos apenas que x deve estar entre 3 e 4.

Para resolvermos a equação $2^x = 14$, vamos antes enunciar algumas propriedades dos logaritmos:

- Logaritmo da soma: $\log_b(M \cdot N) = \log_b M + \log_b N$.

- Logaritmo do quociente: $\log_b(\dfrac{M}{N}) = \log_b M - \log_b N$.

- Logaritmo da potência: $\log_b M^\alpha = \alpha \log_b M$

- Mudança de base: $\log_b M = \dfrac{\log_c M}{\log_c b}$.

A demonstração da 1ª propriedade é feita da seguinte forma:

Chamando de y_1 o $\log_b M$, temos $b^{y_1} = M$ (I)

Chamando de y_2 o $\log_b N$, temos $b^{y_2} = N$ (II)

Multiplicando membro a membro as relações (I) e (II), resulta que:

$$b^{y_1} \cdot b^{y_2} = M.N$$

$$b^{y_1 + y_2} = M.N \text{, logo, por definição de logaritmo,}$$

$$y_1 + y_2 = \log_b M \cdot N \text{ e, portanto,}$$

$$\log_b M + \log_b N = \log M \cdot N$$

Isso justifica a 1ª propriedade.

As demonstrações das demais propriedades são semelhantes à demonstração da 1ª.

Exemplo:

Considerando que $\log 2 = 0{,}3010$ e $\log 3 = 0{,}4771$, calcule:

a) $\log 8$ b) $\log 6$ c) $\log 5$ d) $\log_2 3$

Temos:

a) $\log 8 = \log 2^3 = 3\log 2 = 3 \cdot (0{,}3010) = 0{,}9030$

b) $\log 6 = \log 2 \cdot 3 = \log 2 + \log 3 = 0{,}3010 + 0{,}4771 = 0{,}7781$

c) $\log 5 = \log \dfrac{10}{2} = \log 10 - \log 2 = 1 - 0{,}3010 = 0{,}6990$

d) $\log_2 3 = \dfrac{\log 3}{\log 2} = \dfrac{0{,}4771}{0{,}3010} = 1{,}5850$

Exemplo:

Utilizando uma calculadora, resolva a equação exponencial $2^x = 14$.

Temos:

Tomando o logaritmo decimal dos dois lados da equação:

$$\log 2^x = \log 14$$
$$x \cdot \log 2 = \log 14$$
$$x = \frac{\log 14}{\log 2}$$

Utilizando a tecla log da calculadora:

$$x = \frac{1,1461}{0,3010} = 3,8076$$

Caso utilizemos os logaritmos naturais, temos a seguinte resolução:

Tomando o logaritmo natural dos dois lados da equação,

$$\ln 2^x = \ln 14$$
$$x \cdot \ln 2 = \ln 14$$
$$x = \frac{\ln 14}{\ln 2}$$

Utilizando a tecla ln ou LN da calculadora,

$$x = \frac{2,6391}{0,6931} = 3,8077$$

A diferença na quarta casa decimal deve-se a arredondamentos.

O leitor poderá verificar, por meio da calculadora, que elevando 2 ao expoente 3,8076 resulta em 14 aproximadamente. Poderíamos ter melhorado a precisão trabalhando com 6 ou 8 casas decimais.

Exemplo:

Ao aplicar um capital C a juros compostos à taxa de 2% a.m., um investidor terá um montante após n meses dado por $M = C(1,02)^n$.

Calcule n de modo que o capital duplique na aplicação.

Temos:

- O montante resultante deverá ser $2C$.
- Portanto, devemos ter $2C = C(1,02)^n$, ou seja, $(1,02)^n = 2$, após simplificarmos C nos dois membros.
- Assim, tomando o logaritmo dos dois membros:

$$\log(1,02)^n = \log 2$$
$$n\log(1,02) = \log 2$$
$$n = \frac{\log 2}{\log 1,02}$$

Utilizando uma calculadora para o cálculo dos logaritmos:

$$n = \frac{0,3010}{0,0086} = 35 \text{ meses}$$

Caso a resolução seja feita pelos logaritmos naturais:

$$n = \frac{\ln 2}{\ln 1,02} = \frac{0,6931}{0,0198} = 35 \text{ meses}$$

8.4.9 *Função logarítmica*

Dados um número real x positivo, chamado *logaritmando*, e um número b real positivo e diferente de 1, chamado *base*, prova-se que existe um único expoente que colocado em b resulta no número x. Tal número é chamado de *logaritmo de x na base b* e é indicado por $\log_b x$. A função $y = \log_b x$ é chamada de *função logarítmica* e seu domínio é o conjunto dos números reais positivos.

Observemos que o gráfico da função intercepta o eixo x no ponto $(1, 0)$, pois para $x = 1$ temos sempre $y = \log_b 1 = 0$. O aspecto gráfico da função logarítmica depende de a base ser maior que 1 ou estar entre 0 e 1, conforme veremos nos exemplos seguintes.

Exemplo:

Construir o gráfico da função $y = \log_{1,2} x$.

Atribuindo a x os seguintes valores e calculando os correspondentes valores de y, teremos o gráfico da Figura 8.29.

x	0,2	0,4	0,6	0,8	1	1,2	1,4	1,6	1,8
y	−8,8275	−5,0257	−2,8018	−1,2239	0	1	1,84549	2,57788	3,2239

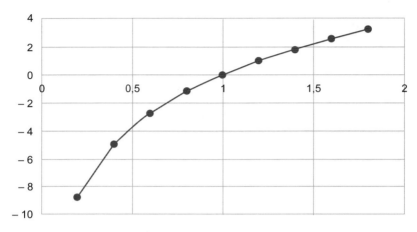

Figura 8.29 Gráfico da função $y = \log_{1,2} x$.

Exemplo:

Construir o gráfico da função $y = \log_{0,6} x$.

Atribuindo a x os seguintes valores e calculando os correspondentes valores de y, teremos o gráfico da Figura 8.30.

x	0,2	0,4	0,6	0,8	1	1,2	1,4	1,6	1,8	2
y	3,1507	1,7937	1,0000	0,4368	0,0000	−0,3569	−0,6587	−0,9201	−1,1507	−1,3569

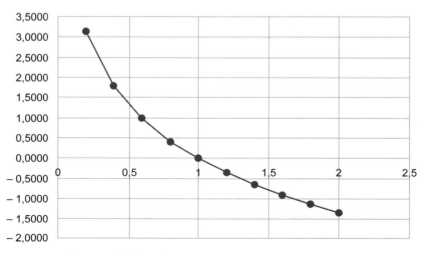

Figura 8.30 Gráfico da função $y = \log_{0,6} x$.

EXERCÍCIOS

1) Calcule, sem o uso de calculadora, os seguintes logaritmos:
   a) $\log_2 16$ b) $\log_3 1$ c) $\log_8 64$ d) $\log_8 8$

   e) $\log_3 27$ f) $\log_2 \dfrac{1}{4}$ g) $\log_3 \dfrac{1}{27}$ h) $\log_3 \sqrt{3}$

2) Calcule os seguintes logaritmos com uma calculadora ou computador:
   a) $\log 324$ b) $\log 56,7$ c) $\log 0,65$ d) $\ln 15$ e) $\ln 0,84$

3) Resolva as equações a seguir utilizando uma calculadora ou computador:
   a) $6^x = 9$ b) $7^x = 11$ c) $(1,4)^x = 3$ d) $0,8^x = 0,25$

4) Resolva as equações a seguir usando uma calculadora ou computador:
   a) $3^{x-2} = 5$ b) $2^{4x-1} = 9$ c) $50(1,5)^x = 120$ d) $3^x = 8 \cdot 2^x$

5) Resolva a equação $300^{2x+1} = 500$, sem utilizar calculadora, para calcular logaritmos, sabendo apenas que $\log 3 = 0,477$ e $\log 5 = 0,699$.

6) Resolva a equação logarítmica $\log(3x - 2) = 2(\log 150 - \log 30)$ sem utilizar calculadora.

7) Dada a equação $2\log y + \log(x + 3) - \log(x - 5) = 0$, obtenha y como função de x.

8) Resolva as equações a seguir somente usando as propriedades dos logaritmos:
   a) $\log x = \log 2 + \log 3$
   b) $\log x = \log 2 + \log 3 + \log 5$
   c) $\log x = \log 100 - \log 20$
   d) $\log x = 6 \cdot \log 2$
   e) $\log x = 3\log 3 + 2\log 5$

9) Um capital de R\$ 12 000,00 foi aplicado a juros compostos, à taxa de juros de 2% a.m. Depois de quanto tempo seu montante será igual a R\$ 18 000,00?

10) Durante quanto tempo um capital deve ser aplicado a juros compostos, à taxa de juros de 2,5% a.m., para que duplique?

11) Durante quanto tempo um capital deve ser aplicado a juros compostos, à taxa de 7% a.a., para que triplique?

266 Matemática Básica

12) Durante quantos anos um capital deve ser aplicado a juros compostos, à taxa de 1,8% a.m., para que triplique?

13) Um terreno que vale hoje R$ 120 000,00 valoriza-se 10% a.a. Depois de quanto tempo seu valor será igual a R$ 160 000,00?

14) Uma cidade tem hoje 60 000 habitantes e cresce anualmente à taxa de 2,5% a.a. Depois de quanto tempo ela terá 85 000 habitantes?

15) O PIB *per capita* de um país cresce exponencialmente à taxa de 1% a.a. Quanto tempo levará para que o PIB *per capita* duplique?

16) Um automóvel 0 km vale hoje R$ 45 000,00 e desvaloriza-se a uma taxa de 12% a.a. Depois de quanto tempo seu valor se reduzirá à metade?

17) Uma máquina nova vale hoje R$ 200 000,00 e desvaloriza-se à taxa de 8% a.a. Depois de quanto tempo seu valor se reduzirá a 25% do que vale hoje?

RESPOSTAS DOS EXERCÍCIOS

1)   a) 4   b) 0   c) 2   d) 1

     e) 3   f) –2   g) –3   h) $\dfrac{1}{2}$

2)   a) 2,5105   b) 1,7536   c) –0,1871   d) 2,7081   e) –0,1744

3)   a) 1,2263   b) 1,2323   c) 3,2651   d) 6,2126

4)   a) $x = 3,4650$ b) $x = 1,0425$ c) $x = 2,1592$ d) $x = 5,1285$

5) $x = 0,0448$

6) $x = 9$

7) $y = \sqrt{\dfrac{x-5}{x+3}}$

8)   a) $x = 6$ b) $x = 30$ c) $x = 5$ d) $x = 64$ e) $x = 675$

9)   20,48 meses

10) 28,07 meses

11) 16,24 anos

12) 5,13 anos

13) 3,02 anos

14) 14,11 anos

15) 69,67 anos

16) 5,42 anos

17) 16,63 anos

8.4.10 Outros exemplos de funções elementares

Exemplo:
Construir, a partir de uma tabela de valores, o gráfico da função $y = x^{\frac{1}{2}} = \sqrt{x}$, cujo domínio é o conjunto dos números reais não negativos.

Atribuindo a x os valores da tabela a seguir, é possível visualizar o gráfico da função na Figura 8.31.

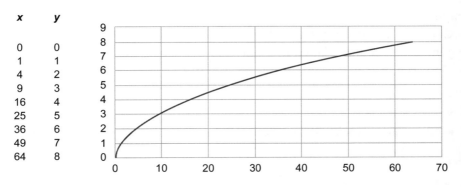

Figura 8.31 Gráfico da função $y = x^{\frac{1}{2}} = \sqrt{x}$.

De modo geral, as funções do tipo $y = x^n$, em que n é um número racional entre 0 e 1, têm gráfico semelhante ao do gráfico da Figura 8.31.

Exemplo:
Construir, a partir de uma tabela de valores, o gráfico da função $y = \dfrac{5}{x}$, cujo domínio é o conjunto dos números reais positivos.

Atribuindo a x os valores da tabela a seguir, é possível visualizar o gráfico da função na Figura 8.32.

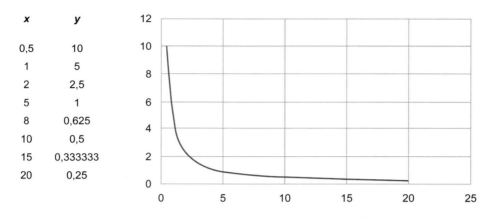

x	y
0,5	10
1	5
2	2,5
5	1
8	0,625
10	0,5
15	0,333333
20	0,25

Figura 8.32 Gráfico da função $y = \dfrac{5}{x}$.

De modo geral, as funções do tipo $y = \dfrac{k}{x}$, em que k é um número real positivo, são chamadas de funções racionais e têm gráfico semelhante ao gráfico da Figura 8.32, quando o domínio é o conjunto dos números reais positivos.

Exemplo:

Construir, a partir de uma tabela de valores, o gráfico da função modular $y = |x|$, cujo domínio é o conjunto dos números reais.

Observemos que:

- Se $x \geq 0$, então $y = x$.
- Se $x < 0$, então $y = -x$.
- Portanto, o gráfico é formado por duas semirretas que se interceptam na origem.

O gráfico é dado na Figura 8.33.

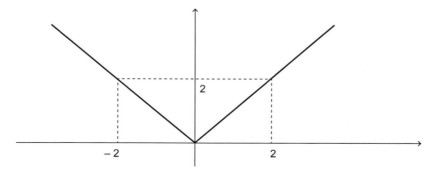

Figura 8.33 Gráfico da função $y = |x|$.

EXERCÍCIOS

1) Utilizando uma tabela de valores, construa o gráfico da função $y = x^{\frac{1}{3}} = \sqrt[3]{x}$ no domínio dado pelos números reais não negativos.

2) No mesmo plano cartesiano e utilizando uma tabela de valores, construa os gráficos das funções $y = 2\sqrt{x}$ e $y = 3\sqrt{x}$ no domínio dado pelos números reais não negativos.

3) Utilizando uma tabela de valores, construa o gráfico da função $y = \dfrac{10}{x}$ no domínio formado pelos números reais positivos.

4) No mesmo plano cartesiano e utilizando uma tabela de valores, construa os gráficos das funções $y = \dfrac{2}{x}$ e $y = \dfrac{4}{x}$, no domínio formado pelos números reais positivos.

5) Construa o gráfico da função $y = |x-2|$.

RESPOSTAS DOS EXERCÍCIOS

1)

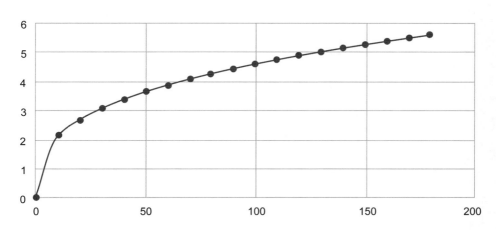

2)

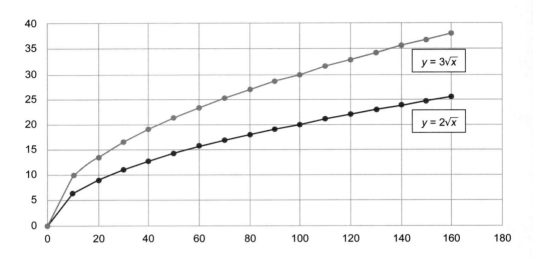

3)

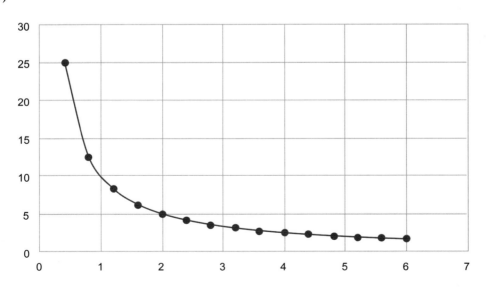

4)

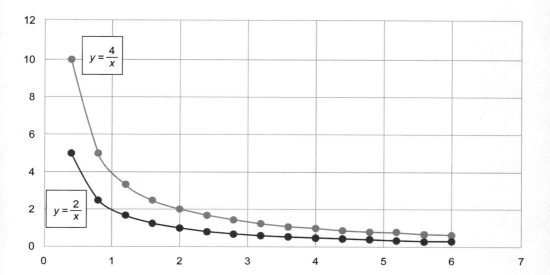

5)

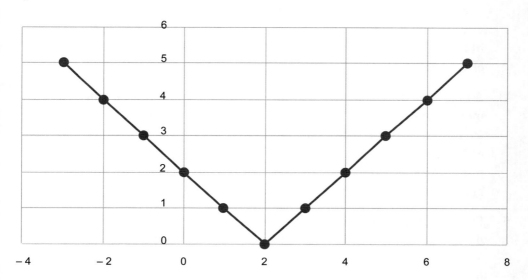

272 Matemática Básica

TESTES DE REVISÃO DO CAPÍTULO

1) A função do $1^{\underline{o}}$ grau cujo gráfico passa pelos pontos de coordenadas (3, 2) e (4, 4) é:
a) $y = x - 1$
b) $y = 2x - 4$
c) $y = 3x - 7$
d) $y = \dfrac{1}{2}x + \dfrac{1}{2}$
e) $y = 2x - 5$

2) Um produto é vendido a R$ 40,00 a unidade. O custo fixo mensal é de R$ 15 000,00 e o custo variável por unidade é de R$ 20,00. Seja x a quantidade vendida. A função lucro é:
a) $L(x) = 50x - 15\ 000$
b) $L(x) = 40x - 15\ 000$
c) $L(x) = 30x - 15\ 000$
d) $L(x) = 20x - 15\ 000$
e) $L(x) = 10x - 15\ 000$

3) Um produto é vendido a R$ 50,00 a unidade. O custo fixo mensal é de R$ 25 000,00 e o custo variável por unidade é de R$ 30,00. Seja x a quantidade vendida. Para que o lucro mensal seja superior a R$ 12 000,00, devemos ter:
a) $x > 1\ 450$
b) $x > 1\ 550$
c) $x > 1\ 650$
d) $x > 1750$
e) $x > 1\ 850$

4) A função de demanda mensal de um produto é $p = 120 - 3x$ e a função de oferta mensal é $p - 5x = 20$, em que p é o preço em reais por tonelada e x é a quantidade em toneladas. O preço de equilíbrio de mercado é:
a) R$ 42,50
b) R$ 52,50
c) R$ 62,50
d) R$ 72,50
e) R$ 82,50

5) O gráfico da função quadrática $y = x^2 - 3x - 10$ intercepta o eixo das abscissas em dois pontos cuja soma das abscissas é:
a) 5
b) 4
c) 3
d) 2
e) 1

6) O preço em reais p por dia de estacionamento relaciona-se com o número x de carros que estacionam por dia mediante a equação de demanda $p = -0,3x + 60$. A receita máxima diária que pode ser obtida é:

Capítulo 8 | Funções e Suas Aplicações **273**

a) R$ 3 000,00

b) R$ 3 100,00

c) R$ 3 200,00

d) R$ 3 300,00

e) R$ 3 400,00

7) O PIB de um país é, neste ano, 1,6 trilhão de dólares e cresce à taxa de 3,4% a.a. Daqui a 5 anos, o PIB será de:

a) 1,68 trilhão aproximadamente

b) 1,74 trilhão aproximadamente

c) 1,89 trilhão aproximadamente

d) 1,93 trilhão aproximadamente

e) 1,99 trilhão aproximadamente

8) Durante quanto tempo um capital deve ser aplicado a juros compostos, e à taxa de juros de 0,75% a.m., para que duplique?

a) 91 meses aproximadamente

b) 93 meses aproximadamente

c) 95 meses aproximadamente

d) 97 meses aproximadamente

e) 98 meses aproximadamente

9) Um capital de R$ 1 000,00 é aplicado a juros compostos, à taxa de juros de 2% ao mês. Simultaneamente, outro capital de R$ 800,00 é aplicado também a juros compostos e à taxa de 3% a.m. Depois de quanto tempo os montantes se igualam?

a) 26 meses aproximadamente

b) 25 meses aproximadamente

c) 24 meses aproximadamente

d) 23 meses aproximadamente

e) 22 meses aproximadamente

10) Os gráficos das funções $y = x^3$ e $y = \sqrt[3]{x}$, para $x \geq 0$:

a) Interceptam-se em apenas 1 ponto

b) Interceptam-se em apenas 2 pontos

c) Interceptam-se em apenas 3 pontos

d) Interceptam-se em apenas 4 pontos

e) Não se interceptam

Gabarito dos Testes de Revisão

CAPÍTULO 1

Teste	1	2	3	4	5	6	7	8	9	10
Resposta	D	C	E	D	B	C	E	A	D	D

CAPÍTULO 2

Teste	1	2	3	4	5	6	7	8	9	10
Resposta	C	E	C	B	A	D	D	E	B	E

CAPÍTULO 3

Teste	1	2	3	4	5	6	7	8	9	10
Resposta	B	C	D	E	C	A	B	D	C	D

CAPÍTULO 4

Teste	1	2	3	4	5	6	7	8	9	10
Resposta	B	C	C	E	B	A	C	B	E	C

CAPÍTULO 5

Teste	1	2	3	4	5	6	7	8	9	10
Resposta	B	E	D	A	D	B	D	B	A	E

CAPÍTULO 6

Teste	1	2	3	4	5	6	7	8	9	10
Resposta	D	C	A	E	B	C	A	D	D	C

CAPÍTULO 7

Teste	1	2	3	4	5	6	7	8	9	10
Resposta	A	C	E	E	D	B	D	C	A	D

CAPÍTULO 8

Teste	1	2	3	4	5	6	7	8	9	10
Resposta	B	D	E	E	C	A	C	B	D	B

Referências

ARYA, J. C.; LARDNER, R. W. *Mathematical Analysis for Business, Economics, and Life and Social Sciences*. New Jersey: Prentice-Hall, 1993.

BLUMAN, A. G. *Business Math*. New York, NY: McGraw-Hill, 2006.

CLENDENNEN, G.; SALZMAN, S. A. *Business Mathematics*. 13. ed. New Jersey: Pearson Education, 2015.

DAVIS, P.; JOAD, T. *Essential Maths Skills for Economics*. Oxfordshire: Hodder Education, 2016.

FRANK, R. H.; BERNANKE, B. S. *Princípios de Economia*. 4. ed. Porto Alegre: AMGH Editora, 2012.

GOOZNER, C.; WALSH, T. P. *Business Math*. New York: Barron's Educational Series, 2000.

HUETTENMUELLER, R. *Algebra Demystified*. New York, NY: McGraw-Hill, 2003.

IEZZI, G.; HAZZAN, S.; DEGENSZAJN, D. *Fundamentos de Matemática Elementar, vol. 11*. 2. ed. São Paulo: Saraiva, 2013.

IUDÍCIBUS, S.; MARION, J. C. *Curso de Contabilidade para Não Contadores*. São Paulo: Atlas, 2018.

KIME, L. A.; CLARK, J.; MICHAEL, B. *Explorations in College Algebra*. 3. ed. Massachusetts: John Wiley & Sons, 2005.

LAPA, N. *Matemática Aplicada*. São Paulo: Saraiva, 2012.

McCALLUM, W. G.; CONNALLY, E.; HUGHES-HALLETT, D. *Álgebra: Forma e Função*. Rio de Janeiro: LTC, 2010.

MORETTIN, P. A.; HAZZAN, S.; BUSSAB, W. O. *Introdução ao Cálculo para Administração, Economia e Contabilidade*. 2. ed. São Paulo: Saraiva, 2018.

PEMBERTON, M.; RAU, N. *Mathematics for Economists*. 4. ed. Manchester: Manchester University Press, 2016.

RENSHAW, G. *Maths for Economics*. 4. ed. Oxford: Oxford University Press, 2016.

RODRIGUES, J. A.; MENDES, G. M. *Matemática Financeira*. Rio de Janeiro: Editora da Fundação Getulio Vargas, 2007.

SILVA, C. R. L.; LUIZ, S. *Economia e Mercados*. 20. ed. São Paulo: Saraiva, 2018.

VASCONCELLOS, M. A. S.; GARCIA, M. E. *Fundamentos de Economia*. 5. ed. São Paulo: Saraiva, 2014.

WRIGHT, C.; PICKERDEN, M. *Essential Maths Skills for Business*. Oxfordshire: Hodder Education, 2016.

Índice Alfabético

A

Adição, 2
   de expressões algébricas, 76
   de frações, 30
   de números
      decimais, 41
      inteiros, 51
      racionais, 57

B

Base, 57
Break even point, 231

C

Calendário comercial, 176
Capacidade
   instalada, 143
   ociosa, 144
   utilizada, 143
Casos de fatoração, 84
Coeficiente, 75
Conjunto
   dos números racionais, 56
   imagem, 209
Contradomínio, 209
Correção monetária, 155
Crescimento exponencial, 254
Custos, 139

D

Decimais exatas, 41
Deflacionamento de uma série histórica
   de valores, 157

Demanda, 236
Denominador, 7
Desconto(s)
   de títulos, 180
   simples, 180
Diferença, 2
   de frações, 31
   entre dois quadrados, 87
Dividendo, 3
Divisão, 3
   de expressões algébricas, 82
   de frações, 38
   de números
      decimais, 42
      inteiros, 54
      racionais, 57
Divisor, 3
Dízimas periódicas, 41
Domínio, 209

E

Equações, 93, 94
   do primeiro grau, 96
   do segundo grau, 110
Expoente, 57
Expressões
   algébricas, 71
   literais, 71

F

Fatoração, 84
   de diferença de quadrados, 87
   do trinômio
      do segundo grau, 117

quadrado perfeito, 87
pelo fator comum, 84
por agrupamento, 85
Fatores, 2
Forma
decimal, 41
mista, 16
simplificada de adições e subtrações
de números inteiros, 52
Fórmula do montante, 189
Fração(ões), 7
impróprias, 16
irredutível, 24
próprias, 15
Função(ões)
aplicações, 209
constante, 217
crescentes, 213
custo, 231
de oferta, 238
de uma variável, 209
de várias variáveis, 209
decrescentes, 213
demanda, 236, 237
do primeiro grau, 218
elementares, 267
e aplicações, 217
exponencial, 254
logarítmica, 263
lucro, 231
quadrática, 242
receita, 231

G

Gráfico de função de uma variável, 211
Grandezas
diretamente proporcionais, 127
inversamente proporcionais, 128

I

IGP (Índice Geral de Preços), 154

INCC (Índice Nacional do Custo da
Construção), 154
Índices de inflação, 151, 152, 154
Inequações, 93
com uma variável, 101
do primeiro grau com uma variável, 102
Inflação, 151
INPC (Índice Nacional de Preços ao
Consumidor), 155
Intervalo(s), 65
aberto, 65
IPA (Índice de Preços no Atacado), 154
IPC (Índices de Preços ao
Consumidor), 154

J

Juro(s)
comercial, 176
compostos, 171, 189
exato, 176
simples, 171
Justificativa da fórmula
de Bhaskara, 113
do vértice da parábola, 249

L

Leitura de uma fração, 7
Logaritmando, 263
Lucro
negativo, 232
positivo, 231

M

Margem de contribuição por unidade, 232
Método
da adição, 107
da comparação, 108
da substituição, 107
Minuendo, 2
Módulo, 50

Mudança de preços relativos, 151
Multiplicação, 2
de expressões algébricas, 79
de frações, 35
de números
decimais, 42
inteiros, 54
racionais, 57

N

Numerador, 7
Números
decimais, 41
fracionários, 6
positivos e negativos, 56
inteiros positivos e negativos, 49
irracionais, 64
naturais, 1
racionais, 56
reais, 64

O

Operações
cambiais, 161
com expressões algébricas, 76
com frações, 30
com números
inteiros, 51
naturais e fracionários, 1

P

Parábola, 242
com concavidade para baixo, 242
com concavidade para cima, 242
Parcelas, 75
Paridade do poder de compra (PPC), 165
Parte literal, 75
Participação de mercado, 150
Poder aquisitivo, 155
Ponto
de equilíbrio de mercado, 239

de máximo
da função, 243
relativo, 214
de mínimo
da função, 243
relativo, 214
de nivelamento, 231
Porcentagens, 123, 130
Potência, 57
de um número racional com expoente
inteiro negativo, 59
Potenciação de números racionais com
expoente inteiro, 57
Preços de venda, 139
Prejuízo, 232
Procura, 236
Produto, 2
das frações, 35
Proporções, 123
Propriedades
da potenciação, 58
das raízes, 62

Q

Quociente, 3

R

Raiz
de número racional com índice inteiro
positivo, 61
de uma equação, 94
Razões, 123
Redução de frações ao mesmo denominador, 26
Relação entre os coeficientes e raízes de
equação do segundo grau, 116
Resolver uma equação, 94
Retas que não são funções, 223

S

Simplificação

de frações, 24
de uma equação, 94
Sinal
  da desigualdade, 103
  de uma função, 247
Solução de um sistema, 106
Subtração, 2
  de expressões algébricas, 76
  de frações, 31
  de números
    decimais, 41
    inteiros, 52
    racionais, 57
Subtraendo, 2

T

Tamanho de mercado, 150
Taxa(s)
  de desconto, 180

de inflação, 151
equivalentes, 196
real, 155
Termos semelhantes, 75
Trinômio quadrado perfeito, 88

V

Valor
  absoluto, 50
  atual de rendas futuras, 198
  numérico de uma expressão
    algébrica, 72
  presente, 198
Variação(ões) porcentual(is), 145
  acumuladas, 146
Variável, 71
Vértice, 243